U0720288

新編諸子集成

老子校釋

朱謙之 撰

中華書局

目　次

唐景龍二年易州龍興觀道德經碑題跋……一
序文……一
本書所據版本書目……一
本書所用考訂書目……一
老子道經……一
一章……三
二章……九
三章……一四
四章……一八
五章……二三
六章……二六

七章……三〇
八章……三二
九章……三四
十章……三八
十一章……四五
十二章……四七
十三章……五〇
十四章……五四
十五章……六〇
十六章……六七
十七章……七一
十八章……七五
十九章……七七
二十章……八〇
二十一章……九一

二十二章……九五
二十三章……九八
二十四章……一〇一
二十五章……一〇四
二十六章……一〇九
二十七章……一一一
二十八章……一一七
二十九章……一二〇
三十章……一二四
三十一章……一二九
三十二章……一三五
三十三章……一三九
三十四章……一四二
三十五章……一四六
三十六章……一四九

三十七章……一五三
老子德經……一五七
三十八章……一五七
三十九章……一六一
四十章……一七二
四十一章……一七四
四十二章……一八二
四十三章……一八五
四十四章……一八七
四十五章……一八九
四十六章……一九三
四十七章……一九七
四十八章……二〇〇
四十九章……二〇二
五十章……二〇六

五十一章……二一一
五十二章……二一四
五十三章……二一八
五十四章……二二三
五十五章……二二七
五十六章……二三七
五十七章……二三九
五十八章……二四四
五十九章……二四九
六十章……二五四
六十一章……二五八
六十二章……二六三
六十三章……二六七
六十四章……二六九
六十五章……二七四

六十六章……二七八
六十七章……二八一
六十八章……二八六
六十九章……二八九
七十章……二九三
七十一章……二九五
七十二章……二九六
七十三章……二九九
七十四章……三〇二
七十五章……三〇五
七十六章……三〇七
七十七章……三一一
七十八章……三一四
七十九章……三一七
八十章……三二〇

八十一章……三二四
附録　老子韻例……三二七
後記……三四九
補遺……三五一
補注……三五二

唐景龍二年易州龍興觀道德經碑題跋

【錢大昕潛研堂金石文跋尾續】右老子道德經兩卷：上卷曰道經，下卷曰德經，分兩面刻之。其額曰：「大唐景龍二年正月易州龍興觀，爲國敬造道德經五千文。」碑末，題觀主張眘行名。

【嚴可均鐵橋金石跋】右道德經碑，在易州。景龍二年正月立，前代金石家未著于録。歐、趙所收皆明皇御注懷州本，今不傳。邢州龍興觀石臺本，歸震川集有跋，今亦不見。所傳拓惟易州八面石柱，爲蘇靈芝書之御注本，刻于開元二十六年；而景龍舊碑同在易州，世人貴耳賤目，無過問者。蓋道德經自御注後，頒列學宫，久相傳習，故余所見道藏七十餘本略同，雖以河上、王弼二家，校者亦頗改就御注。而傅奕古本，字句較繁，亦難盡從；則世間真舊本必以景龍碑爲最。其異同數百事，文誼簡古，遠勝今本者甚多。今合蘇靈芝書御注本，及河上、王弼與釋文所載，參互校勘，條舉得失，足證此刻之善。

【魏稼孫績語堂碑録】易州龍興觀道德經拓本二紙，各高六尺二寸，廣二尺六寸五分，正面額十二行，行二字。下，道經卅二行：前廿九行，行七十一字；後三行，行七十字。碑陰德經卅三行：行六十六至一百一字不等，竝正書。

【繆荃孫藝風堂金石文字目】龍興觀道德經兩面刻，正書，景龍二年正月。在直隸易州本觀。

【鄧嘉緝上谷訪碑記】唐龍興觀老子道德經碑，在龍興觀。碑高五尺四寸，廣二尺五寸，景龍二年正月，正書，碑陽道經三十二行，行七十字、七十一字不等。第一行首題「老子道經」，額十二行，行二字，末行一字。碑陰德經三十二行，行八十字至八十四五字不等。第一行首題「老子德經」，左右側題名。左右碑側正書，凡四層，題本州刺史及本觀道士名。

【何士驥古本道德經校刊】唐景龍二年（公元七〇八年）河北易縣龍興觀道德經幢。一碑，兩面刻（全）。碑額題「大唐景龍二年正月易州龍興觀爲□敬造道德經五千文」廿三正字。碑側題名。

序文

今案老子道德經舊本，流傳最廣者，有河上公、王弼二種。河上本近民間系統，文句簡古，其流派爲景龍碑本、遂州碑本與敦煌本，多古字，亦雜俗俚。王本屬文人系統，文筆曉暢，其流派爲蘇轍、陸希聲、吴澄諸本，多善屬文，而參錯己見，與古老子相遠。自開元御注本出，因時世俗尚，依違於河上、王弼二本之間。今所見正統道藏中者，非從開元御注如强思齊、杜光庭、李約、劉惟永輩，即從政和御注如李霖、邵若愚、江澂、彭耜諸本。若明太祖，則上承吴澄，下開大典，其皆非六朝舊本，固無可疑也。然則言舊本者，嚴遵與傅奕尚矣。嚴遵本與河上本相接近，傅奕則爲王弼本之發展，此爲老子舊本之兩大系統。就嚴本論，近怡蘭堂校刊據明姚舜咨手抄藍格本，較道藏本及秘册彙函本爲勝。惟此書既殘闕將半，所傳經文除可與河上本相參證外，缺乏成爲獨立定本之條件。（如三十八章「攘臂而仍之」，王本作「扔」，韓非解老、嚴本與河上本均作「仍」。五十章「長之育之」下，王本作「亭之毒之」，嚴本與河上本均作「成之熟之」。五十九章「深根固蔕」，王本作「柢」，嚴本及河上本均作「蔕」。六十五章二「楷式」，王本均作「稽式」，嚴、河上本作「楷式」，可證嚴、河上爲同一系統。）傅奕校定老子古本，字句獨較他本爲繁，畢沅據之作道德經考異，勞健則參之以范應元本作古本考，實則文辭蔓衍，較王本爲尤甚。劉師培老子斠補，疑今傳本亦或爲後人所改。今案：老子「毒虫不螫」，范應元本作「毒蟲、虺蛇不螫」，謂傳同古本。今傳本作「蜂蠆不螫」，與范古本不同，此其鐵證。又王昶金石萃編稱「其書字句，亦足以資參定」；而嚴可均鐵橋金石跋則竟謂「傅奕古本字句較繁，亦難盡從」，信矣。范應元號稱古本，而五十五章「毒蟲、虺蛇不螫」，乃河上公注文羼入。二十章「而貴食母」，范從開元御注作「求食於母」；而玄宗自注云：「先無『求於』兩字，今所加也。」足證范本亦非古，其不足盡從之也甚明。蓋五千言古本惟河上本差相髣髴，雖今傳較以意林、治要，繆誤實多；而分章標題，尤爲道流者所妄作。惟在河上、王弼二注俱行之中，河上相傳已久，王注則多後人所改。孫詒讓札迻（卷四）已疑今本王注不分道、德二經，與釋文本異，爲唐時王注有別本之證。洪頤煊讀書叢録（卷十三）則竟稱：「王注出於明代，或後人掇拾爲之。」以河上本與王弼本相較，唐書劉子玄傳稱老子無河上公注，欲廢之而立王弼，爲識者所譏。實則即據宋刊河上與王本對勘，其優劣可見。一、河上所用文字較古：如二章「長短相形」，王本作「長短相較」。畢沅曰：「古無『較』字，本文以『形』與『傾』爲韻，不應作『較』。」三十七章「我無欲而民自樸」，「樸」字河上本作「朴」，景龍、敦煌均作

「朴」。五十五章「未知牝牡之合，而峻作」，王本「峻」作「全」，「全」字誤。二、河上本於義爲優：如三章「使心不亂」，王本「心」上有「民」字，贅。九章「功成、名遂、身退」，王本「名遂」二字缺。五十一章河上本「成之熟之」，王本作「亭之毒之」。十三章河上本「何謂寵辱？寵爲上，辱爲下」，王本作「何謂寵辱若驚？寵爲下」。三、河上本合韻：如十五章「儼兮其若客」，畢沅曰：「河上公作『儼兮其若客』。王弼作『儼兮其若容』，非是。『客』與『釋』、『樸』等字爲韻也。」四、河上本與嚴遵本、景龍碑本、遂州碑本多相合；至敦煌發見之六朝唐寫本，則爲河上本之古鈔本。五、河上本較王本爲早：如五十五章，河上本「毒蟲不螫」，王本作「蜂蠆虺蛇不螫」。案此六字乃河上公注，王本誤以河上公注羼入，此爲王本後於河上之鐵證。六、王本多脱文：如四十六章，河上本有「罪莫大於可欲」句，嚴本、傅本及韓非解老同，王本無此句。四十九章「聖人皆孩之」上，河上本有「百姓皆注其耳目」句，王本誤脱。由上各點，可見河上本與王本較，以河上本爲優。但同在河上本之中，又有北方傳本與南方傳本之不同。宋刊本介在南北兩本之間，蓋在王本盛行之時，曾據王本妄改經文者，此可以中間本稱之。北方本以敦煌發見之六朝唐寫本爲代表，卽敦煌本。南方本則以日本奈良聖語藏鎌倉舊抄卷子殘本及東北大學教授武內義雄所藏室町時代抄本爲代表。就中北方本又優於南方本。何以證之？以字數證之。北方本據法京圖書館所藏敦煌本殘卷（伯希和目録二五九九）末尾題「道經卅七章二千一百八十四字，德經卌四章二千八百一十五字，五千文上下二卷合八十一章，四千九百九十九字」。南方本如室町期之古寫本，則有五千三百二字。此詳略二本之不同，武内氏謂由於南北朝以來，河上本之傳播，河北與江南各地風俗言語之影響不同。顏氏家訓書證篇所稱：「也是語已及助字之辭，文籍備有之矣。河北經傳，悉略此字。」「又有俗學聞經傳中時須『也』字，輒以意加之。」由此可知河上本中，南本詳而北本略，略者字數與五千言古本相同，而詳者則以意加之，以求合於文人系統，此不可不辨。乃武内氏譯註老子（岩波文庫一六三〇）竟以所藏室町期之古寫本爲底本，不知此本文辭蔓衍，與傅奕本同，其欲以王弼本與河上本相合之目的亦同，此一見而知其非河上本之舊者，更何足以爲老子之定本哉？如是則敦煌本足珍矣。敦煌本有六朝及唐寫殘卷，羅振玉道德經考異所據諸本，合以武内義雄所見法京圖書館所藏殘卷，幾得其全，惟上卷尚闕廿二章至卅七章，雖可以北京圖書館舊藏唐寫本道經殘卷二十八行，存第二十章之下半至第二十七章之上半補之，但仍嫌美中不足！武内之所謂闕者，既皆以道藏罔字號所收道德真經次解與景龍碑本補之，則曷如即取景、遂二本爲老子定本之爲愈也？以吾所見，遂州碑本與强本成疏所用經文相合，宜若可用矣；然而焦竑考異中之龍興碑，王昶、嚴可均之所謂邢州本，與今之以次解爲遂州碑者，是一是二，尚待考證。以原碑不在，賴次解而存，則其不如唐景龍二年易州龍興觀道德經碑之更爲可信又明矣。錢大昕潛研堂金石文跋尾謂：「景龍碑本爲初唐所刻，字句與他本多異。如『無』作『无』，『愈』作『俞』，『芸』作『云』，『譽』作『豫』，『荒』作『忙』，『佐』作『作』，『噏』作『翕』之類，皆從古字，以爲遠勝他本。」嚴可均謂「世間真舊本，必以景龍碑爲最。其異同數百事，文誼簡古，遠勝今本者甚多」。錢、嚴二氏之説，余意皆然之，故作老子校釋，卽取景龍碑本爲底本，以與敦煌本、遂州碑本、舊鈔卷子本、御注本、嚴遵本、河上本、王弼本、傅奕本、范應元本互相參校，並加考訂。淺學如余，非敢有越前修諸子，蓋惟衷取羣解，略發指趣，亦欲以此去僞存真，竭其棉薄，以復五千言古本與乎聲韻文句之真，並藉以窺見古代哲學詩之真面目焉。此則余之新本校釋之所爲作也。一九五四年十二月朱謙之序於北京大學。

本書所據版本書目

（一）石本

名稱	備考	簡稱
（一）唐景龍二年易州龍興觀道德經碑	一碑兩面刻（全），今在河北易縣。	**景龍碑本**，**景龍本**，**碑本**，易州本（諸家所用簡稱不一致，兹並録之，以供參考）。
（二）唐開元廿六年易州龍興觀御注道德經幢	八面刻（全），蘇靈芝書，今在河北易縣。	**御注本**，開元本，開元碑本，御本，易州本，易玄本。
（三）唐開元廿七年邢州龍興觀道德經幢	八面刻（殘），今在河北邢台縣。	**邢玄本**。
（四）唐廣明元年泰州道德經幢	八面刻（殘），今在江蘇鎮江焦山。	**廣明本**，廣本，焦山本。

（五）唐景福二年易州龍興觀道德經碑	一碑兩面刻（有缺泐），今存河北易縣。	**景福本**，景本，易福本。
（六）唐（無年月）陝西盩厔縣樓觀台道德經碑	兩碑各一面刻（全），末題「終南山古樓觀立石於道祖説經之臺」十五字。金石萃編補略定爲唐刻。	**樓正本**。
（七）宋景祐四年甘肅天真觀道德經幢	八面刻（缺泐），今存甘肅慶陽縣。	**慶陽本**。
（八）宋（年月泐）浙江吴山崇義祠道德經幢	八面刻（殘），今存浙江杭州。	**杭州本**。
（九）元至元廿七年陝西樓觀台道德經碑	兩碑各兩面刻（全），高翿書，今在陝西盩厔縣。	**高翿本**，**高本**，至元本，樓古本。
（十）元大德三年陝西磻溪宮道德經幢	八面刻（全），今存陝西寶鷄縣。	**磻溪本**。

(十一)元延祐三年趙孟頫書道德經石刻	共十石，今存北京西便門外白雲觀。	**趙孟頫本**，**趙本**。
(十二)遂州道德經碑(道藏罔七——罔八，無名氏道德真經次解)	次解自序云：「先者經過遂州，見龍興觀石碑，上鐫道、德二經。」	**遂州碑本**，**遂州本**，龍興觀本，邢州本，龍本。
(十三)天台經幢	夏竦古文四聲韻引天台山司馬天師漆書經幢	**天台經幢本**。

合計石本十三種。(一)至(十一)拓本，見考古專報第一卷第二號古本道德經校刊中。

(二)寫本

(十四)唐人寫本殘卷	首章至第五章之首。	**敦煌甲本**，敦本。
(十五)唐人寫本殘卷	九章至十四章之首。	**敦煌乙本**，乙本。
(十六)唐人寫本殘卷	十章至十五章之首。	**敦煌丙本**，丙本。

(十七)唐人寫本殘卷	二十七章後半，至三十六章首行。	**敦煌丁本**，丁本。
(十八)唐人寫本殘卷	三十九章至四十章，乃老子義。	**敦煌戊本**，戊本。
(十九)唐人寫本殘卷	四十一章末行，至五十五章。	**敦煌己本**，己本。
(二十)六朝寫本殘卷	五十七章至八十一章。	**敦煌庚本**，庚本。
(廿一)唐人寫本殘卷	六十章至八十章，卽成玄英道德經開題序訣義疏，羅振玉誤爲孟智周義疏。	**敦煌辛本**，羅卷本。
(廿二)唐人寫本殘卷	六十二章至七十三章。	**敦煌壬本**，壬本。
(廿三)唐人寫本殘卷	十章至三十七章，今存英倫圖書館。	**英倫本**，英本。
(廿四)唐人寫本殘卷	二十章之下半，至二十七章。舊存北京圖書館。	館卷本，**館本**。
(廿五)法京藏敦煌殘卷	首章至廿一章，見伯希和目録二三二九。	敦煌本無字注老子，**武内敦甲本**。

（廿六）中村不折藏敦煌殘卷	卅九章至五十二章。	武内敦乙本。
（廿七）法京藏敦煌殘卷	六十六章至八十一章，見伯希和目録二五九九。	武内敦丙本。
（廿八）法京藏敦煌殘卷	三十八章至八十一章。	武内敦丁本。

合計敦煌本十五種。（十四）至（二十四），見上虞羅氏影印貞松堂藏西陲秘籍叢殘老子殘卷六種，敦煌本老子道德經義疏第五殘卷（見古籍叢殘第四種），及老子道德經考異附補遺。內（十四）至（廿三），總稱「羅卷本」。（廿五）至（廿八），見武内義雄譯註老子所引。

（廿九）奈良聖語藏舊抄卷子殘本	僅存下卷卷子殘本，鎌倉時代舊鈔，有大正十二年影印本。	奈卷本，奈本。
（三十）武内義雄藏室町時代鈔本	岩波文庫中譯註老子所用底本。	室町本。
（卅一）天文舊鈔河上公本	武内義雄老子原始中引。	天文鈔本。
（卅二）瀧川君山藏舊鈔河上公本	同上。	瀧川舊鈔本。

合計舊鈔本四種，並敦煌本十五種，共寫本十九種。

（三）佚本

（卅三）晉王羲之道德經帖	貞觀十五年，褚遂良跋，原拓本及古鑑閣藏宋拓本，上海藝苑真賞社印。	王羲之本。
（卅四）古老子	夏竦古文四聲韻引。	古老子本。
（卅五）羅浮道士厲山木道德經	同上。	厲山木本。
（卅六）崇寧五注	王安石、王雱、陸佃、劉槩、劉涇注，此據彭耜道德真經集註引。	五注本。
（卅七）宋曹道冲老子注	彭耜道德真經集註引。	曹本。
（卅八）達真子老子	同上。	達真本。
（卅九）宋葉夢得老子解	同上。	葉夢得本，葉本。
（四十）宋劉驥老子通論語	同上。	清源本，劉本。

(四十一)宋黃茂材老子解	同上。	**黄茂材本**，黄本。
(四十二)程大昌易老通言	同上。	**程本**。

合計佚本十種。(卅六)至(四十二)，見彭耜道德真經集註釋文，内葉夢得本有葉德輝輯本，辛亥葉氏家刻。

(四)道藏本

(四十三)道德真經白文	道藏慕一。	**道本**。
(四十四)唐傅奕道德經古本篇	慕二。	**道藏傅本**(與經訓堂傅奕本通稱**傅本**或**傅奕本**)。
(四十五)明太祖御注道德經	男一——男二。	**明本**。
(四十六)唐玄宗御注道德真經	男三——男六。	**唐本**。
(四十七)唐玄宗御注道德真經疏	效一——效十，又外傳才一——才四。	**玄本**。

（四十八）宋徽宗御製道德真經	才五——才八，又良一——良十，章安撰義。莫一——忘七，江澂疏。	**徽本**。
（四十九）河上公道德真經注	知一——知四。	**道藏河上公本**。
（五十）宋陳象古道德真經解	知五——知六。	**陳本**。
（五十一）金寇才質道德真經四子古道集解	過一——過十。	**寇才質本**，寇本。
（五十二）唐陸希聲道德真經傳	必一——必四。	**陸希聲本**，陸本。
（五十三）宋呂惠卿道德真經傳	必五——必八。	卿本，**呂惠卿本**。
（五十四）元鄧錡道德真經三解	改一——改四。	**鄧本**。
（五十五）宋邵若愚道德真經直解	改五——改八。	**邵本**。
（五十六）宋司馬光道德真經論	得一——得二。	司馬本，司本，**司馬光本**。

(五十七)魏王弼道德真經注	得三——得六。	道藏王本(案王弼注本通稱王本或王弼本,包括道藏本在内)。
(五十八)宋蘇轍道德真經注	得七——得十。	蘇本,蘇轍本。
(五十九)唐李約道德真經新註	能一——能四。	李約本,約本。
(六十)漢嚴遵道德真經指歸	能五——能十一。	嚴本,嚴遵本,嚴君平本。
(六十一)金趙秉文道德真經集解	罔一——罔四。	趙秉文本。
(六十二)道德真經全解	金時雍序,罔五——罔六。	金本。
(六十三)元張嗣成道德真經章句訓頌	談一——談二。	張嗣成本,張本。
(六十四)元李道純道德會元	談三——談四。	李道純本,純本。
(六十五)無名氏道德真經解	談五——談七。	無本。
(六十六)宋林希逸道德真經口義	彼一——彼四。	林希逸本,林本。

（六十七）元杜道堅道德玄經原旨	彼五——彼八。	杜道堅本，杜本。
（六十八）元吳澄道德真經註	短一——短四。	吳澄本，吳本。
（六十九）宋董思靖道德真經集解	短五——短八。	董思靖本，董本。
（七十）道德真經集註	唐明皇、河上公、王弼、王雱註，靡一——恃三。	宋張太守彙刻四家注本，雱本。
（七十一）宋彭耜道德真經集註	恃四——長四。	彭耜本，彭本。
（七十二）道德真經注疏	舊題顧歡撰，今考爲唐張君相撰。信一——信五。	顧歡本，顧本，道藏注疏本。
（七十三）唐强思齊道德真經玄德纂疏	使一——覆三。	强本，强思齊本。
（七十四）明危大有道德真經集義	覆四——器四。	危本。
（七十五）宋陳景元道德真經藏室纂微篇	欲一——難二，又薛致玄科文疏，難三——難七。	纂微本，纂本，陳景元本。

（七十六）王守正道德真經衍義手抄	量一——墨五。	正本。
（七十七）宋李霖道德真經取善集	墨六——悲七。	霖本。
（七十八）宋趙至堅道德真經疏義	悲八——悲十。	趙至堅本，堅本。
（七十九）元林志堅道德真經註	絲一——絲二。	志本。
（八十）宋李榮道德真經義解	絲三——絲六。	李息齋本，李本。
（八十一）唐李榮老子道德經注	絲七——絲十。	李嘉謀本，榮本。
（八十二）元劉惟永道德真經集義	詩一——染八。	惟本。
（八十三）唐杜光庭道德真經廣聖義	羔一——行十二。	杜光庭本，庭本。

合計道藏本四十一種，見上海涵芬樓影印正統道藏中。

（五）諸刻本

（八十四）嚴遵道德指歸	成都怡蘭堂校刊本，較秘册彙函本多經文部分。	怡蘭堂校嚴本。
（八十五）宋刊本河上公道德經	涵芬樓影常熟瞿氏鐵琴銅劍樓藏宋刊本。	宋河上本（諸河上公註本，通稱河上本或河本）。
（八十六）明世德堂刊河上公本老子	北京圖書館藏，有硃筆批校，用林氏口義本校。	世德堂本。
（八十七）宋麻沙本老子道德經	一九三一年故宫博物院影印天禄琳琅叢書之一。	麻沙本。
（八十八）明刊河上公本道德經評註		經綸堂本。
（八十九）明閔齊伋刊老子	閔刻三子之一。	閔本。
（九十）明刊中都四子集本老子經		四子本。

（九十一）明吴勉學校老子道德經		吴勉學本。
（九十二）成玄英老子義疏	蒙文通據强本成疏輯本，四川省立圖書館刊。	蒙輯成玄英本。
（九十三）永樂大典本老子	此據武英殿聚珍版殿本所引。	永樂大典本，永本。
（九十四）諸名家評點老子晉註	北京大學藏，三經晉註，武林溪香館版，附古今本考正。	晉註本。
（九十五）浙江書局本王弼注老子		張之象本。
（九十六）古逸叢書集唐字老子道德經注		古逸叢書本，集唐本，黎本。
（九十七）經訓堂本傅奕校定老子道德經	此據畢沅道德經考異本。	經訓堂傅奕本，傅奕本，傅本。
（九十八）宋范應元老子道德經古本集註	續古逸叢書影印傅氏雙鑑樓藏宋刊本。	范應元本，范本。

（九十九）南總宇惠王弼注老子道德經	見關儀一郎老子諸註大成頁一——七五。	明和宇惠本。

（六）其他

（一百）日本天明本群書治要	卷三十四，老子頁一——一六。	群書治要本，治要本。
（一百一）陸德明經典釋文	卷二十五，老子道德經音義所引諸舊本。	陸德明本，釋文本。
（一百二）馬總意林	卷一，道德經二卷，道藏本瑟一，頁十二——十六。	意林本。
（一百三）牟子理惑論	見弘明集卷一，大藏經本露四，頁一——六。	牟本。

本書所用考訂書目

（一）陸德明：老子音義（經典釋文卷一序録，卷二十五音義，抱經堂叢書本第一册，第十四册）。

（二）傅奕：道德經古本篇（道藏洞神部玉訣類本，北京圖書館藏刻朱印本，經訓堂道德經考異本）。

（三）夏竦：古文四聲韻（碧琳瑯館叢書本）。

（四）孫鑛：古今本考正（見諸名家評點老子晉注附，武林溪香館本，北京大學藏）。

（五）李道純：道德會元序例（道藏本談三卷首）。

（六）無名氏：道德經次解（道藏本談五至談七，附道經不同字六十九處，德經不同字七十處）。

（七）彭耜：道德真經集注釋文（道藏本長四，真意堂叢書本，璜川吴氏經學叢書本）。

（八）杜道堅：玄經原指發揮（道藏本彼九至彼十，「纂玄」章）。

（九）薛蕙：老子考異（惜陰軒叢書本，與老子集解合刊）。

（一〇）焦竑：老子考異（漸西村舍刻本，與老子翼合刊）。

（一一）嚴可均：老子唐本考異（案鐵橋漫稿卷三著書目，有此書。今收入鐵橋金石跋卷二，頁三——十一，聚學軒叢書第三集，第八，卽第四十九册）。

（一二）魏錫曾：校老子（績語堂碑録第六册，見魏稼孫先生全集校易州龍興觀道德經碑及道德經殘幢）。

（一三）紀昀：校老子（武英殿聚珍版叢書第七百二十册）。

（一四）畢沅：老子道德經考異（經訓堂叢書本，日本天保四年發弘書林刊本）。

（一五）姚鼐：老子章句（惜抱軒全集本，吕氏刊本）。

（一六）王昶：校老子（見金石萃編卷八十三，唐四十三）。

（一七）吴雲：老子道德經幢殘石（見二百蘭亭齋金石記第四册，頁一——八）。

（一八）錢大昕：潛研堂金石跋尾（潛研堂全集本）。

（一九）武億：授經堂金石文續跋（清嘉慶元年刻本）。

（二〇）江有誥：老子韻讀、唐韻四聲正（江氏音學十書，中國書店影印本）。

（二一）姚文田：古音諧（道光乙巳刊本）。

（二二）鄧廷楨：雙硯齋筆記卷三（清光緒二十二年刊本）。

（二三）俞樾：老子平議（春在堂全書第三帙本，諸子平議本）。

（二四）孫詒讓：老子札記（札迻本卷四頁一五——一七）。

（二五）譚獻：讀老子（半厂叢書復堂日記本）。

（二六）宋翔鳳：過庭録卷十三（浮溪精舍本）。

（二七）姚範：援鶉堂筆記卷五十（淮南監製官署刻本）。

（二八）梁章鉅：退菴隨筆卷十五（二思堂叢書本）。

（二九）李慈銘：訂老子（越縵堂日記本）。

（三〇）易順鼎：讀老札記（清光緒甲申刊本，寶瓠齋雜俎之四，共二卷，附補遺一卷）。

（三一）劉師培：老子斠補（劉申叔先生遺書第二十六册，寧武南氏校刊本）。

（三二）劉師培：老子韻表（丙午國粹學報，又收入左盦外集卷七、劉申叔遺書本第四十七册）。

（三三）盧文弨：老子音義考證（抱經堂叢書經典釋文内，北京直隸書局影印本，第十七册，第二十册）。

（三四）洪頤煊：老子叢録（讀書叢録本卷十三）。

（三五）徐鼒：讀老子雜釋（咸豐年刊讀書雜釋本卷十二）。
（三六）王念孫：讀書雜志（讀書雜志餘編，金陵局本）。
（三七）王引之：經傳釋詞（守山閣本，萬有文庫本）。
（三八）羅振玉：老子道德經考異附補遺（永豐鄉人雜著續編之一，上虞羅氏刊本）。
（三九）羅振玉：老子殘卷六種（上虞羅氏影印貞松堂藏西陲秘籍叢殘本）。
（四〇）羅振玉：敦煌本老子道德經義疏第五殘卷（見鳴沙石室古籍叢殘中第四册）。
（四一）羅振玉：敦煌本老子義殘卷（在敦煌石室碎金中，東方學會印本）。
（四二）馬叙倫：老子覈詁（天馬山房叢著本）。
（四三）陶鴻慶：讀老子札記（一九一九年老莊札記鉛印本）。
（四四）大田晴軒：老子全解（日本天保壬寅刊本，關儀一郎編老子諸註集成本）。
（四五）楊樹達：老子古義（中華書局仿宋聚珍印本）。
（四六）李翹：老子古注（一九二九年芬薰館印本）。
（四七）奚侗：老子集解（一九二五年序刊本）。
（四八）陳柱：老子集訓（一九二八年商務印書館本）。
（四九）蔣錫昌：老子校詁（一九三七年商務印書館本）。

(五〇)勞健:老子古本考(辛巳影印手寫本)。
(五一)高亨:老子正詁(一九四三年開明書店本)。
(五二)羅運賢:老子餘義(一九二八年成都石印本)。
(五三)王重民:老子考(一九二七年中華圖書館協會叢書第一種)。
(五四)何士驥:古本道德經校刊(一九三六年國立北平研究院史學研究會刊考古學報第一卷第二號)。
(五五)劉文典:三餘札記(中華書局本)。
(五六)于省吾:老子新證(燕京學報第二十期,又雙劍誃諸子新證第三册,一九四〇年北京刊本)。
(五七)東條一堂:老子王注標識(老子諸註集成本)。
(五八)武内義雄:老子原始(大正十五年刊本)。
(五九)武内義雄:老子之研究(昭和二年東京改造社本)。
(六〇)武内義雄:譯註老子(岩波書店昭和十三年刊本)。
(六一)狩野直喜:日本影印鎌倉舊抄本老子河上公注跋(北京圖書館藏)。

(六二)高本漢：老子韻考(Karlgren :*The poetical parts in Lao—Tsi* , 1932—1933)。

(六三)爾雅(郝懿行義疏，沔陽陸氏刻本，清經解本)。
(六四)小爾雅(胡承珙義疏，聚學軒叢書第四集本)。
(六五)字林考逸(任大椿輯，燕禧堂本)。
(六六)説文解字(段玉裁注，附六書音韻表，武昌局本)。
(六七)朱駿聲：説文通訓定聲(道光戊申刻本)。
(六八)劉熙：釋名(經訓堂叢書本)。
(六九)張楫：廣雅(王念孫疏證，金陵局本)。
(七〇)顧野王：玉篇(涵芬樓影元刊本)。
(七一)李文仲：字鑑(澤存堂本)。
(七二)揚雄：方言(戴震疏證，戴氏遺書本)。
(七三)杭世駿：續方言(藝海珠塵本)。
(七四)章炳麟：新方言(章氏叢書本)。

（七五）慧琳：一切經音義（武進莊炘校刻本）。

（七六）郭忠恕：汗簡（四部叢刊續編本）。

（七七）吴棫：韻補（浙江書局本，連筠簃叢書校本）。

（七八）楊億：古音略例（叢書集成初編本）。

（七九）陳第：毛詩古音考（學津討原本）。

（八〇）陳第：屈宋古音義（同上）。

（八一）方日昇：韻會小補（李維楨校明刻本）。

（八二）顧炎武：唐韻正（顧氏音學五書本）。

（八三）江永：古韻標準（貸園叢書初集，册九——十）。

（八四）孔廣森：詩聲類、詩聲分例（渭南嚴氏據顨軒孔氏本校刊）。

（八五）嚴可均：説文聲類（續清經解本）。

（八六）王念孫：古韻譜（高郵王氏遺書册三）。

（八七）李賡芸：炳燭編卷三（古今圖書館據清同治刊本影印）。

（八八）莊子（郭象注、成玄英疏，古逸叢書及續古逸叢書影宋本）。

（八九）荀子（楊倞注，古逸叢書影宋本）。

（九〇）韓非子（吴鼒校刻本，附顧廣圻識誤三卷）。
（九一）王先慎：韓非子集解（湖南局本）。
（九二）吕氏春秋高誘注（經訓堂叢書本）。
（九三）淮南子高誘注（莊逵吉刊本）。
（九四）劉文典：淮南鴻烈集解（商務印書館本）。
（九五）文子（杜道堅纘義，武英殿聚珍本）。
（九六）尹文子（汪繼培校，湖海樓叢書本）。
（九七）列子張湛注（汪繼培校，湖海樓叢書本）。
（九八）鶡冠子（學津討源本）。
（九九）孔叢子（四部叢刊影印明翻宋本）。
（一〇〇）賈誼新書（盧文弨校，抱經堂本，四部叢刊影明本）。
（一〇一）劉向説苑（四部叢刊影明本）。
（一〇二）王充論衡（四部叢刊影明通津草堂刊本）。
（一〇三）王符潛夫論（汪繼培箋，湖海樓本，四部叢刊影述古堂寫本）。
（一〇四）桓寬鹽鐵論（貸南閣叢書本，四部叢刊影明本）。

（一〇五）抱朴子内外篇（平津館叢書本，四部叢刊據明魯藩刊本）。

（一〇六）顔氏家訓（抱經堂叢書本）。

（一〇七）湛然輔行記（滂喜齋叢書本）。

（一〇八）孫盛老子疑問反訊（廣弘明集卷五中，四部備要據常州天寧寺刊本）。

（一〇九）十三經注疏（乾隆四年武英殿刻，附考證本）。

（一一〇）李鼎祚：周易集解（古經解彙函本）。

（一一一）韓詩外傳（古經解彙函本）。

（一一二）皇侃論語集解義疏（古經解彙函重刻鮑本）。

（一一三）國語（韋昭注，四部叢刊影明刊本）。

（一一四）戰國策（高誘注，姚宏校正，黄丕烈札記，影士禮居叢書本）。

（一一五）史記（裴駰集解，司馬貞索隱，張守節正義，金陵局本）。

（一一六）漢書（王先謙補注，思賢講舍本）。

（一一七）顔師古漢書注（武英殿本）。

（一一八）沈欽韓漢書疏證（浙江書局本）。

（一一九）後漢書（王先謙集解，家刻本）。
（一二〇）李賢後漢書注（武英殿本）。
（一二一）三國志（裴松之注，金陵局本）。
（一二二）劉昭續漢書注（淮南書局本）。
（一二三）晉書（金陵局本）。
（一二四）劉孝標世説新語注（四部叢刊影明本）。
（一二五）王逸：楚辭注（汲古閣本，金陵局仿刻本）。
（一二六）李善：文選注（涵芬樓影宋本，胡克家影宋本）。
（一二七）北堂書鈔（南海孔廣陶校刊本）。
（一二八）藝文類聚（四部叢刊續編本）。
（一二九）初學記（古香齋袖珍本）。
（一三〇）太平御覽（廣雅書局本，四部叢刊續編影宋刊本）。
（一三一）王道：老子億（北京崇華堂鉛印本）。

（一三二）薛蕙：老子集解（惜陰軒叢書本）。

（一三三）李贄：老子解（明刊老莊解本，李氏叢書本）。

（一三四）焦竑：老子翼（明萬曆刻本，金陵叢書甲集本第十三——十六册）。

（一三五）釋德清：道德經解（金陵刻經處本）。

（一三六）沈一貫：老子通（明萬曆丁亥年刊本，北京圖書館藏）。

（一三七）陳繼儒：老子雋（老莊合雋本，北京大學圖書館藏）。

（一三八）徐大椿：道德經註（乾隆廿五年刻本）。

（一三九）陳澧：老子注（舊抄本，北京大學圖書館藏）。

（一四〇）魏源：老子本義（漸西村舍叢書本）。

（一四一）易佩紳：老子解（光緒壬辰湖北臬署大字鉛印本）。

（一四二）高延第：老子證義（光緒十二年刊本，上海古書流通處影印老莊正義合刻本）。

（一四三）嚴復：老子道德經評點（光緒三十一年日本東京硃墨印本）。

（一四四）馬其昶：老子故（秋浦周氏刊本）。

（一四五）劉咸炘：老子二鈔（推十書之一，左書第一册。民國十八年成都尚友書塾刻本)。

(一四六)丁福保:老子道德經箋注(一九二七年,上海醫學書局本)。

老子道經（一卷）唐易州龍興觀道德經碑本

錢大昕曰：案河上公注本「道可道」以下爲道經卷上，「上德不德」以下爲德經卷下。晁説之跋王弼注本，謂其不析道德而上下之，猶近於古。不知陸德明所撰釋文，正用輔嗣本，題云「道經卷上」，「德經卷下」，與河上本不異。晁氏所見者，特宋時轉寫之本，而翻以爲近古，亦未之考矣。予家藏石刻道德經凡五本，惟明皇御注本及此本，皆分道經、德經爲二，蓋漢、魏以來篇目如此。而此本爲初唐所刻，字句與他本多異。如「無」作「无」，「愈」作「俞」，「芸」作「云」，「譽」作「豫」，「荒」作「忙」，「佐」作「作」，「噏」作「翕」之類，皆從古字。又如「故能蔽不新成」，石本作「能蔽復成」。「師之所處，荆棘生」下，石本無「大軍之後，必有凶年」二句。「上將軍居右」下，石本無「言以喪禮處之」句。「夫唯病病，是以不病；聖人不病，以其病病，是以不病」，石本但云：「是以聖人不病，以其病病，是以不病。」此類皆遠勝他本，聊舉一二，以見古石刻之可貴也。武億曰：分老子道經卷上，德經卷下，亦與古本相彷。後陸放翁題跋云：「晁以道謂王輔嗣老子曰：『道德經不析乎道德而上下之，猶近於古。』今此本已久離析。」然則宋已失輔嗣定本。今邢氏論語疏引老子德經云：「天網恢恢，疎而不失。」此其可徵之一也。然又考漢書注，如顔氏于魏豹傳，引老子道經曰：「國家昏亂有忠臣。」田横傳引老子德經曰：「貴以賤爲本，高以下爲基，是以侯王自謂孤、寡、不穀。」楚元王傳引老子德經云：「知足不辱。」嚴助傳：老子所謂「師之所處，荆棘生之」者也。師古曰：「老子道經之言也。」揚雄傳「貴知我者希」，師古曰：老子德經云「知我者希，則我貴矣」。酷吏傳老氏稱「上德不德，是以有德；下德不失德，是以無德。法令滋章，盜賊多有」。師古曰：「老子德經之言也。」「下士聞道，大笑之」，師古曰：「老子道經之言也。」西域傳注：老子德經曰「天下有道，却走馬以爲糞」。蓋其所引以道、德分篇者若此，而與釋文題「道經音義」、「德經音義」者並合。又賈公彦周禮師氏疏，亦以爲老子道經云：「道可道，非常道。」其下案德經云：「上德不德，是以有德。」章懷太子註後漢書，其於翟酺傳也，則又謂老子道經曰：「魚不可以脱於泉。」是數子于初唐時，並同所證。（夢真客碑：「稽之道經，以慈爲寶。」）其必襲自晉、宋舊本，如此碑所分題，固有據也。

王昶曰：碑上卷題「老子道經」，下卷題「老子德經」，皆道、德分見，未嘗混而爲一，則玄宗所注，實從古本如此。董迴藏書志謂「玄宗注成，始改定章句爲道德經，凡言道者類之上卷，言德者類之下卷」，非也。

吴雲曰：隋書經籍志載道德經二卷，王弼注。晁説之、熊克重跋，皆稱不分道德經，而今本釋文實分上下二卷，或疑爲刻者增入。然邢昺論語疏引老子德經「天網恢恢」二句，顔師古漢書注多引老子道經、德經，分之者當不自陸德明始。此石亦書德經，殆有據也。

孫詒讓曰：老子上下篇八十一章，分題「道經」、「德經」。河上公本，經典釋文所載王注本，道藏唐傅奕校本，石刻唐玄宗注本並同。弘明集牟子理惑論云：「所理正於三十七條，兼法老氏道經三十七篇。」則漢時此書已分道、德二經，其道經三十七章，德經四十四章，亦與今本正同。今所傳王注，出於宋晁説之所校，不分道、德二經，於義雖通，然非漢、唐故書之舊。

一章

洪頤煊曰：道德經王輔嗣本，今世所行，俱有分章。此本雖不記章數，然每章皆空一格以別之。其中亦有與今王本不同者，如今王本「道冲而用之」至「象帝之先」爲三章，「天地不仁」至「不如守中」爲四章，「谷神不死」至「用之不勤」爲六章，此本皆並爲一。「故有之以爲利，無之以爲用」，今王本屬十一章，此本無「故」字，二句屬下章之首。「重爲輕根，靜爲躁君」，今王本爲二十七章，此本屬上章之末。陸德明老子音義已爲後人改變其分章，惜不得與此一本證之。

道，可道，非常道；名，可名，非常名。

俞正燮曰：老子此二語，「道」「名」，與他語「道」「名」異；此言「道」者言詞也，「名」者文字也。文子精誠云：「名可名，非常名；著於竹帛，鏤於金石，皆其麤也。」上義云：「誦先王之書，不若聞其言；聞其言，不若得其所以言。故名可名，非常名也。」上禮云：「先王之法度有變易，故曰『名可名，非常名』也。」淮南本經訓云：「至人鉗口寢説，天下莫知貴其不言也。故道可道，非常道；名可名，非常名。著於竹帛，鏤於金石，可傳於人者，其麤也。晚世學者博學多聞，而不免於惑。」繆稱訓云：「道之有篇章形埒者，非其至者也。」道應訓云：「桓公讀書於堂，輪扁曰：『獨其糟粕在耳。』故老子曰：『道可道，非常道；名可名，非常名。』」皆以老子「道」爲言詞，「名」爲文字。

謙之案：俞說是也。老子著五千之文，於此首發其立言之旨趣。蓋「道」者，變化之總名。與時遷移，應物變化，雖有變易，而有不易者在，此之謂常。自昔解老者流，以道爲不可言。高誘注淮南氾論訓曰：「常道，言深隱幽冥，不可道也。」僞關尹子推而廣之，謂「不可言卽道」。實則老子一書，無之以爲用，有之以爲利，非不可言說也。曰「美言」，曰「言有君」，曰「正言若反」，曰「吾言甚易知，甚易行」，皆言也，皆可道可名也。自解老者偏於一面，以「常」爲不變不易之謂，可道可名則有變有易，不可道不可名則無變無易（林希逸），於是可言之道，爲不可言矣；可名之名，爲不可名矣。不知老聃所謂道，乃變動不居，周流六虛，既無永久不變之道，亦無永久不變之名。故以此處世，則無常心，「以百姓之心爲心」（四十九章）。以此應物，則「建之以常無有」（莊子天下篇），言能常無、常有，不主故常也。不主故常，故曰非常。常有常無，故曰「復命曰常」（十六章），「知和曰常」（五十五章），常卽非常也。夫旦明夜闇，死往生來，安時處順，與時俱往，莊子所云：「死生命也，其有夜旦之『常』，天也。」天地之道，恒久而不已，四時變化，而能久成。若不可變、不可易，則安有所謂常者？故曰「道可道，非常道」也；「名可名，非常名」也。

无名，天地始；有名，萬物母。

嚴可均曰：「无名」，各本作「無」，下皆放此。「天地始」，御注與此同。河上、王弼作「天地之始」，下句亦有「之」字。

魏稼孫曰：嚴校云：「各本作『無』，下皆放此。」後「行无行」一條，校語同。按是刻道經皆作「无」；德經前作「無」，「行无行」以下作「无」。此條當云「道經放此」。

羅振玉曰：景龍本、敦煌本「無」皆作「无」，下並同，御注石本作「無」。又景龍、御注、敦煌三本均無二「之」字，河上本有。

謙之案：經典釋文卷二周易音義云：「『无』音無，易内皆作此字。説文云：『奇字無也，通於无者，虚无道也。王育説天屈西北爲无。』」俗作「旡」，非。无音暨，「炁」等字從之。老子作「无」，與易同。又王弼、傅奕、范應元本均有「之」字。范本「萬」作「万」。「无名天地始」，史記日者傳引作「無名者，萬物之始也」。王弼注：「凡有皆始於無，故未形無名之時，則爲萬物之始。」似兩句皆作「萬物」，非。案「始」與「母」不同字義。説文：「始，女之初也。」「母」則「象懷子形，一曰象乳子也」。以此分别有名與无名之二境界，意味深長。蓋天地未生，渾渾沌沌，正如少女之初，純樸天真。經文二十五章：「有物混成，先天地生。」四十章：「有生於無。」此无名天地始也。「天下萬物生於有」，有則生生不息；四十二章：「道生一，一生二，二生三，三生萬物。」此有名萬物母也。又莊子齊物論「天地與我並生，萬物與我爲一」，亦皆「天地」與「萬物」二語相對而言。

常无，欲觀其妙；常有，欲觀其徼。

范應元曰：古本並河上公、王弼、李若愚、張君相「常无」上並有「故」字。又引音辯云：「常无、常有，合作斷句。」

王應麟曰：首章以「有」「無」字斷句，自王介甫始。

嚴可均曰：御注與此同。「觀」上，河上、王弼有「以」字，下句亦然。

羅振玉曰：敦煌三本均無「故」字及二「以」字。又「徼」，敦煌本作「曒」。

俞樾曰：按易州唐景龍二年所刻道德經碑無兩「以」字，當從之。司馬温公、王荆公並于「無」字絶句，亦當從之。

易順鼎曰：按莊子天下篇：「老聃聞其風而悦之，建之以常無有。」「常無有」即此章「常無」「常有」，以「常無」「常有」爲句，自莊子已然矣。

謙之案：御注、邢玄、景福、慶陽、樓正、磻溪、顧歡、彭耜、高翿均無「故」字。「徼」，傅、范本與碑本同，宜從敦煌本作「曒」。十四章「其上不曒」，景龍本亦作「曒」，是也。一切經音義卷八十四引：「説文『徼』作『循也』，以遮遏之。」是徼有遮訓，在此無義。又卷七十九、卷八十三引：「説文『曒』從日，敫聲，二徐本無。」田潛曰：「案慧琳引埤蒼『明也』，韻會云『明也』，未著所出。詩『有如曒日』，詩傳云：『曒，光也。』説文古本舊有『曒』字，後世或借用『皎』。『皎』，月之白也，詩『月出皎兮』是也。或借用『皦』，皦，白玉之白也，論語『皦如』是也。字義各有所屬，『有如皦日』之『皦』，皦從日，不從白也。」（一切經音義引説文箋卷七）經文「常无觀其妙」，妙者，微眇之謂，荀悦申鑒所云：「理微謂之妙也。」「常有觀其皦」，「皦」者，光明之謂，與「妙」爲對文，意曰理顯謂之皦也。

此兩者同出而異名，

謙之案：陳景元藏室纂微篇以「此兩者同」爲句。嚴復曰：「同字逗，一切皆從同得。」惟「同出」「異名」爲對文，不應於「同」字斷句。又蔣錫昌曰：「『此兩者同』下十二字，范本無。」案續古逸叢書范本有此十二字，蔣誤校。又四十章「天下萬物生於有，有生於無」，此兩者蓋指有無而言。有無異名，而道通爲一。

同謂之玄，玄之又玄，衆妙之門。

謙之案：「玄」字，續語堂碑録因避清帝諱，改爲「元」，當據原碑改正。以下仿此。蓋華夏先哲之論宇宙，一氣而已，言其變化不測，則謂之玄。變化不測之極，故能造成天地，化育萬物，而爲天地萬物之所由出。鳶飛魚躍，山峙川流，故曰「衆妙之門」。張衡曰：「玄者無形之類，自然之根；作於太始，莫之能先；包含道德，構掩乾坤；橐籥元氣，禀受無形。」（御覽引玄圖）揚雄曰：「玄者，幽攡萬類而不見形者也。」（太玄經玄攡圖）義皆出此。

【音韻】李道純曰：「此經文辭多叶韻。」鄧廷楨曰：「諸子多有韻之文，惟老子獨密；易、詩而外，斯爲最古矣。」劉師培曰：「欲考古韻之分，古必考周代有韻之書；而周代之書，其純用韻文者，舍易經、離騷而外，莫若老子。」今試以江有誥老子韻讀爲主，參之以吴棫之韻補，顧炎武之唐韻正，江永之古韻標準，姚文田之古音諧，鄧廷楨之雙硯齋筆記（卷三），李賡芸之炳燭編，推求經文古韻，句求字索。又劉師培、奚侗、陳柱及高本漢之老子韻考（Bernhard Karlgren: *The poetical parts in Lao-Tsi*）説老子古音，頗多肊説，亦有可取者，間附以己見，然後知五千文率諧聲律，斐然成章。韻理既明，則其哲學詩之爲美者可知矣。以下試分章述之。

此章江氏韻讀：道、道韻（幽部），名、名韻（耕部），始、母韻（之部，母，滿以反），妙、徼韻（宵部，徼，去聲），玄、門韻（文、真通韻，玄，胡均反）。

謙之案：「玄」，真部，「門」，文部，文、真通韻。姚文田：玄、玄、門韻，餘同。又高本漢：同，名爲韻，非。鄧廷楨：道、道，名、名，無韻，亦非。

右景龍碑本五十四字，敦煌本同。河上本（宋刊本）、王弼本（古逸叢書本）、傅奕（經訓堂本）、范應元（續古逸叢書本）並五十九字。嚴可均曰：「『衆妙之門』句下空一字，所以分章，御注不空。河上於『道可道』前，題『體道第一』，王弼題『一章』。此無標目，下皆放此。」今案老子著書上下二篇，後世乃有分章，有分五十五、六十四、六十八、七十二、八十一之殊，碑本雖不記章數，然每章皆空一格以别之，與河上、王弼、傅、范諸家分章略同，今卽以諸家所傳分章爲準。又此章范本題「道可道章第一」。

二章

天下皆知美之爲美，斯惡已；皆知善之爲善，斯不善已。

謙之案：淮南道應訓引下句作「天下皆知善之爲善，斯不善已」。彭耜曰：「達真、清源『皆知善之爲善』上，並有『天下』二字。」范應元本同，范註云：「古本。」又論語集解義疏九引「皆知」，並作「以知」。廣明本、趙孟頫本引下「已」作「矣」，李道純本上「已」作「矣」，蘇轍本、董思靖本兩「已」並作「矣」。「已」「矣」古可通用。説文五：「矣，語已詞也，从矢，㠯聲。」字亦作「已」。

故有无相生，難易相成，長短相形，高下相傾，

謙之案：敦煌本、遂州碑本、顧歡本無「故」字。六「相」上，廣明、景福、慶陽、磻溪、樓正、室町、彭耜、傅、范、高翿、趙孟頫本，及後漢書朱穆傳注均有「之」字，王弼、河上本無。李道純曰：「『有無相生』已下六句，多加一『之』字者非也。」

嚴可均曰：「相形」，王弼作「相較」，見釋文。

謙之案：作「相形」是也。畢沅曰：「『形』，王弼作『較』，陸德明亦作『較』，並非。古無『較』字，本文以『形』與『傾』爲韻，不應用『較』又明矣。」劉師培曰：「案文子云：『長短不相形。』淮南子齊俗訓曰：『短修相形。』疑老子本文亦作『形』，與生、成、傾協韻，『較』乃後人旁注之字，以『較』釋『形』，校者遂以『較』易『形』矣。」案：淮南齊俗訓「故高下之相傾也，短修之相形也」，有二「也」字。「長」，因避父諱改「脩」。

馬叙倫曰：「較」，各本並作「形」。説文「荆」之古文作「⿱艹⿰爻刂」，則古文「形」或亦有作「⿰爻彡」者。或老子本作「⿰爻彡」，傳寫脱譌成「爻」，讀者以爲義不可通，加車成「較」，後世「較」行「較」廢，因爲「較」字矣。

「爻」旁與「較」字之「爻」旁相同。

音聲相和，前後相隨。

謙之案：「前」，敦煌本作「先」，遂州碑本、顧歡本、强思齊本亦作「先」。蔣錫昌曰：「按顧本成疏『何先何後』，是成『前』作『先』，强本嚴君平注：『先以後見，後以先明。』是嚴亦作『先』。老子本書『先』『後』連言，不應於此獨異。如七章『是以聖人後其身而身先』，六十六章『欲先民，必以身後之』，六十七章『舍後且先』，皆其證也。」

是以聖人處無爲之事，行不言之教。

謙之案：遂州碑本「人」下有「治」字，敦煌本同。成玄英疏：「故云『是以聖人治也』。」又群書治要卷三十四引無「治」字。

萬物作而不辭，

畢沅曰：河上公、王弼並作「萬物作焉而不辭」。陸希聲及太平御覽引皆無「焉」字。

羅振玉曰：景龍、御注、景福三本均無「焉」字。

謙之案：遂州碑本、傅奕本亦無「焉」字。又「不辭」，遂州、敦煌、傅、范本作「不爲始」。范應元曰：「王弼、楊孚同古本。」是范所見王本亦作「不爲始」。易順鼎曰：考十七章王注云「大人在上，居無爲之事，行不言之教，萬物作焉而不爲始」數語，全引此章經文，是王本作「不爲始」之證，但比傅本多一「焉」字耳。

謙之案：作「不爲始」是也，當據訂正。畢沅曰：「古始、辭聲同，以此致異，奕義爲長。」勞健曰：「説文『辤』籀文从台作『辝』，夏竦古文四聲韻引石經『詞』作『𠮛』，古孝經『始』作『𠮛』，蓋二字古文形本相近。」今按吕氏春秋貴公篇曰：「天地大矣，生而弗子，成而弗有，萬物皆被其利而莫知其所由始。」又審分篇曰：「全乎萬物而不宰，澤被天下，而莫知其所自始。」蓋皆出老子此章，作「始」義長。

生而不有，爲而不恃，

羅振玉曰：「生而不有」，敦煌本無此句。

謙之案：遂州碑本亦無。群書治要卷三十四引同此石。

成功不居。夫唯不居，是以不去。

嚴可均曰：御注、王弼作「功成不居」，河上作「功成而弗居」。

羅振玉曰：景福本作「功成不居」，敦煌本作「成功不處」。又「夫唯弗居」，景龍、御注二本「弗」均作「不」，敦煌作「不處」。

馬叙倫曰：王弼注曰：「因物而用，功自彼成，故不居也。」則王作「不居」。今王「不」作「弗」

者，或後人據河上改之。

蔣錫昌曰：按淮南道應訓及後漢書朱儁傳注引「弗」並作「不」，易繫辭正義引「而弗居」作「不居」。强本嚴注：「夫唯不敢寧居。」是嚴「弗」作「不」。强本引成疏經文「成功不處」，是成作「成功不處」。古本所引「弗」皆作「不」。二十四章「故有道者不處」，三十八章「不居其華」，七十七章「功成而不處」，「不居」或作「不處」，「居」「處」蓋可互用。惟「弗」均作「不」，以老校老，可證老子原本如此。

謙之案：王注舊刻附孫鑛古今本考正云：「『弗居』，一本作『不居』。」又紀昀校據永樂大典本「功成而弗居」，無「而」字，「弗」與「不」同，作「不」是也。又論衡自然篇曰：「故無爲之爲大矣。本不求功，故其功立；本不求名，故其名成。」亦即此章「夫唯不居，是以不去」也。蓋天下之物，未有無對待者，有矛盾斯有前進。故有美者，則有更美者與之相争，而美之爲美斯不美已。有善者，則有更善者與之相争，而善之爲善斯不善已。故有無，一對待也；天下萬物生於有，有生於無，此有無之相生也。難易，一對待也；難以易顯，易以難彰，無難則無以知易，無易則無以知難，此難易之相成也。長短，一對待也；寸以尺短，尺以寸長，無長則無以明短，無短則無以見長，此長短之相形也。高下，一對待也；山以谷摧，谷以山頹，無山則無以見谷，無谷則無以知山，此高下之相傾也。音聲，一對待也；安樂悲怨，其出不同，無悲則無以知樂，無樂則無以知悲，此音聲之相和也。先後，一對待也；先以後見，後以先明，無後則無以知先，無先則無以知後，此先後之相隨也（用嚴君平義）。由此觀之，天下之物，無處不有矛盾，即無處不在其對待之中各自動作。夫唯無心而順自然者，不求功，不求名，因天任物而治。「處无爲之事，行不言之教」，深澈乎萬物相反相成之理，消息盈虛，與時俱行。萬物並作，而吾不爲始；吾所施爲，而不以迹自累；功成事遂，退避其位。不可得而美，故不可得而惡；不可得而先，故不可得而後。立於對待之先，是謂不居；超乎有無六境之外，是謂不有。有而不有，物不能先；居於不居，是以不去也。

【音韻】此章江氏韻讀：生、成、形、傾韻（耕部），和、隨韻（歌部，隨，徐禾反），事、教、辭、有、恃韻（之、宵合韻，教叶音記，辭，去聲，有音以），居、居、去韻（魚部，去，平聲）。姚文田、鄧廷楨同，惟未及事、教。又陳柱以已、已爲韻。

謙之案：「辭」，敦、遂本、傅、范本作「始」，「居」，敦本作「處」。高本漢以始與事、教、有、恃叶韻，處、處與去叶韻。又教，宵部，事、辭、有、恃，之部，之、宵合韻。

顧炎武曰：「隨」，古音句禾反，引老子「音聲相和，前後相隨」，和、隨爲韻。旁證：管子白心篇：「人不倡不和。」又「不始不隨」。韓非解老：「大姦作則小盜隨，大姦唱則小盜和。」又「故竽先則鐘瑟必隨，竽唱則諸樂皆和」（唐韻正五支）。

江有誥曰：辭，似茲切，按古有「去」聲，老子養身篇「萬物作焉而不辭」，與「事」「教」合韻。又曰：「居」，九魚切，按古有「去」聲，當與御部並收。老子養身篇「功成而不居」，與「去」叶（唐韻四聲正七之、九魚）。

右景龍碑本七十八字，敦煌本八十五字，河上、王弼本八十八字，傅奕本九十三字，范應元本九十七字。河上本題「養身第二」（一作「美善章」）。王弼本題「二章」，范本題「天下皆知章第二」。

三章

不上賢，使民不争；

嚴可均曰：各本「上」作「尚」。

羅振玉曰：敦煌本作「不上寳」。

謙之案：作「上」是也。「寳」字疑誤。「上」與「尚」同。淮南齊俗訓：「故老子曰『不上賢』者，言不致魚於木，沉鳥於淵。」引亦作「上」，與景龍、敦煌、遂州諸本同。遂州「民」作「人」，下句同。

不貴難得之貨，使民不盗；

謙之案：河上、王、傅、范各本，「盗」下均有「爲」字，遂州、敦煌、御注本與此石同省。北堂書鈔二七引作「不貴貨，使民不盗」，是所見本亦無「爲」字。

不見可欲，使心不亂。

嚴可均曰：「使心不亂」，王弼「使」下有「民」字。

畢沅曰：河上公作「使心不亂」，無「民」字。案淮南子引亦無「民」。易順鼎曰：晉書吴隱之傳曰：「不見可欲，使心不亂。」文選東京賦注、沈休文鍾山詩注兩引亦皆無「民」字。素問卷一王冰注引老子亦無「民」字。

紀昀曰：原本及各本俱無「民」字，惟永樂大典有之。據弼注「故可欲不見」，上承「没命爲盜」，則經文本有「民」字。

劉師培曰：文選東京賦注引作「使心不亂」，易艮卦孔疏引此文亦無「民」字，蓋唐初避諱删此字也。古本實有「民」字，與上兩「民」一律。

謙之案：紀、劉之説非也。王弼注：「穿窬探篋，没命而盜，故可欲不見，則心無所亂也。」是王本並無「民」字。永樂大典蓋沿襲吴澄本妄增「民」字。劉氏謂無「民」字乃唐初避諱所删，不知古本實無「民」字，唐初群書治要卷三十四引亦無「民」字。此如與避諱有關，則何不並上兩句「民」字删之？此非妄删，直妄增耳。但吴澄亦有所本，褚遂良貞觀十五年跋之王羲之帖本，作「民心不亂」，與傅、范本同，知其誤已久。傅、范雖稱古本，實亦爲後人所改，其字句均較他本爲繁，此其一例耳。

聖人治：

嚴可均曰：各本句上有「是以」二字，王弼「人」下有「之」字。

吴雲曰：傅本「聖人之治」下，有「也」字；李道純無「之治」二字。

謙之案：有「之」字是。

虛其心，實其腹，弱其志，强其骨。

羅振玉曰：釋文：「『强』，又作『彊』。」敦煌本作「彊」。

謙之案：樓正本亦作「彊」。又群書治要卷三十四引「是以聖人之治，常使民無知無欲」，缺「虛其心」四句。

常使民无知无欲，

嚴可均曰：「常使民」，御注作「使人」。

羅振玉曰：御注本避諱作「人」。

謙之案：王羲之本無「常」字，遂州本無「民」字。

使知者不敢爲，則无不治。

嚴可均曰：「使知者」，各本「使」下有「夫」字。「不敢爲」，各本句下有「爲無爲」三字，王弼有「也爲無爲」四字。

羅振玉曰：「知」，今本作「智」，釋文出「知者」二字，注音「智」，知王本作「知」。景龍、御注、敦煌三本亦作「知」。又景龍、御注、敦煌、景福四本「爲」下均無「也」字。

謙之案：據羅氏影印貞松堂藏西陲秘籍叢殘校敦煌本，「敢」下有「不」字，羅考異中失校。又遂州碑本亦作「不敢不爲也」。强思齊引成玄英疏：「前既捨有欲無欲，復恐無欲之人滯於空見，以無欲爲道，而言不敢不爲者，卽遣無欲也。恐執此不爲，故繼以不敢也。」是成疏本亦作「不敢不爲」。惟顧本成疏作「而言不敢爲者，卽遣無欲也」，脱此「不」字。今案「不敢」、「不爲」乃二事，與前文「無知、無欲」相對而言，「不敢」斷句。經文三十章「不以取强」，各本「不」下有「敢」字，「敢」字衍文。但六十七章「不敢爲天下先」，六十九章「吾不敢爲主而爲客，不敢進寸而退尺」，七十三章「勇於不敢則活」，以「不敢」與「不爲」對，知顧本成疏經文有誤脱。老子原意謂常使一般人民無知、無欲，常使少數知者不敢、不爲，如是則清静自化，而无不治。

又案：不敢、不爲，卽不治治之。論衡自然篇曰：「蘧伯玉治衞，子貢使人問之：『何以治衞？』對曰：『以不治治之。』夫不治之治，無爲之道也。」誼卽本此。蓋老子之意，以爲太上無治。世之所謂治者，尚賢則民争；貴難得之貨，則民爲盗；見可欲則心亂。今一反之，使民不見可尚之人，可貴之貨，可欲之事。如是，則混混沌沌，反朴守醇，常使民無知無欲，則自然泊然，不争不盗不亂，此所以知者不敢不爲。至德之世，上如標枝，民如野鹿；含哺而熙，鼓腹而遊。此則太古无爲而民自化，翺翔自然而無物不治者也。

【音韻】此章江氏韻讀無韻。高本漢以腹、骨、欲爲韻，陳柱同。陳又以爲、治韻，云：「蓋歌之音變也。」

謙之案：王念孫毛詩群經楚辭古韻譜「欲」、「腹」均入幽部，引樂記「君子樂得其道」二句，道、欲爲韻。詩經蓼莪四章鞠、蓄、育、復、腹爲韻。楚辭天問育、腹爲韻。

謙之又案：「賢」、「争」爲韻。孔廣森詩聲類二陽聲二十出「堅」字云：「行葦：『敦弓既堅，四鍭既鈞，舍矢既均，序賓以賢。』案『堅』从『臤』，『臤』即古文『賢』，今十七真有『礥』字，『礥』乃『賢』聲正讀也。」又出「賢」字云：「北山：『大夫不均，我從事獨賢。』行葦見『堅』下。」案「賢」與「争」音近，印度舊譯「賢豆」，可爲旁證。王念孫古韻譜與「堅」同入真部，「争」（音真）入耕部，此爲真、耕通韻之證。

右景龍碑本五十七字，敦煌本五十八字，河上本六十六字，王本六十七字，傅本六十八字，范本六十九字。河上本題「安民第三」，王本題「三章」，范本題「不尚賢章第三」。

四章

道冲，而用之久不盈。

謙之案：「冲」，傅奕本作「盅」，「盅」即「冲」之古文。説文皿部：「盅，器虚也。老子曰：『道盅而用之。』」郭忠恕汗簡（上之二）「冲」字，引古老子作盅。畢沅曰：「説文解字引本書作『盅』，諸本皆作『沖』，淮南子亦作『沖』，並非是。」蓋器中之虚曰盅，盅則容物，故莊子應帝王篇曰：「太盅莫勝。」

嚴可均曰：「久不盈」，各本作「或不盈」。

羅振玉曰：景龍本作「久」，敦煌本作「又」，乃「久」之譌。

俞樾曰：「道盅而用之」，「盅」訓虛，與「盈」正相對，作「沖」者，假字也。第四十五章「大盈若沖」，「沖」亦當作「盅」。又按「或不盈」，唐景龍碑作「久不盈」，久而不盈，所以爲盅，殊勝今本。河上公注曰：「或，常也。」訓或爲常，古無此義，疑河上本正作「久」也。

謙之案：作「久」是也。太平御覽三百二十二引墨子曰：「善持勝者，以强爲弱，故老子曰『道沖而用之，有弗盈』也。」有弗盈卽又不盈。賈昌朝群經音辨曰：「有，又也。」王弼注：「故沖而用之，又復不盈。」」是王本亦作「又」，不作「或」。有、又、久古通。馬敍倫曰：「墨子引作『有』，河上作『或』，易州作『久』，四字古皆通。『又』『有』『或』古通，具見經傳釋詞，諭義則『久』字爲長。『又』、『有』、『久』亦通。莊子至樂篇：『人又反入於機。』列子天瑞篇『又』作『久』。列子天瑞篇：『精神者天之久。』殷敬順、陳景元釋文曰：『久音有，本作又。』漢書楊王孫曰：『精神者天之有。』卽本此文，並其證。蓋『又』、『久』、『有』三字聲並屬之類也。」

謙之案：傅本「盈」作「滿」，陸德明曰：「『盈』，本亦作『滿』。」盈、滿同義。一切經音義卷十三引說文「盈」作「器滿也」。二徐本作「滿器也」。田潛曰：「案水部『溢』下云：『器滿也。』器滿卽溢，亦卽盈也。故『滿』下云：『盈，溢也。』訓義甚明。」可證「盈」、「滿」可互用，惟原本當作「盈」。馬叙倫曰：「『滿』字諸本作『盈』者，荀悦曰：『諱盈之字曰滿。』蓋漢惠帝名盈，諱之改爲『滿』也，『盈』字是故書。」

深乎！萬物宗。

嚴可均曰：「深乎」，御注作「淵似」，河上作「淵乎似」，王弼作「淵兮似」。「萬物宗」，河上、王弼「物」下有「之」字。

羅振玉曰：敦煌本作「淵似萬物之宗」。

謙之案：釋文出「淵㑹」，云：「河上作『乎』。」畢沅曰：「㑹，古兮字。」盧文弨曰：「『㑹』，今本皆作『兮』。」又傅、范本：「淵兮似万物之宗。」范「萬」均作「万」。玉篇：「『万』，俗『萬』字，十千也。」舉此一例，知范本多古訓，亦存俗字。又案「深」與「淵」義同。玉篇：「『淵』，水停又深也。」小爾雅廣詁：「『淵』，深也。」勞健曰：「景龍作『深乎萬物宗』。當是唐人避諱改『淵』作『深』。」

挫其鋭，解其忿，和其光，同其塵。

俞樾曰：按釋文，河上公本「紛」作「芬」；然「芬」字無義。此句亦見五十六章，河上公於此注云：「紛，結恨也。」……於彼注云：「紛，結恨不休。」注文大略相同。則河上本「芬」字當讀爲「忿」，若以本字讀之，則注中結恨之義不可解。……王弼本五十六章作「解其分」，注云：「除争原也。」則亦讀爲忿矣。顧歡本正作「忿」，乃其本字，「芬」、「紛」並叚字耳。

武内義雄曰：「解其紛」，河上作「芬」。按「芬」當作「忿」。此句在四章，又見於第五十六章。舊鈔河上本，彼章作「忿」，此章作「紛」。王本於彼章作「分」，據其注，則「分」者「忿」之訛。此章與舊鈔河上本同此，王、河兩本字亦同。至景龍碑及敦煌本此章之「紛」，皆改爲「忿」，此以假借字而還爲正字者也。

譚獻曰：五十六章亦有「挫其鋭」四句，疑羼誤。

湛常存。

嚴可均曰：河上作「湛兮似若存」，王弼作「湛兮似或存」。

羅振玉曰：景龍、御注二本均作「湛常存」，敦煌本作「湛似常存」。

武内義雄曰：敦本此句作「湛然常存」，遂州本「湛似常存」。

王昶曰：邢州本「湛似或存」下句「誰」下有「之」字。

謙之案：傅、范本與王弼同。邢州本舊謂卽遂州本，今知非是。又十四章「是謂忽恍」，王昶曰：「諸本並同，邢州本無此句。」案今遂州本實有，作「是謂忽恍」，此亦一證也。又「湛」，説文：「没也。」小爾雅廣詁：「没，無也。」此云「湛常存」，言其虛靈不昧，似無而實有也。

吾不知誰子？象帝之先。

嚴可均曰：「誰子」，河上、王弼作「誰之子」。

焦竑曰：「誰之子」，陳碧虛司馬本無之。

羅振玉曰：景龍、御注、敦煌三本均無上「之」字。

謙之案：室町本「誰」上有「其」字，下有「之」字。案無「之」字是也。廣雅釋言：「子，似也。」「吾不知誰子」，卽吾不知誰似也，語意已足。此段意謂神耶帝耶？此世所稱生殺之主，而道獨居其先。道者疑似之間，若不知其誰子；然而自本自根，未有天地自古以固存也。

【音韻】此章江氏韻讀：紛、塵、存、先韻（文部，先，思殷反）。姚文田、鄧廷楨同。鄧曰：「『先』，古音讀若『詵』。」

謙之案：盅、盈、宗亦韻。奚侗、陳柱、高本漢説同。

姚鼐曰：「道冲」爲句，與「宗」爲韻，言道之體至冲也。

奚侗曰：盅、盈、宗爲韻。東、庚之變，如二十四章以「功」韻「明」，莊子在宥篇以「蟲」韻「情」、「成」、「鳴」也。又紛、塵、先爲韻。素問八正神明論「先」與「神」、「存」韻，楚辭招魂「先」與「紛」、「陳」韻。

錢大昕曰：説文「冲」讀若「動」。書「予惟冲人」，釋文：「直忠反。」古讀「直」如「特」，冲子猶動子也。

謙之又案：「湛常存」，河上、王「湛」下有「兮」字，「兮」字爲楚辭最常見之助字，老子書已發其端。孔廣森詩聲類七曰：「『兮』，唐韻在十二齊，古音未有確證。然泰誓『斷斷猗』，大學引作『斷斷兮』，似『兮』、『猗』音義相同。『猗』，古讀『阿』，則『兮』字亦當讀『阿』。」

右景龍碑本三十七字，不分章。河上、王弼、傅奕本四十二字，范應元本四十三字，敦煌本三十九字。（武内本云「三十七字」，實三十九字。羅卷注「四十九字」，「四」乃「三」字之誤。）

河上題「無源第四」，王弼題「四章」，范應元題「道冲章第四」。

五章

天地不仁，以萬物爲⿱艹彐⿰犭苟；聖人不仁，以百姓爲⿱艹彐⿰犭苟。

嚴可均曰：「⿱艹彐⿰犭苟」，別體字。羅振玉曰：景龍、廣明二本作「⿱艹五」，敦煌本作「蒭」，均「芻」之別構。謙之案：河上、王弼、傅、范並作「芻狗」。釋文、群書治要及遂州本「芻」作「蒭」。李文仲字鑑曰：「『芻』，説文：『刈草也，象包束草之形。』從二屮，卽『草』字也。俗又加『草』，非。」

劉師培曰：案芻狗者，古代祭祀所用之物也。淮南齊俗訓曰：「譬若芻狗土龍之始成，文以青黄，絹以綺繡，纏以朱絲，尸祝袀袨，大夫端冕，以送迎之；及其已用之後，則壤土草薊而已，夫有孰貴之？」高誘注：「芻狗，束芻爲狗，以謝過求福。」説山訓云：「聖人用物，若用朱絲約芻狗。」又曰：「芻狗待之以求福。」高注：「待芻狗之靈，而得福也。」是古代祭祀，均以芻狗爲求福之用。蓋束芻爲狗，與芻靈同，乃始用終棄之物也。老子此旨曰：天地之於萬物，聖人之於百姓，均始用而旋棄，故以芻狗爲喻，而斥爲不仁。

謙之案：吕氏春秋貴公篇高誘注引老子二句同。又莊子庚桑楚篇：「至仁無親。」齊物論：「大仁不仁。」天運篇：「夫芻狗之未陳也，盛以篋衍，巾以文繡，尸祝齋戒以將之；及其已陳也，行者踐其首脊，蘇者取而爨之而已。」語皆出此。

天地之間，其猶橐籥。

嚴可均曰：「橐籥」，御注作「橐籥」，河上、王弼末有「乎」字。

謙之案：王弼注：「『橐』，排橐也。『籥』，樂籥也。」孫詒讓曰：「案一切經音義一云：『鞴囊』，東觀漢記作『排』，王弼注書作『橐』，同皮拜反，所以冶家用吹火令熾者也。又十二云：『排筒』，東觀漢記『因水作排』，王弼注：『橐，橐囊也。』（玉篇橐部云：『橐，吹火囊。』）據玄應説，則所見王注『排橐』作『橐囊』，今本及陸氏釋文並作『排橐』。（釋文云：『排，扶拜反。』與皮拜音同。『排橐』，亦見淮南子本經訓高注。）『排』字正與漢記同，豈唐時王注固有兩本乎？」（今本王注不分道、德二經，與釋文本異。又釋法琳辯正論引「人法地，地法天」章注，與今本不同，亦唐時王注有別本之證。）又樂籥之説，與成玄英「籥，簫管也」説同，而與吴澄之釋橐籥異。吴澄曰：「『橐籥』，冶鑄所以吹風熾火之器也。爲函以周罩於外者，橐也；爲轄以鼓扇於内者，籥也。天地間猶橐籥者，橐象太虛，包含周徧之體；籥象元氣，絪緼流行之用。」吴説義長。

虛而不屈，動而俞出。

嚴可均曰：王弼、顧歡作「不掘」。「俞出」，各本作「愈出」。

謙之案：傅、范本亦作「俞」。

羅振玉曰：今本王作「屈」，與景龍、御注、景福三本同。釋文出「掘」字，知王本作「掘」。釋文又云：「河上本作屈，顧作掘。」

謙之案：作「屈」是也。王注「故虚而不得窮屈」，是王注本原作「屈」，范本同。傅本「屈」作「詘」。勞健曰：「按説文『屈』訓無尾，引伸爲凡短之稱，故有竭義。『詘』訓詰詘，乃『詘伸』本字。掘與搰互訓，釋文引顧云『猶竭』者，謂通叚作屈也。傅之作『詘』，蓋釋爲詘伸，非是。此字當作『屈』，訓竭，音掘。」畢沅曰：「『俞』，諸本並作『愈』。案古無『愈』字，蓋卽用『俞』也。諸本並非。

多言數窮，不如守中。

謙之案：武内義雄曰：「敦、遂二本中作忠。」知法京圖書館所藏河上本敦煌殘卷作「守忠」，與遂州碑同。惟「忠」字無義，淮南道應訓引上二句作「守中」，是。又「多言」，遂州碑本作「多聞」，文子道原篇引亦作「多聞」，强本成疏：「多聞，博贍也。數窮，多言也。」蓋據遂州本而强爲之辭耳。

又案：「守中」之「中」，説據章炳麟文始七：「中，本册之類。故春官天府：『凡官府鄉州及都鄙之治中，受而藏之。』鄭司農云：『治中，謂治職簿書之要。』秋官小司寇：『以三刺斷民獄訟之中，歲終則令羣吏計弊獄訟，升中於天府。』禮記禮器：『因名山，升中於天。』升中猶登中，謂獻民數政要之籍也。堯典『允執厥中』，謂握圖籍也。」此章「守中」，誼同此，蓋猶司契之類。羅運賢曰：「中亦契也。爲政不在多言，但司法契以輔天下，所謂無爲，正此意耳。」

【音韻】此章江氏韻讀：屈、出韻（脂部），窮、中韻（中部）。諸家並同。

孔廣森詩聲類五，陽聲五上冬類引論語：「天之歷數在爾躬，允執其中，四海困窮，天禄永終。」老子道經：「多言數窮，不如守中。」德經：「大盈若冲，其用不窮。」莊子：「吾已往來焉，而不知其所終，彷徨乎馮閎，大知入焉而不知其所窮。」管子：「舉所美，以觀其所終；廢所惡，必計其所窮。」大抵所同用者，不越乎「中」、「終」、「窮」三字，以見冬韻之狹，非可濫通東、鍾者也。謙之案：莊子齊物論「樞始得其環中，以應無窮」，亦中、窮爲韻。又老子「中」、「窮」各上一字「數」、「守」，亦相爲韻。此爲韻上韻。本馬叙倫説，見毛詩正韻後序。

右景龍碑四十四字，不分章，敦煌本字同。河、王、傅、范本四十五字。河上題「虚用第五」，王本題「五章」，范本題「天地不仁章第五」。

六章

谷神不死，是謂玄牝。

畢沅曰：陸德明曰：「谷，河上本作浴，云：『浴，養也。』」案後漢陳相邊韶建老子碑銘引亦作「浴神」，是與河上本同。

俞樾曰：「浴」字實無養義。河上本「浴」字當讀爲穀。詩小弁篇、蓼莪篇、四月篇並云：「民莫不穀。」毛傳並云：「穀，養也。」「穀」亦通作「谷」。爾雅釋天：「東風謂之谷風。」詩正義引孫炎曰：「谷之言穀，穀，生也，生亦養也。」王弼所據本作「谷」者，「穀」之叚字。河上古本作「浴」

者，「谷」之異文。

洪頤煊曰：案釋文引河上公本作「浴」。易稱「君子以懲忿窒欲」，孟喜本作「浴」。「谷」、「浴」皆「欲」之借字。孟子盡心下：「養心莫善於寡欲。」是以欲神不死。列仙傳：容成公者，能善補導之事，取精於玄牝，其要谷神不死，守生養氣者也。亦同此義。

徐鼒曰：據河上注訓「谷」爲養，則當爲「穀」。詩毛傳、鄭箋、廣雅釋詁俱云：「穀，養也。」蓋「穀」與「谷」通，音同之叚借也。書堯典「宅西曰昧谷」，周禮縫人注作「度西曰柳穀」，即伏生書大傳所云「秋祀柳穀」也。而史記又作「柳谷」。莊子「臧與穀二人牧羊」，崔譔本作「臧與谷二人牧羊」，其證也。又按釋文云：「谷，河上本作浴，云：『浴者，養也。』」與今本異。洪适隸釋載老子銘云：「或有浴神不死。」則是古本自作「浴」也。蓋「谷」爲「穀」之叚借，「浴」又爲「谷」之叚借也。

謙之案：作「谷神」是也。今宋本及道藏河上本皆作「谷」，不作「浴」。列子天瑞篇引黃帝書：「谷神不死，是謂玄牝。」庾肩吾詩：「談玄止谷神。」庾信詩：「虛無養谷神。」後漢高義方清誡曰：「智慮赫赫盡，谷神緜緜存。」范應元曰：「谷神二字，傅奕云：『幽而通也。』」皆以「谷神」二字連讀。惟老子書中，實以「谷」與「神」對。三十九章「神得一以靈，谷得一以盈」，即其證。司馬光曰：「中虛故曰谷，不測故曰神，天地有窮而道無窮，故曰不死。」嚴復曰：「以其虛，故曰谷；以其因應無窮，故稱神；以其不屈愈出，故曰不死。三者皆道之德也。」是知「谷」、「神」二字連讀者誤。

玄牝門，天地根。

嚴可均曰：河上、王弼「門」上有「之」字，「天地」上有「是謂」字。

謙之案：遂州、敦煌、御注三本與此石同。

綿綿若存，用之不勤。

謙之案：「綿綿」，諸本作「緜緜」。成玄英曰：「綿綿，微細不斷貌也。」「綿」爲俗字。玉篇：「緜，新絮也，纏也，緜緜不絕。今作綿。」五經文字云：「作『綿』者譌。」又「緜緜」下，景福本有「兮」字，室町本有「乎」字。「勤」字，武內敦本作「懃」。

洪頤煊曰：案「勤」通作「廑」字。文選長楊賦李善注引古今字詁：「『廑』，今『勤』字也。」漢書文帝紀晉灼曰：「廑，古勤字。」說文：「廑，少劣之凥。」言其氣息綿綿若存，其用之則不弱少也。

于省吾曰：按舊多讀「勤」如字，洪頤煊讀「用之不勤」之「勤」爲「廑」，訓爲弱少。用之弱少，不辭甚矣。「勤」應讀作「覲」，金文「勤」、「覲」並作「堇」。宗周鐘「王肇遹省文、武堇疆土」，齊陳曼簠「肇堇經德」，帥佳鼎「念王母堇匄」，「堇」並應讀作「勤」。頌鼎「反入堇章」，女夔毁「女夔堇于王」，湋卣「先以夷于堇」，「堇」並應讀作「覲」。詩韓奕：「韓侯入覲。」左僖二十八年傳：「出入三覲。」覲，見也。用之不覲，言用之不見也。上言「綿綿若存」，言其綿綿微妙，似存而非存，正與用之不見之義相因，猶三十五章言「視之不足見」也。

【音韻】此章江氏韻讀：死、牝韻（脂部，牝音匕）。門、根、存、勤韻（文部）。姚文田同。鄧廷楨未及死、牝與門字。

謙之案：王念孫古韻譜引大戴禮易本命篇「高者爲生」四句，亦「死」、「牝」爲韻。

薛蕙曰：老子書大抵用韻，故其遺辭多變文以叶韻，非取義於一字之間也。如此章曰「是謂玄牝」，則讀「牝」爲「否」，以叶上句。曰「玄牝之門」，則特衍其辭，與下句相叶。或者乃隨語生解後，指一處爲玄牝之門，殊失之矣。

顧炎武曰：按「山谷」之「谷」，廣韻雖有「余蜀」、「古禄」二切，其實「欲」乃正音。易井九二「井谷射鮒」，陸德明音義一音浴。書堯典：「宅嵎夷曰暘谷。」一音欲。左傳僖三十二年註：「此道在二殽之間南谷中，一音欲。」史記樊噲傳「破豨胡騎横谷」，正義曰：「谷音欲。」貨殖傳「畜至用谷量馬牛」，索隱曰：「谷音欲。」漢苦縣老子銘：「谷神不死。」作「浴神」是也。轉去聲則音裕，今人讀谷爲穀，而加「山」作峪，乃音裕，非矣（唐韻正入聲三燭）。又曰：「牝」，古音扶履反。老子：「谷神不死，是謂玄牝。」旁證：文子守弱篇：「爲天下牝，故能神不死。」自然篇：「天下有始，莫知其理，惟聖人能知所以，非雌非雄，非牡非牝，生而不死。」（卷八，十六軫。）

江永曰：「牝」，毗履切。老子：「谷神不死，是謂玄牝。」按「牝」從匕得聲，而今音爲毗忍切，此後世方音之轉，猶「敏」爲眉隕切，「準」爲之尹切，「隼」爲息允切，「巹」爲居隱切也。顧氏謂「牝」字後人以其通俗不雅而改音，非是（古韻標準，上聲第二部）。

嚴可均曰：「牝」，廣韻旨、軫兼收「牝」字。按大戴易本命「死」、「牝」協音，老子「谷神不死，是謂玄牝」，皆未轉入軫（説文聲類上篇脂類）。

魏建功曰：死、牝、門、根、存、勤六句相叶。經典釋文：「牝，頻忍反，舊音扶死反，簡文扶緊反。」是舊音與「死」相叶，而後改音與「門」、「根」諸字叶。其初當全相叶可知（古音系研究二九四）。

右景龍碑本二十二字，合「道冲而用之」下至此爲一章。敦煌本二十三字，河上、王弼、范應元本二十五字，傅奕本二十六字。河上本題「成象第六」，王弼本題「六章」，范應元本題「谷神不死章第六」。

七章

天長地久。天地所以能長久者，以其不自生，

嚴可均曰：「長久者」，河上、王弼「長」下有「且」字。

謙之案：傅、范本同。遂州碑作「天地長久」。又「天長地久」，蓋古有此語，此引而釋之耳。

故能長久。

謙之案：「故」字碑本磨滅不明。「長久」，各本作「長生」。嚴可均曰：「王氏萃編引邢州本與此同。易州石柱及河上、王弼作『長生』，非也。」又案敦煌本與晉紀瞻易太極論引均作「長久」。

此「久」字蓋叚借爲「有」，與前二「久」字稍别。列子天瑞篇：「精神者，天之久；道進乎本不久。」注：「當作有。」故能長久，卽言故能長有也。

是以聖人後其身而身先，外其身而身存。

謙之案：杜光庭本無此二句。韓詩外傳引「故老子曰『後其身而身先，外其身而身存』」，與諸本均同。

以其无私，故能成其私。

嚴可均曰：「以其无私」，釋文引河上與此同。御注、王弼「以」字上有「非」字，王弼句末有「邪」字。

謙之案：陳碧虛曰：「河上公、嚴君平本『以其無私』，王弼古本作：『不以其無私邪？』」是陳所見嚴本與此石同。王古本與傅本及淮南道應訓引同。廣明、慶陽、樓正、高翿、范應元、室町鈔本與今王本同。又遂州碑本作「此其無尸，故能成其尸」。强本成疏：「尸，主也，……而言成其尸者，結歎聖人也。」成所據經文，蓋卽遂州碑本。案「私」作「尸」，非也。後漢方術傳「尸解」注：「言將登仙，假託爲尸以解化也。」此爲神仙家言，竄入老子本文，强本成疏與遂州本皆如此。

【音韻】此章江氏韻讀無韻。姚文田：先、存韻，奚侗同。陳柱生、生韻，先、存、私韻。「私」字音變與「先」均，猶「西施」又作「先施」。

謙之案：「長生」之「生」，敦、景、遂三本均作「長久」，知此章久、久、久爲韻，生、生無韻。又「不自生」之「生」入耕部，與「先」、「存」入文部字相叶，此爲文、耕通韻。

右景龍碑本四十六字，敦煌本同，河、王、傅、范本四十九字。河上本題「韜光第七」，王弼本題「七章」，范應元本題「天長地久章第七」。

八章

上善若水。水善利萬物，又不爭。

嚴可均曰：「又不」，河上、王弼作「而不」。

謙之案：御覽五十八引無「善」字，「萬」作「万」。「又不争」，敦煌、遂州、御注、樓正、司馬光、曹道冲、强思齊、李榮、室町本皆如此。傅、范本作「而不争」，與王本同。

又案：古代道家言，往往以水喻道。管子水地篇曰：「地者，萬物之本原，諸生之根基也。水者，地之血脈，如筋脈之通流也。」又「水者，何也？萬物之本原也，諸生之宗室也」。其説可與老子相參證。淮南子曰：「天下之物，莫柔弱於水，然而大不可極，深不可測，修極於無窮，遠淪於無涯，息耗減益，通於不訾。上天則爲雨露，下地則爲潤澤，萬物弗得不生，百事不得不成，大包群生而無所私，澤及蚑蟯而不求報，富贍天下而不既，德施百姓而不費。」薛君采謂淮南之説實推廣「善利萬物」之義，信矣。

處衆人□所惡，故幾於道。

謙之案：「人」下各本有「之」字，碑本泐。陸德明曰：「處，一本作居。」案河、王本作「處」，傅、范本作「居」，敦煌本與此石同。室町本「道」下有「矣」字。

大田晴軒曰：「『幾』，平聲，近也。繫辭上傳曰：『乾坤或幾乎息矣。』禮樂記曰：『知樂則幾於禮矣。』注：『幾，近也。』莊子漁父篇曰：『幾於不免矣。』呂氏春秋大樂篇曰：『則幾於知之矣。』注：『幾，近也。』道者無形，而水猶有形，故水之利萬物與諸生，其爲可見也，未能若道之無形施與也，故曰幾於道矣。近世解者釋『幾』爲機轉之義，妄矣。淮南原道訓曰：『夫無形者，物之大祖也；無音者，聲之大宗也。其子爲光，其孫爲水，皆生於無形乎！』夫光可見而不可握，水可循而不可毁，故有像之類，莫尊於水，是此章『幾於道』之註脚。」

居善地，心善淵，與善人，

嚴可均曰：「『善人』，各本作『善仁』，古字通。」

謙之案：王羲之本亦作「人」。又莊子在宥篇「其居也淵而静」，郭注：「静之可使如淵。」又詩燕燕「其心塞淵」，傳：「淵，深也。」太玄「閑中心淵也」，注：「淵，深也。」「淵」有静而深之義，「心善淵」，以言其心淵静而莫測，所謂「良賈深藏若虚」。

言善信，政善治，

嚴可均曰：「『政善』，河上作『正善』。」

紀昀曰：永樂大典作「政」，古通用。

畢沅曰：永樂大典作「政」，作「正」者非。

謙之案：作「政」是也。老子書中「正」、「政」二字互見。五十八章「其政悶悶，其政察察」，與此均用「政」。「治」字，釋名釋言語：「治，值也，物皆值其所也。」

事善能，動善時。夫唯不争，故无尤。

謙之案：「尤」下傅本有「矣」字。河上、王弼、范應元本同此石。

【音韻】此章江氏韻讀：淵、信韻（真部，淵，一均反，信，平聲）。治、能、尤韻（之部，能，奴其反，尤音怡）。姚文田：淵、仁、信韻，治、能、時、尤韻。鄧廷楨同。鄧曰：「『能』，古音在之、咍部。『尤』，古讀若怡，詩載馳以韻子、思、之。」

江有誥曰：「『信』，息晉切。按古惟讀平聲，至漢人乃間讀去聲，當與真部並收。老子易性篇『善』、『信』與『淵』、『信』叶。虛心篇『其中有信』與『真』叶。」（唐韻四聲正二十一震）

右景龍碑本五十字，敦煌本與河、王、范本同，傅奕本五十二字。河上題「易性第八」，王弼題「八章」，范應元題「上善若水章第八」。

九章

持而盈之，不若其以。

嚴可均曰：「不若其以」，各本作「不如其已」，古字通。

謙之案：後漢書申屠剛對策曰：「持滿之戒，老氏所慎。」「持滿」即「持盈」也。史記樂書：「滿而不損則溢，盈而不持則傾。」此作「持而盈之」，於義爲優。荀子宥坐篇：「孔子觀於魯桓公之廟，有欹器焉。弟子挹水而注之，中而正，滿而覆，虛而欹。孔子喟然而歎曰：『吁！惡有滿而不覆者哉！』」按此即懼其盈之易溢，不若其已也。嚴君平作「殖而盈之」，陳碧虛云：「謂積其財寶也。」謙之案：此蓋涉下文「金玉滿室，莫之能守」，而誤改上文。

揣而銳之，不可長保。

嚴可均曰：「而銳」，王弼作「而梲」；「長保」，邢州本作「長寶」。

謙之案：「揣而銳之」，傅本作「㪜而梲之」，高翿作「㪜而銳之」。

畢沅曰：說文解字無「㪜」字。奕本惟此句下有音義云：「㪜音揣，量也。」案「量」之義即「揣」字。左傳所稱「揣高卑」，是或「㪜」爲「揣」字古文歟？

謙之案：「揣」乃老子書中方言。揚雄方言十三「揣，試也」，郭璞注：「揣度試之。」以試訓揣，義不明。「揣」應訓摧，顧歡注：「治也。」集韻：「『揣』，治擊也。」皆是。夏竦古文四聲韻卷三「揣」字，引古老子作□，傅奕本作「㪜」，即古「揣」字。

孫詒讓曰：「㪜」即「揣」之或體，見集韻四紙。然以注義推之，「揣」字當讀爲「捶」（集韻三十四梁文以「㪜」爲或「捶」字，二字古本通也）。王云：「既揣末令尖，銳之令利。」即謂捶鍛鉤鍼，使之尖鋭（河上公本「棁」作「鋭」）。淮南子道應訓云：「大馬之捶鉤者。」高注云：「捶，鍛擊也。」説文手部云：「揣，量也，一曰捶之。」蓋揣與捶聲轉字通也。傅校「揣」作「敓」，於文無異，而訓爲量，則非其義。

易順鼎曰：「棁」字當從河上本作「鋭」。説文：「棁，木杖也。」棁既爲木杖，不得云「揣而棁之」。釋文雖據王本作「棁」，然言棁字「音菟奪反，又徒活反」。考玉篇手部：「挩，徒活、兔奪二切，説文云：『解也。』」木部「棁」字兩見，一之悦切，一朱悦切，並無「菟奪」、「徒活」兩音，則釋文「棁」字明係「挩」字之誤。……實則王本作「鋭」與古本作「挩」不同，注云：「既揣末令尖，又鋭之令利，勢必摧衂。」是其證。文子微明篇、淮南子道應訓作「鋭」，並同。

謙之案：易説是也。馬叙倫曰：「彭耜引釋文正作『挩』，蓋王本作『挩』而讀爲『鋭』。」蔣錫昌曰：「劉惟永考異：『嚴遵、楊孚、王弼並同古本。』又引王本經文『揣而鋭之』，則劉見王本作『鋭』，易氏謂王本作『鋭』是也。」

武内義雄曰：「揣而棁之」，河上本作「鋭」。按王注云：「既揣末令尖，又鋭之令利。」則王氏以「棁」字爲「鋭」之假借，河上從正字作「鋭」。

金玉滿堂，莫之能守。

謙之案：「堂」，釋文：「本或作室。」范應元曰：「『室』字，嚴遵、楊孚、王弼同古本。」今案傅本亦作「室」，作「室」義優。説文：「室，實也。」釋名：「人物實滿其中也。」陳碧虛所見嚴君平、王弼本亦作「室」。

富貴而驕，自遺其咎。

嚴可均曰：「而驕」，御注作「而憍」。

羅振玉曰：景龍、御注、景福三本作「咎」，乃「咎」別構。

謙之案：樓正、司馬光「驕」亦作「憍」，高翿本作「憍」。「自遺其咎」，治要作「還自遺咎」，室町本作「還自遺其咎」。玉篇：「『咎』，説文云：『災也，从人从各，各有相違也。』」

功成、名遂、身退，天之道。

嚴可均曰：王弼作「功遂、身退」，傅奕作「成名、功遂、身退」，邢州本作「名成、功遂、身退」。

羅振玉曰：景龍、御注、景福三本均作「功成、名遂、身退」。景福本「道」下有「也」字。

謙之案：文子上德篇引：「功成、名遂、身退，天道然也。」淮南道應訓：「故老子曰：『功成、名遂、身退，天之道也。』」亦均有「也」字。又「身退」，開元御注本作「身𨓒」。字鑑曰：「𨓒，説文：『卻也，从日从夂，从辵。』俗作退。」

【音韻】此章江氏韻讀：已、保、守、咎、道韻（之、幽通韻，已叶音酉，保音𢱧）。姚文田同。鄧廷楨：保、守、咎、道韻。「保」，古音補皁切。「道」，首聲，古音在幽部。

謙之案：已音以，碑本作「以」。以，之部，保、守、咎，幽部，道，之、幽二部並入，此之、幽通韻。應包括「盈之」、「鋭之」二「之」字，卽之、以、之、保、守、咎、道爲韻。又高本漢以「驕」字叶已、保、守、咎、道爲韻。

奚侗曰：已、保、守、咎、道爲韻。之、尤互轉，如易恒以「道」韻「已」、「始」也。江永古韻標準上聲第十一部「保」字，本證：「永言保之」韻考、壽，「他人是保」韻栲、杻、埽、考，「南土是保」韻寶、舅，「王躬是保」韻考。旁證：老子「揣而鋭之，不可長保，金玉滿堂，莫之能守」。

右景龍碑本四十一字，敦煌本、傅奕本同，河上、范應元本四十字，王弼本三十九字。河上題「運夷第九」，王本題「九章」，范本題「持而盈之章第九」。

十章

載營魄抱一，能无離？

嚴可均曰：「能无離」，傅奕及近刻王弼句末有「乎」字，下五句皆然。

俞樾曰：河上公本無「乎」字，唐景龍碑亦無「乎」字，然淮南道應引老子曰：「載營魄抱一，能無離乎？專氣致柔，能如嬰兒乎？」則古本固有「乎」字。

謙之案：「乎」字係衍文。羅振玉曰：「景龍、御注、敦煌乙、丙、英倫諸本，均無『乎』字，以後各『乎』字同。」李道純曰：「『抱一能無離』已下六句，加一『乎』字，非。」首「載」字，按郭忠恕佩觿卷上：「是故老子上卷改『載』爲『哉』。」註云：「唐玄宗詔：『朕欽承聖訓，覃思玄宗，頃改道德經「載」字爲「哉」，仍屬上文。及乎議定，衆以爲然，遂錯綜真詮，因成注解云。」」孫詒讓札迻：「案舊注並以『天之道』斷章，而讀『載營魄抱一』爲句，淮南子道應訓及群書治要三十九引『道』下並有『也』字，而章句亦同。楚辭遠遊云：『載營魄而登霞兮。』王注云：『抱我靈魂而上升也。』屈子似卽用老子語。然則自先秦、西漢至今，釋此書者，咸無異讀。惟册府元龜載唐玄宗天寶五載詔云：『頃改道德經「載」字爲「哉」，仍隸屬上句，遂成注解。』郭忠恕佩觿則云：『老子上卷改載爲哉。』注亦引玄宗此詔。檢道經三十七章王本及玄宗注本，並止第十章有一『載』字，則玄宗所改爲『哉』者，卽此『載』字；又改屬上章『天之道』爲句。今易州石刻玄宗道德經注仍作『載』讀，亦與舊同者，彼石立於開元二十年，蓋以後別有改定，故特宣示，石刻在前，尚沿舊義也。『載』、『哉』古字通，玄宗此讀，雖與古絶異，而審文校義，亦尚可通。天寶後定之注，世無傳帙，開元頒本雖石刻具存，而與天寶詔兩不相應。近代畢沅（考異）、錢大昕（潛研堂金石跋尾）、武億（授堂金石跋）、王昶（金石萃編）考録御注，咸莫能證覈。今用詔文推校石本，得其蹤迹，聊復記之，以存異讀。」次「抱」字，傅本、高翿本作「裦」。畢沅曰：「諸本『裦』並作『抱』，案裦，褱也，抱同捊，取也，義異，應用『裦』字。」

謙之案：畢説非也。廣韻號部「裦，衣襟」，又云：「今朝服衣。」與「抱」字義別。經文四十二章「萬物負陰而抱陽」，六十四章「合抱之木」，十九章「見素抱樸」，二十二章「是以聖人抱一，爲天下式」，傅奕本皆作「裦」。畢沅曰：「『裦』作『抱』，非也。流俗所行，河上公、王弼諸本並作

『抱』矣。」畢説不知何據。廣韻「裒」字上有「捬」字，注「鳥伏卵」，疑爲「抱」字正字，義較「裒」字爲優。

劉師培曰：案素問調精論云：「取血於營。」淮南子俶真訓云：「夫人之事其神，而嬈其精營（句），慧然而有求於外（高注「營慧」連讀，失之），此皆失其神明，而離其宅也。」法言修身篇云：「熒魂曠枯，糟莩曠沈。」此之「營魄」，卽素問、淮南所言「營」，法言所謂「熒魂」也。楚辭遠遊「載營魄而登遐兮」，王注：「抱我靈魂而上升也。」以抱訓載，以靈魂訓營魄，是爲漢人故訓。載營魄者，卽安持其神也。載、抱同義。至于此文「乎」字，當從河上本、景龍碑衍，下文諸「乎」字亦然。

謙之案：劉説雖是，但以靈魂訓營魄，似有未至。魄，形體也，與魂不同，故禮運有「體魄」，郊特牲有「形魄」。又魂爲陽爲氣，魄爲陰爲形。高誘注淮南説山訓曰：「魄，人陰神也；魂，人陽神也。」王逸注楚辭大招曰：「魂者陽之精也，魄者陰之形也。」此云營魄卽陰魄。素問調精論「取血于營」，注：「營主血，陰氣也。」又淮南精神訓：「燭營指天。」知營者陰也，營訓爲陰，不訓爲靈。「載營魄抱一」，是以陰魄守陽魂也。抱如鷄抱卵，一者，氣也，魂也，抱一則以血肉之軀守氣而不使散泄，如是則形與靈合，魄與魂合，抱神以静，故曰：「能无離？」

專氣致柔，能嬰兒？

謙之案：經綸堂本無「乎」字，下同。「嬰」作「孾」，注亦作「孾」。景福本同。「氣」，范本作

「炁」。「能」下，傅奕本、室町本有「如」字。又淮南道應訓引「致」作「至」。奚侗曰：「傅奕本『能』下有『如』字，乃增字以足其誼。淮南道應訓引『能』下有『無』字，蓋涉『無離』、『無爲』、『無疵』、『無知』等『無』字而衍。莊子庚桑楚篇引老子曰：『能侗然乎？能兒子乎？』與此文例正同。」

謙之案：「氣」字爲華夏先哲之素朴唯物主義思想。老子之「專氣」，卽管子内業之「摶氣」，所謂「摶氣如神，萬物備存」（尹注「摶謂結聚也」）。又曰：「此氣也，不可止以力。」「心靜氣理，道乃可止。」皆與專氣致柔説同。又心術下與内業均引「能摶氣乎？能一乎？能勿卜筮而知吉凶乎？能止乎？能已乎？能勿求諸人而得之己乎」？此與莊子庚桑楚篇文同，而此文之前，引「老子曰衞生之經」，則又可見老子書中實包含古代醫家之言。又孟子「志壹則動氣」，注：「志之所向專一，則氣爲之動。」亦與專氣之説相近。

滌除玄覽，能无疵？愛人治國，能无爲？天門開闔，能爲雌？明白四達，能无知？

奚侗曰：「玄」借爲「眩」。荀子正論篇「上周密，則下疑玄矣」，楊注：「玄，或讀爲眩。」是其例。文子上德篇、淮南主術訓均云：「心有目則眩。」「玄覽」猶云妄見。滌除妄見，欲使心無目也。心無目則虚壹而静，不礙於物矣。淮南氾論訓「故目中有疵」，高注：「疵，贅也。」

嚴可均曰：「愛人」，各本作「愛民」。「能无爲」，王弼作「無知」。「能爲雌」，河上作「無雌」。

「能无知」，王弼作「無爲」。

羅振玉曰：「愛民」，景龍本避諱作「人」。「國」下，敦煌丙本作「而無知」，景龍、御注、英倫三本均作「能無爲」。「天門」，敦煌丙本作「天地」。「闔」下，敦煌丙本作「而爲」，景龍、御注、英倫三本均作「能爲」。「達」下，敦煌丙本作「能無爲」，景龍、御注、景福、英倫諸本均作「能無知」。

李翹曰：「愛國治民」，河上本「治」作「活」，譌。「天門開闔」，成疏曰：「河上公本作『天地開闔』。」「明白四達，能無知乎」，淮南道應訓作「明白四達，能無以知乎」。

俞樾曰：按唐景龍碑，作「愛民治國能無爲？天門開闔能爲雌？明白四達能無知」？其義並勝，當從之。「愛民治國能無爲」，即孔子「無爲而治」之旨。「明白四達能無知」，即「知白守黑」之義也。王弼本誤倒之。河上公本兩句並作「無知」，則詞複矣。「天門開闔能無雌」，義不可通，蓋涉上下文諸句而誤。王弼注云：「言天門開闔，能爲雌乎？則物自賓而處自安矣。」是王弼本正作「能爲雌」也。河上公注云：「治身當如雌牝，安静柔弱。」是亦不作「無雌」。故知「無」字乃傳寫之誤，當據景龍本訂正。

謙之案：俞説是也。景龍本「爲雌」，敦煌本、傅、范本均同。范應元曰：「河上公並蘇註皆作『爲雌』，一本或作『无雌』，恐非經義；蓋當經中有『知其雄，守其雌』也，理亦當作『爲雌』。」今案石本如邢玄、景福、慶陽、磻溪、樓正，諸王本如道藏本、集唐字本，皆作「爲雌」，與景龍同。紀昀校聚珍本亦云：「案王注義，『無』似作『爲』。」又劉惟永道德真經集義引王本經文，與景龍亦同，惟每兩句加一「乎」字。

生之畜之，生而不有，爲而不恃，長而不宰，是謂玄德。

謙之案：「生而不有」下兩句，與二章文同。「恃」，河上本作「侍」，莊子達生篇引「爲而不恃，長而不宰」，同此。顧本成疏：「故施爲利物，亦無思造之可恃也。」又莊子大宗師成疏：「爲而不恃，長而不宰，豈雄據成績，欲處物先耶？」是成所見本亦作「恃」。「是謂玄德」句，經文中共三見，五十一章「生而不有」下四句同此。六十五章「常知楷式，是謂玄德」，奚侗曰：「『玄德』猶云至德，以其深遠，故云玄也。」此蓋讚歎之辭，故不避重疊。

【音韻】此章江氏韻讀：離、兒、疵、爲、疵（雌）、知韻（歌、支通韻，離叶音黎，爲叶音惟。案「雌」字江本誤作「疵」）。有、恃、宰韻（之部，宰音梓）。姚文田、鄧廷楨：離、兒、疵、知、雌、知韻。

謙之案：離、爲，歌部，兒、雌、知，支部，爲，古音怡，此歌、支通韻。又有、恃、宰、德爲韻。奚侗、高本漢同。陳柱以離、兒、疵、知、雌、爲、之、有、恃、宰、德爲韻，則不但歌、支通韻，之、支亦通也。第二十八章雌、谿、離、兒，亦歌、支通韻。

張畊古韻發明凡例云：「楚人歌、戈轉支，江淮寒、桓轉歌，此全部流變不可改者。」由此可證老子書中多存楚方音。

顧炎武唐韻正卷二五支：「離」，古音羅，引老子此章及第二十八章。又莊子馬蹄篇：「同乎無知，其德不離。」在宥篇：「若彼知之，乃是離之。」始以「離」、「爲」二字與「知」爲韻。江永古韻標準平聲第二部論之曰：「如『離』字，少司命篇曰：『悲莫悲兮生别離，樂莫樂兮新相知。』顧氏誤解之，謂上句不入韻。然老子以『離』韻兒、疵、雌、知、谿，莊子兩以『離』韻知，此其灼然者。老、莊用『離』字音皆變，則屈子用『離』字寧必其音羅乎？」張畊古韻發明第一類引此，並云：「江氏所舉少司命之離韻，當從楚方音。老、莊皆楚人，故與楚聲合，諸韻皆當如此分别讀之。」

鄧廷楨曰：此章用韻頗爲出入。「離」，古讀若羅。詩新臺與施韻，施古音它；易離九三爻辭與歌、嗟韻，嗟古音磋；未有與支、脂部字爲韻者。而此章以韻兒、疵、雌、知，「疵」、「雌」皆此聲，隸脂部。詩新臺以「泚」韻「瀰」，車攻以「柴」韻「佽」，「泚」、「柴」皆此聲也；而此章以韻離、兒、知，兒、知，並隸支部。「知」字詩凡六見，皆與支、觿、枝、伎、篪等字爲韻，而此章以韻離、疵、雌，並與三百篇不合。惟詩小弁「尚求其雌」，與伎、枝、知爲韻，已因音近而轉，則疵、雌、知爲韻有可援據。又「能無知乎」之「知」，一本作「爲」，「爲」古音譌，正與離韻。則一本作「爲」，不誤；其作「知」者，或傳寫之譌也。

又顧炎武唐韻正卷十四十四有：「有」，古音以。引老子：「生而不有，爲而不恃，長而不宰。」「執古之道，以御今之有，能知古始，是謂道紀。」「名亦既有，夫亦將知止，知止所以不殆；譬道之在天下，猶川谷之於江海。」「絶巧棄利，盜賊無有。」「人多伎巧，奇物滋起，法令滋彰，盜賊多有。」

右景龍碑本六十三字，敦煌本、河上本同，王弼本六十九字，傅、范本七十二字。河上本題「能爲第十」，王弼本題「十章」，范應元本題「載營魄章第十」。

十一章

三十輻共一轂，當其无有，車之用。

羅振玉曰：敦煌乙、丙本、景龍、廣明本均作「卅」。

謙之案：景龍作「三十」，敦煌、廣明作「卅」，羅誤校。又室町本亦作「卅」。吳雲曰：「卅，諸本作三十。」是也。玉篇：「卅，先闔切，三十也。」又「輻」字，疑本或作「輹」。易小畜「輿，脱輻」，釋文：「『輻』，本作『輹』。」説文引作「輹」。夏竦古文四聲韻出「輹」字，引古老子，無「輻」字。

畢沅曰：本皆以「當其無」斷句。楊樹達曰：「無有」爲句，「車之用」句不完全，畢説可酌。案考工記「利轉者，以無有爲用也」，是應以「有」字斷句。下並同。

錢坫曰：考工記曰：「輪輻三十，象日月。」日三十日而與月會，輻數象之，老子亦云。又曰：「輻所湊，謂之轂。」老子曰：「三十輻共一轂，當其無有，車之用。」河上公説：「無有謂空虛。」故考工記注亦云：「利轉者，以無有爲用也。」説文解字：「轂，輻所湊也。」言轂外爲輻所湊，而中空虛受軸，以利轉爲用（車制考，見清經解續編卷二百十六）。

埏埴以爲器，當其无有，器之用。

紀昀曰：按「埏」各本俱作「埏」，惟釋文作「挻」。

羅振玉曰：今本作「埏」，釋文出「挻」字，知王本作「挻」，今據改。御注本同。景龍本、敦煌丙本作「埏」。

馬叙倫曰：説文無「埏」字，當依王本作「挻」。

謙之案：「埏」、「挻」義通，不必改字。説文：「挻，長也，從手從延。」字林：「『挻』，柔也，今字作『揉』。」朱駿聲曰：「凡柔和之物，引之使長，摶之使短，可折可合，可方可圓，謂之挻。」王念孫曰：「『挻』亦和也。老子：『挻埴以爲器。』河上公曰：『挻，和也；埴，土也。和土以爲飲食之器。』太玄玄文：『與陰陽挻其化。』蕭該漢書叙傳音義引守忠注曰：『挻，和也。』淮南精神篇：『譬猶陶人之剋挻埴也。』蕭該引許慎注曰：『挻，揉也。』齊策：『桃梗謂土偶人曰：「子西岸之土也，挻子以爲人。」』高誘曰：『挻，治也。』義與和相通。」由上知「挻」有揉挻之義，惟經文自作「埏」。夏竦古文四聲韻引古老子作「埏[illegible]」，文選西征、長笛賦注引作「埏」。又荀子性惡篇：「陶人埏埴以爲器。」又云：「陶人埏埴而生瓦。」注：「埏音羶，擊也；埴，黏土也。」又莊子馬蹄篇：「陶人曰：『我善治埴。』」崔云：「土也。」司馬云：「埴土可以爲陶器。」文誼均與老子同，當從之。

鑿户牖以爲室，當其无有，室之用。

謙之案：景龍碑本止此句爲一章。

有之以爲利，无之以爲用。

嚴可均曰：「有之以爲利」，各本句上有「故」字。

羅振玉曰：景龍、敦煌乙、丙三本均無「故」字。

【音韻】此章江氏韻讀無韻。高本漢：輻、轂韻。案釋文：「『輻』音福，車輻。『轂』，古木反，車轂。」顧炎武唐韻正下平聲九麻：「『車』，古音居。王應麟曰：『古「車」本音「居」，至説文始有「尺遮」之音，乃自漢而轉其聲。陸氏釋文引韋昭云：古皆「尺遮」反，後漢始有「居」音，非也。』」

右景龍碑本一章二句、四十八字，敦煌本四十七字，河上、王弼、傅、范本四十九字。河上題「無用第十一」，王本題「十一章」，范本題「三十輻章第十一」。

十二章

五色令人目盲；五音令人耳聵；五味令人口爽；

謙之案：牟融理惑論引首二句同，文選七命注引第二句同。七發注引作「五味實口爽傷」。又左傳昭公二十五年正義引：「五味令人口臭，五色令人目盲，五音令人耳聾。」文次稍不同。又莊子天地篇曰：「且夫失性有五：一曰五色亂目，使目不明；二曰五聲亂耳，使耳不聰；三曰五臭薰鼻，困惾中顙；四曰五味濁口，使口厲爽；五曰趣舍滑心，使性飛揚。此五者，皆生之害也。」淮南子精神訓曰：「五色亂目，使目不明；五聲譁耳，使耳不聰；五味亂口，使口爽傷；趣舍滑心，使行飛揚。此四者，天下之所養性也，然皆人累也。」文誼皆本此章。

奚侗曰：廣雅釋詁三：「爽，敗也。」楚辭招魂「厲而不爽些」，王注：「楚人名羹敗曰爽。」古嘗以爽爲口病專名，如列子仲尼篇：「口將爽者，先辨淄、澠。」莊子天地篇：「五味濁口，使口厲爽。」淮南子精神訓：「五味亂口，使口爽傷。」疑「爽」乃「喪」之借字，由喪亡誼引申爲敗爲傷。

于省吾曰：按「爽」、「喪」二字，音義古並通。免𣪘「王在周味𩞁」，「𩞁」即「喪」，「味喪」即「味爽」。詩皇矣「受禄無喪」，即受禄無爽也。五味令人口喪，言五味令人喪其口之本然也。河上公訓「喪」爲「亡」，義正相符。

馳騁田獵，令人心發狂；

謙之案：「田獵」，永樂大典本作「畋」，道藏本作「田」。羅振玉曰：「景龍、景福、敦煌乙、丙、御注諸本均作『田』。」案宋書謝靈運山居賦，文選七命注，引作「田」，與此石同。「田」叚借爲「畋」，説文段注：「『田』即『畋』字。」易師「田有禽」，周禮田僕「以田、以鄙」，注：「獵也。」

又案：「獵」字，羅云：「敦煌兩本均作『獦』，乃『獵』之别構。」案羅卷乙本作「獦」，丙本作「獦」，顔氏家訓書證篇所云「獵化爲獦」是也。賈誼新書勢卑篇：「不獦猛獸，而獦田彘……，所獦得毋小？」「獦」即「獵」之别構。

難得之貨，令人行妨。是以聖人爲腹不爲目。故去彼取此。

謙之案：牟子理惑論引無「是以」二字，高本漢老子韻考所據本無「是以聖人」四字。二章、七章同此。「難得之貨，令人行妨」，馬其昶曰：「『行妨』，妨農事也。」以此可見老子爲華夏重農學派之元祖。

【音韻】此章江氏韻讀：盲、聾、爽、狂、妨韻（陽、東通韻，盲音芒，聾叶音郎，爽，平聲）。腹、目韻（幽部）。姚文田同。鄧廷楨未及「聾」字，誤。又盲、聾，東部，爽、狂、妨，陽部，此東、陽通韻。

姚文田曰：「『聾』字從東轉入。」奚侗曰：「東、陽兩部古音相近。」

吴棫韻補十陽：「聾，盧黄切，耳病。易林：『黈纊塞耳，使君闇聾。』」又引老子此章：「盲音茫。爽音霜。」顧炎武唐韻正卷五十二庚，「盲」，古音武郎反，引老子此章，云：「惟聾字非韻。」

江永古韻標準平聲第一部：「聾，盧紅切。戰國策蘇秦語：『舌敝耳聾，不見成功。』吕氏春秋：『何以知其聾？以其耳之聰也。』按『聾』字以此爲正。老子『五色令人目盲』四句，『聾』字入陽韻矣。顧氏謂『聾』字不入韻，非也。今時方音，猶有似此。」

王念孫曰：「『爽』字古讀若『霜』，正與明、聰、揚爲韻。故老子「五味令人口爽」亦與盲、聾、狂、妨爲韻。而莊子天地篇「五色亂目，使目不明；五聲亂耳，使耳不聰；五味濁口，使口厲爽；趣舍滑心，使性飛揚」，即淮南所本也（讀書雜志卷九）。

江有誥曰：爽，疎兩切。按古惟讀平聲，至曹植釋愁文「亂我情爽」，與掌、黨叶，始作上聲。當與陽部並收。老子檢欲篇「五味令人口爽」，與聾、狂通韻（唐韻四聲正三十六養）。

嚴可均曰：陽東聲近，故陽可通東。烈文：公、疆、邦、功協音；老子：聾、盲、爽、狂協音；

卜居：長、明、通協音……此東、陽通也（説文聲類下篇陽類）。章炳麟曰：陽部轉東者，如老子以盲、爽、狂、與「聾」爲韻（國故論衡小學略記）。

右景龍碑本四十九字，敦煌本與河上、王、傅、范本均同。河上題「檢欲第十二」，王本題「十二章」，范本題「五色章第十二」。

十三章

寵辱若驚，貴大患若身。何謂寵辱？辱爲下。

嚴可均曰：「何謂寵辱？辱爲下」，王弼、傅奕作「何謂寵辱若驚？寵爲下」。

羅振玉曰：河上、景龍、御注、景福、敦煌丙諸本均無「若驚」二字。景龍本「辱爲下」，景福本作「寵爲上，辱爲下」。

李道純曰：「寵爲上，辱爲下」，或云「寵爲下」，不合經義。

俞樾曰：河上公本作「何謂寵辱？辱爲下」。注曰：「辱爲下賤。」疑兩本均有奪誤。當云：「何謂寵辱若驚？寵爲上，辱爲下。」河上公作注時，上句未奪，亦必有注，當與「辱爲下賤」對文成義，傳寫者失上句，遂並注失之。陳景元、李道純本均作「何謂寵辱若驚？寵爲上，辱爲下」。可據以訂諸本之誤。

勞健曰：「寵爲上，辱爲下」，景福本如此。傅、范與開元本諸王本皆作「寵爲下」一句；景龍與河上作「辱爲下」一句。以景福本證之，知二者皆有闕文。道藏、陳景元、李道純、寇才質諸本並如景福，亦作二句。陳云：「河上本作『寵爲上，辱爲下』，於經義完全，理無迂澗。知古河上本原不闕上句。」按「寵辱」，謂寵辱之見也；「爲上」、「爲下」，猶第六十一章「以其静爲下」，「大者宜爲下」，諸言爲下之見也。蓋謂以爲上爲寵，以爲下爲辱，則得之失之，皆有以動其心，其驚惟均也。若從闕文作「寵爲下」一句而解，如以受寵者爲下，故驚得如驚失，非其旨矣。作「辱爲下」一句者，更不可通。

武内義雄曰：按舊鈔河上本作：「何謂寵辱？寵爲上，辱爲下。」諸王弼本作：「何謂寵辱若驚？寵爲下。」雖然，陸氏惟注「河上本無『若驚』二字」耳。今本王本「寵」字下「爲」字之上，當脱去「爲上辱」三字，河上本似脱去「若驚」二字。蓋王弼、河上兩本相同，後河上本脱去「若驚」二字，王本脱去「爲上辱」三字，在後以兩脱誤本互校，遂生種種之異。

得之若驚，失之若驚，是謂寵辱若驚。

奚侗曰：吴澂本無「是謂寵辱若驚」六字，以下文例之，似是。

謙之案：林希逸亦無此六字。又「驚」借爲「警」。易「震驚百里」，鄭注：「驚之言警戒也。」

何謂貴大患若身？吾所以有大患，爲我有身。及我无身，吾有何患！

嚴可均曰：「有大患」，各本句末有「者」字；兩「我」字，各本作「吾」。

羅振玉曰：景龍、敦煌丙本均無「者」字。二「吾」字，景龍及敦煌乙、丙本均作「我」。

謙之案：「及」字，傅、范本作「苟」。范曰：「『苟』字，應吉父、司馬公同古本。」蓋「及」與「若」同義。王念孫曰：「『及』猶『若』也。……老子曰：『吾所以有大患者，爲吾有身；及吾無身，吾有何患！』言若吾無身也。又曰：『取天下常以無事，及其有事，不足以取天下。』言若其有事也。『及』與『若』同義，故『及』可訓爲『若』，『若』亦可訓爲『及』。」（經傳釋詞）今證之古本，知「及」與「若」同，與「苟」字亦可互用。又「患」下，室町本有「乎」字。

故貴身於天下，若可託天下；愛以身爲天下者，若可寄天下。

嚴可均曰：「故貴身於天下」，御注作「故貴以身爲天下」，與王弼同，河上作「故貴以身爲天下者」。「若可託天下」，御注、王弼作「若可寄天下」，河上作「則可寄於天下」，永樂大典作「則可以寄天下」。「若可寄天下」，河上作「乃可以託於天下」，王弼作「若可託天下」，大典作「乃可以託天下」。

劉文典曰：莊子在宥篇：「故貴以身於爲天下，則可以託天下；愛以身於爲天下，則可以寄天下。」案「身於爲天下」，義不可通，兩「於」字疑當在「託」字、「寄」字下。道經「厭恥第十三」，正作：「故貴以身爲天下者，則可寄於天下；愛以身爲天下者，乃可以託於天下。」淮南子道應訓引老子作：「貴以身爲天下，焉可以託天下；愛以身爲天下，焉可以寄天下矣。」兩「身」字下亦並無「於」字。

謙之案：劉說非也。此段各本經文不同，惟莊子在宥篇云：「故君子不得已而臨莅天下，莫若無爲；無爲也而後安其性命之情。故貴以身於爲天下，則可以託天下；愛以身於爲天下，則可以寄天下。」二「身」字下有「於」字。又「託天下」在「寄天下」之前，與景龍、遂州、敦煌三本相合；惟上句衍一「爲」字，下句衍一「於」字。

王念孫曰：莊子本作「故貴以身於天下，愛以身於天下」。「於」猶「爲」也，後人依老子傍記「爲」字，而寫者因譌入正文。老子釋文：「爲，于僞反。」此釋文不出「爲」字，以是明之。

王引之曰：「於」猶「爲」也（此「爲」字讀去聲）。老子曰：「故貴以身爲天下，若可寄天下；愛以身爲天下，若可託天下。」莊子在宥篇作：「故貴以身於天下，則可以託天下；愛以身於天下，則可以寄天下。」「於天下」卽「爲天下」也。

謙之案：二王說是也。「於」、「爲」互訓。莊子上文作「於天下」，下文「爲天下」，與碑本正相同。傅、范本作：「故貴以身爲天下者，則可以託天下矣；愛以身爲天下者，則可以寄天下矣。」范注「古本」二字，陳碧虛引王弼本與傅、范同，當亦王之古本。論道藏宋張太守彙刻四家注引王弼云：「無物以易其身，故曰貴也，如此乃可以託天下也。無物可以損其身，故曰愛也，如此乃可以寄天下也。」亦「託天下」在「寄天下」之前。遂州本作：「故貴以身於天下者，可託天下；愛以身於天下者，可寄天下。」敦煌兩本作：「故貴以身於天下，若可託天下；愛以身爲天下，若可寄天下。」各本大致與莊子文同，而以敦煌本爲優，當據校改。

又此二「若」字，與「則」字同義。王引之曰：「『若』猶『則』也。老子曰：『故貴以身爲天下，若可寄天下；愛以身爲天下，若可託天下。』莊子在宥篇『若』並作『則』。」今案河上本、大典本亦作「則」，此其證也。又「愛以身」，廣明、景福二本作「愛身以」：吴雲二百蘭亭齋金石記誤校廣明作「愛以身與爲天下者」，與景龍同。又「爲天下」者，羅振玉道德經考異誤校景龍本「者」作「矣」，蔣錫昌竟沿其誤。舉此一例，足見校書之難。

又案：莊子讓王篇曰：「夫天下之重也，而不以害其生，又況他物乎？唯無以天下爲者，可以託天下也。」又吕氏春秋貴公篇曰：「天下，重物也，而不以害其生，又況於他物乎？惟不以天下害其生者，可以託天下。」文誼皆出此章。

【音韻】此章江氏韻讀無韻。高本漢以身、患爲韻，實際非韻。陳柱：五「驚」字韻，三「身」字韻，四「下」字韻。楊樹達曰：「上文身、驚係兩節，不必强以爲韻。」

右景龍碑本七十八字，敦煌本同，王本八十一字，河上本八十四字，范本八十五字，傅本八十八字。河上本題「猒恥第十三」，王本題「十三章」，范本題「寵辱章第十三」。

十四章

視之不見，名曰夷；聽之不聞，名曰希；

謙之案：范本「夷」作「幾」。范應元曰：「『幾』字，孫登、王弼同古本。傅奕云：『幾者幽而無象也。』」此引傅云，知傅本亦爲後人所改，古本亦作「幾」。作「幾」是也，且與易義相合。易繫言

「極深研幾」，言「知幾其神，幾者動之微，吉之先見者也」，鄭康成注：「幾，微也。」與傅云正合。馬叙倫謂草書「幾」字似草書「夷」字，音復相近，因譌爲「夷」。

搏之不得，名曰微。

謙之案：「搏」，王本作「摶」。釋文：「『摶』音博，簡文博各反。」遂州本、敦煌本均誤作「博」。易順鼎曰：「『摶』乃『搏』之誤。搏卽淮南俶真『搏垸剛柔』之『搏』。一切經音義引通俗文：『手團曰摶。』是也。易乾鑿度云：『視之不見，聽之不聞，循之不得，故曰易也。』列子天瑞篇亦同。『搏之不得』，卽『循之不得』；『搏』、『循』古音相近。」馬叙倫曰：「莊子知北遊篇『搏之而不得』，蓋本此文，亦作『搏』。列子作『循』者，『揗』之借字。老子本文當作『揗』。説文：『揗，摩也。』禮記内則『循其首』，亦借『循』爲『揗』。此作『搏』者，亦借爲『揗』。」謙之案：易、馬之説是也。淮南子原道訓：「是故視之不見其形，聽之不聞其聲，循之不得其身；無形而有形生焉，無聲而五音鳴焉，無味而五味形焉，無色而五色成焉。是故有生於無，實出於虚。」此節正用老子本文。易乾鑿度、列子天瑞篇、淮南原道訓皆以「循之不得」與「視之不見」、「聽之不聞」連文，知老子經文亦當作「循」。「循」爲「揗」叚。漢書李陵傳：「數數自循其刀環。」注：「謂摩順也。」説文：「揗，摩也，从手，盾聲。」朱駿聲曰：「今撫揗字，以循爲之。」搏之不得，卽循之不得，亦卽撫摩之而不得其身也。

此三者不可致詰，故混而爲一。

謙之案：傅本「一」下有「一者」二字，文選頭陀寺碑文注引同。又慶陽、磻溪二本作「故復混而爲一」，孫盛老子疑問反訊引作「混然爲一」。

其上不曒，在下不昧。

謙之案：各本「在」並作「其」，作「其」是也。「曒」，河、玉、傅、范並作「皦」，敦煌丙本作「皎」。畢沅曰：「曒或作皦，從日者非也。」案畢説非是，辨見一章「常有，欲以觀其徼」句下。

繩繩不可名，復歸於无物。

嚴可均曰：「繩繩」，大典作「繩繩兮」。

謙之案：傅、范本同。又輔行記引「名」下有「焉」字，引「復歸於無」無「物」字。武内義雄曰：按釋文唯出一「繩」字，謂「河上本作繩」，其意不可能解。盧文弨考證謂「當是作繩繩」，王本既作「繩繩」，則河上本作「繩繩」，亦無以異於王本。舊鈔河上本「繩繩」下有「兮」字，陸注本似脱去末一「兮」字。然則此條王、河之差，只在「兮」字之有無耳。

是謂无狀之狀，无物之象，

羅振玉曰：敦煌丙本無「謂」字。

謙之案：遂州本同。又「无物之象」，蘇轍、李道純、林希逸、吴澄、董思靖各本均作「無象之象」，義長。高亨曰：「按作『無象之象』義勝。『無狀之狀』、『無象之象』，句法一律，其證一也。上句既云『無物』，此不宜又云『無物』，以致複沓，其證二也。」今案：韓非解老篇曰：「人希見生象也，而得死象之骨，案其圖以想其生也，故諸人之所以意想者，皆謂之象也。今道雖不可得聞見，聖人執其見功以處見其形，故曰無狀之狀、無像之像。」其證三也。又遂州本「象」作「像」。

是謂忽恍。

謙之案：「忽恍」二字，與御注、景福、河上、李道純各本同。諸王本作「惚恍」，傅、范本作「芴芒」。釋文出「怳」字，陸希聲、黄茂材、陳景元、曹道冲各本作「惚怳」，道藏河上本作「忽怳」，要之「怳」、「恍」字同。奚侗曰：「『忽怳』亦可倒言『怳忽』，與『仿佛』同誼。」蔣錫昌曰：「『惚恍』或作『芴芒』，或作『惚怳』，雙聲疊字皆可通用。蓋雙聲疊字以聲爲主，苟聲相近，亦可通假。『恍惚』亦卽『仿佛』……而老子必欲以『恍惚』倒成『惚恍』者，因『象』、『恍』爲韻耳。」

迎不見其首，隨不見其後。

謙之案：各本二「不」字上有「之」字，御注、敦煌丙、英倫諸本均無。廣明本、室町本兩句互易，文選頭陀寺碑文同。吴雲曰：「『其後』二字在『迎之』之上，想二語倒轉。」

執古之道，以語今之有。

嚴可均曰：「以語今之有」，各本作「御」。

謙之案：素問氣交變大論第六十九曰：「余聞之，善言天者，必應於人；善言古者，必驗於今；善言氣者，必彰於物。」老子此章，蓋卽善於言氣者也。而「執古之道，以語今之有」，則是言古而有驗於今。執古語今，可見柱下史乃善用歷史之術者。

劉師培曰：「有」卽「域」字之叚字也。「有」通爲「或」，「或」卽古之「域」字。詩商頌烈祖「奄有九有」，毛傳：「九域，九州也。」又「正域彼四方」，毛傳：「域，有也。」國語楚語「共工氏之伯九有也」，韋注：「有，域也。」此文「有」字，與「九有」之「有」同。「有」卽「域」，「域」卽二十五章「域中有四大」之「域」也。「御今之有」，猶言御今之天下國家也。禮記中庸：「生乎今之世，反古之道。」此文「今之有」，與彼「今之世」略同。

以知古始，是謂道已。

嚴可均曰：「以知古始」，御注、王弼作「能知」。

謙之案：諸河上本、廣明本、景福本皆作「以知」。

吴雲曰：「以知」，傅本作「能知」，與此石同。

謙之案：傅本與經幢不同，吴誤校。

嚴可均曰：「是謂道已」，御注、河上作「道紀」，審觀王弼注亦是「已」字。

謙之案：作「紀」是也。「已」字無義。小爾雅廣言：「紀，基也。」「紀」卽借爲「基」，「道紀」卽「道基」。

【音韻】此章江氏韻讀：夷、希、微、詰、一、昧、物韻（脂部，昧音密），狀、象、恍韻（陽部，恍，去聲），首、後韻（幽、侯合韻），有、始、紀韻（之部）。

謙之案：「夷」，范本作「幾」，江氏二十一部諧聲表與夷、希、微三字均屬脂部。首，幽部，後，侯部，幽、侯合韻。姚文田：夷、希、微韻（五齊平聲），詰、一韻（四卩入聲），昧、物韻（二月入聲），狀、象、恍韻（十六庚去聲），首、後、道、有韻（十四幽上聲），始、紀韻（四之上聲）。「後」字與「侯」通諧，「有」從之轉入。鄧廷楨同，惟未及首、後、道、有。詰，吉聲，詰、一，至部之入聲也。奚侗：夷、希、微韻，詰、一、昧、物韻，首、後、道、有、始、紀韻。由諸家分合所見不同，益知經文其初自多相叶也。如首、後爲韻，而顧炎武乃疑「『後』古無與『首』爲韻者，老子『迎之不見其首，隨之不見其後』，乃散文，非韻也」（唐韻正卷十四十五厚），則亦不知幽、侯合韻，而老子哲學詩之真面目竟熟視而無覩矣。

孔廣森詩聲類八脂類曰：「在古本無去入之別。」其可旁證者，引老子：「其上不皦，其下不昧。繩繩不可名，復歸於無物。」

江有誥唐韻四聲正八物曰：「『物』，文弗切。按古有去聲，當與未部並收。老子贊玄篇『復歸于無物』，與『昧』叶。」鄧廷楨曰：「昧、物爲韻，从未从勿之字，古音同部。說文曶、昧二字相次。曶云：『尚冥也。』昧云：『昧爽，旦明也。』聲同義近，故字亦連文。司馬相如傳『曶爽暗昧』，韋昭讀『曶』爲梅憒切，皆可爲未聲、勿聲同部之證。」

右景龍碑本九十二字，敦煌本注九十字（實九十一字），河、王本九十四字，傅本一百字，范本九十五字。河上本題「贊玄第十四」，王本題「十四章」，范本題「視之不見章第十四」。

十五章

古之善爲士者，

俞樾曰：河上公注曰：「謂得道之君也。」則「善爲士者」，當作「善爲上者」，故以得道之君釋之。「上」與「士」形似而誤耳。

謙之案：俞説非也。依河上公注，「善爲士者」，當作「善爲道者」。傅奕本「士」作「道」，卽其證。畢沅曰：「『道』，河上公、王弼作『士』。」案：作「道」是也，高翿本亦作「道」。馬叙倫曰：「後漢黨錮傳引作『道』，依河上注，蓋河上亦作『道』字。……譣文，『道』字爲是。今王本作『士』者，蓋六十八章之文。」

又案：此句與六十五章「古之善爲道者」誼同，與下文「保此道者」句亦遥應。

微妙玄通，深不可識。夫唯不可識，故强爲之容：

蔣錫昌曰：史記老子列傳：「老子曰：『……良賈深藏若虚；君子盛德，容貌若愚。』」皆此文「微妙玄通，深不可識」之誼也。

易順鼎曰：文選魏都賦張載注引老子曰：「古之士，微妙玄通，深不可識。夫唯不可識，故强爲之頌。」……作「頌」者古字，作「容」者今字。……强爲之容，猶云强爲之狀。

陳柱曰：「頌」之籀文爲「額」，則「容」亦古叚借字，不必改。

謙之案：「不可識」，范本作「不可測」，註云「古本」。

豫若冬涉川，

嚴可均曰：河上「豫」作「與兮」，王弼作「豫焉」。

羅振玉曰：「豫」，釋文：「本或作『懊』。」「焉」，景福本作「兮」。景龍、御注、敦煌丙本無「焉」字。

李道純曰：「豫兮若冬涉川」，或云「與兮」，或以下六句、三句無「兮」字者，非也。

猶若畏四鄰，

嚴可均曰：「猶」，河上、王弼作「猶兮」。

羅振玉曰：景龍、御注二本均無「兮」字。

王昶曰：諸本「猶」下亦有「兮」字，陸希聲至元本二句並與此同。

謙之案：葉夢得巖下放言上曰：「先事而戒謂之豫，後事而戒謂之猶。猶豫本二獸名。古語因物取義，往往便以其物名之，後世沿習，但知其義，不知其物，遂妄爲穿鑿，未有不誤者。」今按爾雅釋獸「猶如麂，善登木」，釋文引尸子：「猶，五尺大犬也。」説文犬部：「猶，玃屬。一曰：隴西謂犬子爲猷。」又顏氏家訓書證篇：「猶，獸名也，既聞人聲，乃豫緣木，如此上下，故稱猶豫。」漢書高后紀「計猶豫未有所決」，師古曰：「猶，獸名也。爾雅曰：『猶如麐，善登木。』此獸性多疑慮，常居山中，忽聞有聲，卽恐有人且來害之，每豫上樹，久之無人，然後敢下，須臾又上，如此非一，故不決者稱猶豫焉。一曰：隴西俗謂犬子爲猶。犬隨人行，每豫在前，待人不得，又來迎候，故云猶豫也。」「猶豫」一作「猶與」。史記呂后紀「猶與未決」，索隱：「猶，猿類也，卬鼻長尾，性多疑。」漢書霍光傳「不忍猶與」，注：「猶與，不決也。」又作「冘豫」。後漢書竇武傳注：「冘豫，不定也。」又高誘注呂覽作「由與」。王念孫讀書雜志（卷四之一）謂：「猶豫雙聲字，猶楚辭之言夷猶耳，非謂獸畏人而豫上樹，亦非謂犬子豫在人前。」二説均可通，王説爲勝。此云若冬涉川者怯寒，若畏四鄰者懼敵，猶兮與兮，遲回不進，蓋因物而狀其容如此。

儼若客，

嚴可均曰：河上、王弼「儼」下有「兮其」二字。

王昶曰：河上公作「儼兮其若客」，王弼作「儼兮其若容」。案「客」字與下文釋、樸、谷、濁等四字爲韻，作「容」者非也。

陳柱曰：王弼本「客」作「容」。羅振玉云：「景福本作『客』，景龍、英倫、御注諸本均作『儼若客』。」柱按：傅奕本亦作「儼若客」，作「客」者是也。客、釋爲韻。作「容」者，因上文「强爲之容」而誤耳。

涣若冰將釋，

嚴可均曰：河上、王弼作「涣兮若冰之將釋」，下三句皆有「兮」字。

羅振玉曰：景龍、英倫、御注三本均作「涣若冰將釋」。

武内義雄曰：敦本「釋」作「汋」。謙之案：遂州本亦作「汋」。

劉師培曰：文子上仁篇作「涣兮其若冰之液」。疑老子古本作「液」。「將釋」二字，係後人旁記之詞，校者用以代正文。

易順鼎曰：考工記弓人注：「液，讀爲醳。」山海經北山經曰：「液，音悦懌之懌。」「醳」、「懌」皆與「釋」通……顧命「王不懌」，馬本作「不釋」，是其證也。「液」音義與「釋」同，故可通用。

蔣錫昌曰：説文：「釋，解也。」「液，水盡也。」冰可言解，而不可言水盡，誼固以「釋」爲長。然「釋」古亦假「液」爲之。禮記月令「冰凍消釋」，釋文：「釋，本作液。」是其例也。文子作「液」者，假字；老子作「釋」者，乃本字也。

敦若朴，混若濁，曠若谷。

嚴可均曰：御注作「曠若谷，渾若濁」，河上作「曠兮其若谷，渾兮其若濁」。王弼與河上同，「渾」字作「混」。

王昶曰：邢州本作「混若樸，曠若谷，混若濁」，句法與此同；「敦」作「混」，疑涉下文而誤。

魏稼孫曰：「敦若朴」，「朴」八見，惟「鎮之」句御注作「樸」，餘作「撲」。嚴於「朴」、「朴雖小」、「之朴」三條，校「樸」、「撲」字贅漏。按木旁隸字多借手，唐人行押更無一定，當著此最後一句，後校可省。

謙之案：「混」與「渾」同。御注、邢玄、慶陽、磻溪、樓正、室町、河上、顧歡、李道純、范應元各本均作「渾」。王念孫讀書雜志卷九曰：「混、渾古同聲。」

魏稼孫曰：碑皆以「熟」爲「孰」，御注「成之熟之」作「熟」，餘作「孰」，嚴失校。

謙之案：古無「熟」字。「熟」，説文作：「孰，食飪也。」禮記禮運：「然後飯腥而苴孰。」漢書嚴安傳：「五穀蕃孰。」「孰」、「熟」可通用，加「火」乃後起字。公羊隱元傳：「王者孰謂？」論語：「孰不可忍也？」注：「誰也。」誰、孰亦一聲之轉。

孰能濁以静之？徐清。

畢沅曰：河上公作：「孰能濁以止静之，徐清。」……或説作「止」者，與下「久」字爲韻，當是也。

安以動之？徐生。

嚴可均曰：御注作「安以久」，河上、王弼作「孰能安以久」。大典作「孰能安以」，無「久」字。

武内義雄曰：敦、景、遂三本並無二「孰能」字。

謙之案：此二句各本經文不同。傅本作：「孰能濁以澂靖之，而徐清？孰能安以久動之，而徐生？」范本上句少一「澂」字，下句同。廣明本作：「孰能濁以静，動之以徐清？孰能安以久，動之以□□（「徐生」二字已泐）？」又「徐」字有寬舒遲緩之義。説文：「徐，緩也。」爾雅釋天李注：「徐，舒也。」釋地李注：「淮、海間其氣寬舒，稟性安徐，故曰徐。」「濁以静之，徐清」，與「安以動之，徐生」爲對文。吴澄曰：「濁者，動之時也，繼之以静，則徐徐而清矣。安者，静之時也，靜繼以動，則徐徐而生矣。」

保此道者，不欲盈。

畢沅曰：高誘淮南子註云：「保，本或作服。」

馬叙倫曰：按莊本淮南道應訓引「保」作「復」，汪本引同此。文子守弱篇引作「服」。倫謂「保」、「復」、「服」，之、幽二類通假也。

蔣錫昌曰：保、復、服雖可通假，然應從莊本淮南作「復」。説文：「復，往來也。」段注辵部曰：「返，還也。」「還，復也。」皆訓往而仍來，是復與返還誼同。四十章「反者道之動」，反卽返。「復此道者，不欲盈」，猶言返此道者，不欲盈也。

夫唯不盈，能弊復成。

嚴可均曰：御注作「故能弊不新成」，河上作「故能蔽不新成」，大典作「故能敝不新成」。按弼注「蔽，覆蓋也」，當與河上同。

洪頤煊曰：「故能蔽不新成」，案「蔽」字與「新」對言之，「蔽」卽「敝」字。下文「弊則新」，釋文作「蔽」。論語子罕「衣敝緼袍」，釋文：「弊，本作敝。」莊子逍遥遊篇「孰弊弊焉」，釋文：「司馬本作蔽。」古字皆通用。

俞樾曰：「蔽」乃「敝」之叚字。唐景龍碑作「弊」，亦「敝」之叚字。永樂大典正作「敝」。「不新成」三字，景龍碑作「復成」二字。然淮南子道應篇引老子曰：「服此道者，不欲盈，故能弊而不新成。」則古本如此。但今本無「而」字，於文義似未足耳。

易順鼎曰：疑當作「故能蔽而新成」。「蔽」者，「敝」之借字；「不」者，「而」之誤字也。「敝」與「新」對，「能敝而新成」者，卽二十二章所云「敝則新」，與上文「能濁而清，能安而生」同意。淮南道應訓作「故能蔽而不新成」。可證古本原有「而」字，「不」字殆後人肊加。文子十守篇作「是以蔽不新成」，亦後人所改。諸本或作「而不成」者，或作「復成」者，皆不得其誼，而以意改之，不若以本書證本書之可據也。

謙之案：錢大昕曰：「『故能蔽不新成』，石本作『能弊復成』，遠勝他本。」是也。傅本作「是以能敝而不成」，脱一「新」字，與老子義相反。易説以「敝則新」證此文當作「故能蔽而新成」，其説亦較俞樾「寧損蔽而不敢新鮮」之説爲勝。如陳繼儒老子雋，謂「能敝不新成者，不變不易，百年如一日矣」，真迂腐之極。惟論文「能蔽復成」，當與上文「復此道者不欲盈」句相應，則「蔽而新成」不如景龍、遂州及李榮、司馬光本作「蔽而復成」，爲更與老子義相合也明矣。

【音韻】此章江氏韻讀：通、容韻（東部），川、隣韻（文、真通韻，川音春）。客、釋韻（魚部，釋，書入聲），樸、谷、濁韻（侯部，樸，旁木反，濁，宅木反）。清、生、盈、盈、成韻（耕部）。又奚侗、高本漢皆以客、釋、樸、谷、濁爲一韻，姚文田以客、釋爲一韻（五昔入聲），樸、谷、濁爲一韻（六屋入聲）。高本漢：「豫兮」作「懊兮」，「懊」與「猶」韻，「儼」與「渙」韻，「敦」與「混」韻。儼、渙實際非韻。「客」一作「容」，「釋」又作「汋」作「液」，皆韻。又「孰能濁以靜之，徐清」，「靜」上有「止」字，一作「瀓」，「止」與下「久」字爲韻，「瀓」與下「清」字及生、盈、成爲韻。又案：此章碑本删去「兮」字，致失五千言楚聲之妙，當以他本正之。譚獻復堂日記（五）稱：「易州石刻語助最少，論者以爲近古。傅奕定本在石本前，語助最繁，疑皆失真，過猶不及。」正謂此也。顧炎武唐韻正卷五十二庚：「生」，所庚切，當作所争。引老子：「故有無相生，難易相成，長短相形，高下相傾。」「孰能濁以止静之？徐清。孰能安以久動之？徐生。保此道者，不欲盈。夫惟不盈，故其蔽不新成。」「昔之得一者，天得一以清，地得一以寧，神得一以盈，萬物得一以生，侯王得一以爲天下貞。」

右景龍碑本八十字，敦煌本注八十字（實七十九字），河上、王本九十七字，傅本九十八字，范本九十九字。河上本題「顯德第十五」，王本題「十五章」，范本題「古之善爲士章第十五」。

十六章

致虚極，守静蔫。

謙之案：「致」字，景福本、河上本作「至」。「蔫」字，景龍本、景福本、趙孟頫本均作「篤」。字鑑曰：「篤，説文：『馬行頓遲，从馬，竹聲。』俗作篤。」又室町本「極」字「篤」字下有「也」字。

謙之案：老子言「虚」共五見，惟五章「虚而不屈」，與此章「致虚極」，似有虚無之義。廣雅釋詁三：「虚，空也。」西京賦「有憑虚公子者」，注：「虚，無也。」虚有空竅之義，故訓爲空爲無。然而虛無之說，自是後人沿莊、列而誤，老子無此也。「虛而不屈，動而俞出」，此乃老子得易之變通屈伸者。邵雍曰「老子得易之體」，正謂此也。「致虛極」即秉要執本，清虛自守之說，亦即論語「修己以安百姓」。王通曰「清虛長而晉室亂，非老子之罪」，正謂此也。

萬物並作，吾以觀其復。

嚴可均曰：王弼無「其」字。

紀昀曰：案「觀」下河上注本及各本俱有「其」字。

羅振玉曰：景龍、御注、景福、英倫諸本「觀」下均有「其」字。

蔣錫昌曰：按淮南道應訓曰「吾以觀其復也」，文子道原篇作「吾以觀其復」，均有「其」字。王本脱去，當據補正。王注「以虛靜觀其反復」，可證也。

夫物云云，各歸其根。

謙之案：「云云」，河上、王弼本作「芸芸」，傅、范本作「凡物䡴䡴」。莊子在宥篇，文選江淹雜擬詩注引，與遂州碑本均作「云云」。案：作「云云」是。「䡴」、「芸」二字亦通。顧野王玉篇云部引老子：「凡物云云，復歸其根。」案：「云」，不安静之辭也。吕氏春秋「雲氣西行，云云然冬夏不輟」，漢書「談說者云云」，並是也。又「䡴」，玉篇云：「音云，又音運，物數亂也。」說文：「物數紛䡴亂也。」義亦可通。一說「云云」是「䡴䡴」之省，奕用正字。又「芸」，河上注老子：「芸芸者，華葉盛。」彭耜集注釋文曰：「『芸芸』，喻萬物也，以茂盛爲動，以凋衰爲靜。『云云』者，喻人事也，以逐欲爲動，以息念爲静，義同。蓋經有『根』字，故作『芸芸』。」

歸根曰静，静曰復命，復命曰常，知常曰明。

謙之案：「静曰復命」，御注、邢玄、慶陽、樓正、磻溪、王羲之、高翿、趙孟頫、傅、范各本與此石同。河上、王弼作「是謂復命」。

奚侗曰：「静曰」，各本作「是謂」，與上下文例不合。

不知常，忘作，凶。

嚴可均曰：「忘作，凶」，各本作「妄作，凶」。河上或作「萎」，誤也。

謙之案：「忘」、「妄」古通。韓非解老篇「前識者，無緣而忘意度也」，王先慎注：「『忘』與『妄』通。」左傳襄二十七年注「言公之多忘」，釋文：「『忘』，本又作『妄』。」莊子盗跖篇「故推正不忘耶」，釋文：「『忘』，或作『妄』。」此「忘」、「妄」古通之證。「忘作凶」即「妄作凶」也。此云「復命曰常」，「不知常，妄作凶」，與易義相合。序卦傳：「復則不妄矣，故受之以无妄。」

知常容，容能公，公能王，王能天，天能道，道能久，

嚴可均曰：「容能公」，御注、河上、王弼「能」作「乃」，下四句皆然。又「公能王」四句，邢州本作「公能生，生能天」。

武内義雄曰：「知常」下諸本無「曰」字，舊鈔河上本、廣明幢並有。……依注義，王本亦有「曰」字也。「公乃生」，諸王本「生」作「王」，今據敦煌無注本及道藏次解本改正。

勞健曰：「知常容，容乃公」，以「容」、「公」二字爲韻。「天乃道，道乃久」，以「道」、「久」二字爲韻。獨「公乃王，王乃天」二句韻相遠。「王」字義本可疑，王弼注此二句云：「蕩然公平，則乃至於無所不周普也；無所不周普，則乃至於同乎天也。」「周普」顯非釋「王」字。道藏龍興碑本作「公能生，生能天」，「生」字更不可通。按莊子天地篇云：「執道者德全，德全者形全，形全者神全，神全者，聖人之道也。」此二句「王」字蓋卽「全」字之譌。「公乃全，全乃天」，「全」、「天」二字爲韻。王弼注云「周普」，是也。又呂覽本生篇「天子之動也，以全天爲故者也」，高注「全猶順也」，可補王注未盡之義。今本「王」字、碑本「生」字，當並是「全」之壞字，「生」字尤形近於「全」，可爲蛻變之驗也。

没身不殆。

謙之案：御注本「没」作「歿」，傅、范本亦作「歿」。勞健古本考從傅本作「没」，實誤校。

【音韻】此章江氏韻讀：篤、復韻（幽部），芸、根韻（文部），静、命韻（耕部），常、明、常、凶、容、公、王韻（陽、東通韻，明音芒，凶叶虚王反，容叶音王，公叶音光）。道、久、殆韻（之、幽通韻，道叶徒以反，久音已，殆，徒以反）。

謙之案：常、明、王，陽部，凶、容、公，東部，陽、東通韻。又殆，之部，道、久，之、幽二部兼入，之、幽通韻。姚文田以常、明爲一韻（十六庚平聲），凶、容、公爲一韻（一東平聲）。鄧廷楨同。顧炎武唐韻正卷五十二庚：「明，古音謨郎反，今以字母求之，似當作彌郎反。」引老子：「復命曰常，知常曰明。」「不自見故明，不自是故彰。」「跂者不立，跨者不行，自見者不明，自是者不彰。」「知人者知，自知者明，勝人者有力，自勝者强。」「是謂微明，柔勝剛，弱勝强。」「見小曰明，守柔曰强，用其光，復歸其明，無遺身殃，是謂習常。」「知和曰常，知常曰明，益生曰祥，心使氣曰强。」

又卷十四十四有：「久，古音几。」引老子：「天乃道，道乃久，没身不殆。」「知足不辱，知止不殆，可以長久。」「有國之母，可以長久。」又引楊慎曰：「孔子以前，久皆音几，至孔子傳易方有韭音。臨象傳『大亨以正，天之道也，至於八月有凶，消不久也』；乾象傳『亢龍有悔，盈不可久也，用九天德，不可爲首也』；大過象傳『枯楊生華，何可久也，老婦士夫，亦可醜也』；離象傳『履錯之敬，以辟咎也，黄離元吉，得中道也；日昃之離，何可久也』。」然既濟象傳以韻僊、疑、時、來，雜卦傳以韻止，則几、韭二音兩存之易傳矣。老子：「不失其所者久，死而不亡者壽。」按老子與夫子同時，老子書中「久」字三見，一韻殆，一韻母，一韻壽。

右景龍碑本六十七字，敦煌本六十六字，河上本六十八字，王、傅、范本六十七字。河上本題「歸根第十六」，王本題「十六章」，范本題「致虚極章第十六」。

十七章

太上，下知有之；

謙之案：禮記曲禮「太上貴德，其次務施報」，鄭注：「太上，帝皇之世，其民施而不惟報。」老子所云，正指太古至治之極，以道在宥天下，而未嘗治之，民相忘於無爲，不知有其上也。「下知有之」，紀昀曰：「『下』，永樂大典作『不』，吴澄本亦作『不』。」今按焦竑老子翼從吴澄本。又王註舊刻附孫鑛考正云：「今本『下』作『不』。」作「不」義亦長。

其次，親之豫之；

嚴可均曰：御注、河上作「親之、譽之」，王弼作「親而譽之」。

謙之案：傅奕本作「其次親之，其次譽之」。

其次，畏之侮之。

嚴可均曰：河上「畏之」下有「其次」字。

李道純曰：其次畏之，其次侮之，或云「畏之、侮之」者非。

于省吾曰：何氏校刊，諸本無下「其次」二字。紀昀謂大典「侮之」上無「其次」二字。按作「其次畏之、侮之」者，是也。上句「其次親而譽之」，河上本「而」作「之」，是也。諸石刊本同（景龍本「譽」作「豫」，二字古通）。二句相對爲文。「畏」應讀作「威」，二字古通，不煩舉證。廣雅釋詁：「侮，輕也。」「威」與「侮」義相因，上句「親」與「譽」亦義相因也。

信不足，有不信！

嚴可均曰：「信不足」，河上、王弼「足」下有「焉」字。「有不信」，王弼「信」下有「焉」字。

王念孫曰：案無下「焉」者是也。「信不足」爲句，「焉有不信」爲句。「焉」，於是也，言信不足，於是有不信也。呂氏春秋季春篇注曰：「焉，猶於是也。」聘禮記曰：「及享發氣焉盈容。」言發氣，於是盈容也。……晉語曰：「焉始爲令。」言於是始爲令也。三年問曰：「故先王焉爲之立中制節。」言先王於是爲之立中制節也。管子揆度篇曰：「民財足，則君賦斂焉不窮。」言賦斂於是不窮也。……後人不曉「焉」字之義，而誤「信不足焉」爲一句，故又加「焉」字於下句之末，以與上句相對，而不知其謬也。

謙之案：王說是也。惟王知下「焉」字當衍，不知上「焉」字亦疑衍。御注、邢玄、慶陽、樓正、磻溪、顧歡、高翿各本，上下句均無「焉」字，與此石同。

由其貴言。

嚴可均曰：「由其貴言」，御注「由」作「猶」，河上作「猶兮」，王弼作「悠兮」。

陸德明曰：「悠」，孫登、張憑、杜弼俱作「由」，一本「猶」。

謙之案：御注、邢玄、慶陽、磻溪、樓正、室町、顧歡、高翿、彭耜、范應元俱作「猶」。「由」與「猶」同。荀子富國「由將不足以勉也」，注：「與猶同。」楚辭「尚由由而進之」，注：「猶豫也。」老子十五章「猶兮若畏四隣」，與此「由其貴言」之「由」字誼同，並有思悠悠貌。故作「悠」字，義亦通。

成功事遂，百姓謂我自然。

嚴可均曰：「成功」，各本作「功成」。

謙之案：景福本、法京敦甲本作「成功遂事」，宜從之。「百姓謂我自然」，河上本、王弼「謂」上有「皆」字。范應元本作「百姓皆曰我自然」；莊子庚桑楚篇郭注引作「而百姓皆謂我自爾」；經訓堂傳本作「百姓皆曰我不然」。晉書王坦之廢莊論曰：「成功遂事，百姓皆曰我自然。」皆川愿老子繹解與晉書文同。

宋翔鳳曰：「百姓皆謂我自然」，按白虎通義曰：「黄帝有天下號曰自然，自然者，獨宏大道德也。」此云「百姓皆謂我自然」，正述黄帝之語。下文云「希言自然」，又申自然之義曰：「故從事於道者，道者同於道，德者同於德。」卽宏大道德之謂也。他書作「有態」，形似而誤。且有態無宏大道德之義。又列子記黄帝遊華胥氏之國，屢言「自然而已」，故知自然爲黄帝有天下之號。

謙之案：宋説未必是，然自昔黄、老並稱，論衡自然篇：「黄者黄帝也，老者老子也。」黄、老宗自然，論衡引擊壤歌：「日出而作，日入而息，鑿井而飲，耕田而食，帝力何有於我哉！」此卽自然之謂也，而老子宗之。二十五章「人法地，地法天，天法道，道法自然」，五十一章「夫莫之命而常自然」，二十三章「希言自然」，六十四章「以輔萬物之自然而不敢爲」，觀此知老子之學，其最後之歸宿乃自然也。故論衡寒温篇曰：「夫天道自然，自然無爲。」譴告篇曰：「黄、老之家，論説天道，得其實矣。」

【音韻】此章江氏韻讀：譽、侮韻（侯、魚通韻，譽，上聲，侮叶音武），焉、言、然韻（元部）。謙之案：譽，魚部，侮，侯部，侯、魚通韻。高本漢以信、言、然爲韻。陳柱：四「之」字韻，有、譽、畏、侮韻，焉、焉、言、然韻。譽从與聲，與、以古通。侮从每聲，每从母聲。

右景龍碑本三十八字，敦煌本同，河上本四十字，王、范本四十四字，傅本四十七字。河上題「淳風第十七」，王本題「十七章」，范本題「太上章第十七」。

十八章

大道癈，有人義。智惠出，有大僞。

嚴可均曰：「有人義」，各本作「仁義」。「智惠出」，王弼作「智慧」，或作「慧知」，非。

洪頤煊曰：「智惠出，有大僞」，煊案：「惠」當作「慧」。釋文本作「知慧」。説文：「惠，仁也，从心从叀。」「慧，儇也，从心，彗聲。」「惠」、「慧」不同。論語衛靈公「好行小慧」，釋文「魯讀慧爲惠」，是假借字。

紀昀曰：案「慧」、「惠」古通。

謙之案：「癈」當作「廢」。景龍、廣明均作「癈」。字鑑曰：「廢，放肺切，説文『屋頓也』，與篤癈字異。」又「人義」當從諸本作「仁義」，莊子馬蹄篇「道德不廢，安取仁義」，卽本此。

六親不和，有孝慈。

嚴可均曰：「孝慈」，大典作「孝子」。

羅振玉曰：此三句「廢」下「出」下「和」下，廣明本均有「焉」字。下「國家昏亂有忠臣」，「亂」下亦必有「焉」字，石泐不可見。

謙之案：室町本有「焉」字，與廣明同，「亂」下亦有「焉」字。「六親」，王注：「父子、兄弟、夫婦也。」吕覽論人篇曰：「何謂六戚？父母、兄弟、妻子。」諭義作「孝慈」二字是。左傳昭二十五年正義，詩小雅采芑孔穎達正義引老子有增字與誤倒處，「孝慈」二字則同此石。

國家昏亂，有忠臣。

謙之案：淮南道應訓引此句同。范本「有貞臣焉」引王本「貞」字同。皆川愿本「忠臣」作「忠信」，與上「孝慈」對文。又「昏」字，宋刊河上本、趙孟頫本、樓正本作「昬」，敦、遂本、諸王本、傅、范本並皆作「昏」。案説文：「昏，日冥也，从日氐省，一曰民聲。」段注匡謬引戴侗六書故曰：「唐本説文從民省，徐本從氏省，鼂説之云因唐諱『民』改爲『氏』也。然則説文原作『昬』字，从日，民聲，唐本以避諱減一筆，故云从民省。」丁仲祐曰：「考漢碑『昬』爲正字，『昏』爲别體。……又舊唐書高宗紀『昬』字改『昏』，在顯慶二年十二月。據此知『昬』字因廟諱，故改從『昏』之别體『昏』。試觀唐顯慶前之魏碑，凡『昬』皆從民，顯慶後之唐碑，因避諱皆作『昏』。」（説文解字詁林辰集日部）

【音韻】此章江氏韻讀無韻。姚文田：義、僞韻（十一麻去聲）。鄧廷楨：廢、出亦韻。鄧曰：「『出』，古音讀若易鼎初六『鼎顛趾，利出否』之『出』。『僞』，古音讀若譌。堯典『平秩南訛』，漢書王莽傳作『南僞』。」又高本漢：廢、義、出、僞隔句爲韻，亂、臣爲韻。

謙之案：「義」，古皆音「俄」。洪範「無偏無頗，遵王之義」，唐玄宗改「頗」爲「陂」，其敕略云：「朕三復兹句，常有所據，據下文並皆協韻，惟『頗』一字，寔則不倫，宜改爲『陂』。」吴棫曰：「古『義』字皆音『俄』，周官註亦音『俄』，故古文尚書本作『無偏無頗，遵王之義』，以叶俄音。唐明皇以『義』字今音爲『乂』，改『頗』爲『陂』，以从今音，古音遂湮没矣。」今證之以易：「鼎耳革，失其義也；覆公餗，信如何也。」中庸：「仁者人也，義者宜也。」知老子此章「義」亦當音「俄」。「僞」字，案莊子知北遊：「仁可爲也，義可虧也，禮相僞也。」僞亦屬歌部，與爲、虧叶。顧炎武曰：「詩『民之譌言』，石經作『僞言』；漢書王莽傳『以勸南僞』，師古『讀曰訛』；郭璞註方言『僞言訛』。」由此知義、僞合韻。又馬叙倫毛詩正韻後序曰：「此章大、智、六、國相韻於上句之首，廢、出、和、亂又協於上句之末。」則又不但義、僞爲句末之韻而已。

右景龍碑本二十六字，敦煌本、河、王本同，傅本二十八字，范本三十字。河上本題「俗薄第十八」，王本題「十八章」，范本題「大道廢章第十八」。

十九章

絶聖棄智，民利百倍。

紀昀曰：永樂大典「絶聖」二句在「絶仁」二句之下。

武内義雄曰：遂州本「民」作「人」，蓋避唐諱。

魏稼孫曰：「絶聖棄智」，御注「智」作「知」。

謙之案：遂州本、傅、范本亦作「知」，范本「棄」作「弃」，下二句同。又莊子胠篋篇「故絶聖棄知，大盜乃止」，在宥篇「絶聖棄知，而天下大治」，皆作「知」。淮南道應訓引老子作「智」。

絶民棄義，民復孝慈；絶巧棄利，盜賊无有。

嚴可均曰：「絶民」，各本作「絶仁」。

謙之案：「民」字涉上下文「民」字而誤。

此三者，爲文不足，故令有所屬：

魏稼孫曰：御注「爲」上有「以」字。

羅振玉曰：景龍、景福二本均無「以」字。

武内義雄曰：遂本「此三者言爲」，景本「此三者爲」，敦本「此三言爲」。

謙之案：范本無「此」字，傅本「不」作「未」，傅、范本「足」下有「也」字。又群書治要卷三十四引「盜賊無有」下，即接「以爲文不足，見素抱樸，少私寡欲」，無「此三者」與「故令有所屬」八字，疑此爲旁記之言，傳寫者誤入正文。

于省吾曰：按「爲」、「僞」古通。書堯典「平秩南僞」，史記五帝紀作「南爲」。禮記月令「毋或作爲淫巧」，注：「今月令『作爲』爲『詐僞』。」「文」，讀荀子儒效「取是而文之也」之「文」，文，飾也。「此三者」，謂聖智、仁義、巧利。「以僞文不足」，言以僞詐文飾其所不足也。下言「故令有所屬，見素抱樸，少私寡欲」，是皆不以僞詐文飾爲事，絶之於彼，而屬之於此，此老子本義也。

見素抱朴，少私寡欲。

謙之案：「朴」字，河上、顧、范與此石同。王弼、傅奕作「樸」，御注作「撲」。畢沅曰：「『樸』，或作『朴』，同。」

劉師培曰：按「私」當作「思」。韓非子解老篇曰：「凡德者以無爲集，以無欲成，以不思安，以不用固。」「思」、「欲」並言。又文選謝靈運隣里相送方山詩李注引老子曰：「少思寡欲。」此古本作「思」之證，卽釋此「少思」也。

謙之案：「私」本作「思」。唐王真論兵要義述及强思齊本、宋陳象古本、元大德三年陝西寶鷄縣磻溪宫道德經幢，「私」均作「思」，此其證也。惟莊子山木篇「其民愚而朴，少私而寡欲」，語同此石。河上注「少私」曰：「正無私也。」與經文七章「非以其無私邪，故能成其私」義合。以老解老，知劉說雖可通，而未可據以爲定論也。

【音韻】此章江氏韻讀：倍、慈、有韻（之部，倍音痞，慈，上聲）。足、屬、樸、欲韻（侯部）。姚文田、鄧廷楨同。高亨謂「絶學無憂」句應屬此章，以足、屬、樸、欲、憂爲韻。案：憂，幽部，與侯部通諧。

鄧廷楨曰：倍、慈、有爲韻。音聲、茲聲、有聲之字，古音隸之部。詩瞻卬「如賈三倍」，與「婦無公事」爲韻。

右景龍碑本四十四字，敦煌本同，河、王、范本四十五字，傅本四十七字。河上本題「還淳第十九」，王本題「十九章」，范本題「絶聖弃智章第十九」。

二十章

絶學无憂。

易順鼎曰：文子引「絶學無憂」在「絶聖棄智」之上，疑古本如此。蓋與三「絶」字意義相同。今在「唯之與阿」句上，則意似不屬矣。

馬叙倫曰：「絶學無憂」一句，當在上章。又曰：晁氏讀書記引明皇本，亦以「絶學無憂」屬於舊第十九章之末。

蔣錫昌曰：此句自文誼求之，應屬上章，乃「絶聖棄智，絶仁棄義，絶巧棄利」一段文字之總結也。晁公武郡齋讀書志謂唐張君相三十家老子注以「絶學無憂」一句，附「絶聖棄知」章末，以「唯之與阿」别爲一章，與諸本不同，當從之。後歸有光、姚鼐亦以此章屬上章，是也。

李大防曰：案「絶學無憂」句，斷不能割歸下章。蓋「見素抱樸，少私寡欲，絶學無憂」三句，是承上文「此三者以爲文不足，故令有所屬」句。「見素抱樸」，承「絶仁」二句；「少私寡欲」，承「絶巧」二句；「絶學無憂」，承「絶聖」二句；「此三者以爲文不足」句，是統括上文；「故令有所屬」

句，是啓下文。脉絡分明，毫無疑義。

唯之與阿，相去幾何？善之與惡，相去何若？

吴澄曰：「唯」、「阿」皆應聲：「唯」，正順；「阿」，邪諂。幾何，言甚不相遠也。

劉師培曰：「阿」當作「訶」。説文：「訶，大言而怒也。」廣雅釋詁：「訶，怒也。」「訶」俗作「呵」。漢書食貨志「結而弗呵乎」，顔注：「責怒也。」蓋「唯」爲應聲，「訶」爲責怒之詞。人心之怒，必起於所否，故老子因叶下文何韻，以「訶」代「否」。唯之與阿，猶言從之與違也。

武内義雄曰：敦、遂二本「善」作「美」。

易順鼎曰：王本作「美之與惡，相去何若」，正與傅奕本同。注云：「唯阿美惡，相去何若。」是其證也。今本作「若何」，非王本之舊。

蔣錫昌曰：顧本成疏「順意爲美，逆心爲惡」，是成作「美」。二章「天下皆知美之爲美，斯惡已」，彼此並美惡對言。傅本「善」作「美」，應從之。此文阿、何、惡、若爲韻，諸本「若何」作「何若」，亦應從之。嚴可均曰：「相去何若」，王弼或作「若何」，非。

人之所畏，不可不畏。

孫鑛古今本考正曰：「不可」，一作「不敢」。

謙之案：淮南道應訓引上二句，同此石。

忙□其未央！

魏稼孫曰：「忙其」二字間，原空一格，或待補刻，或誤分章，嚴連寫。後「純純」二字間，亦泐一格，例以碑陰首行，疑當時卽因石泐跳書，「忙」下石完。

謙之案：「忙」下空格，非泐字，亦非分章，疑爲「兮」字未刻。

嚴可均曰：「忙其未央」，御注作「荒其」。河上、王弼「荒」下有「兮」字，句末有「哉」字。

吴雲曰：邢本「荒」作「莽」。王氏蘭泉云：疑卽「荒」字之誤。

謙之案：廣明本、室町本作「荒」，碑本作「忙」。「忙」與「茫」同，實「芒」字，「芒」借爲「荒」，卽今「茫」字。詩長發「洪水芒芒」，玄鳥「宅殷土芒芒」，傳：「大皃。」左傳襄四「芒芒禹迹」，注：「遠皃。」淮南俶真「其道芒芒昧昧然」，注：「廣大之皃。」歎逝賦「何視天之芒芒」，注：「猶夢夢也。」莊子大宗師「芒然彷徨乎塵垢之外」，釋文：「無係之貌。」遂州碑作「莽」，蓋以草深曰莽，與「忙」同有蒼芒荒遠之義。小爾雅廣詁：「莽，大也。」吕覽知接「何以爲之莽莽也」，注：「長大皃。」莊子逍遥遊「適莽蒼者」，崔注：「草野之色。」「忙」、「莽」、「荒」義相近。

衆人熙熙，若享太牢，

馬叙倫曰：「熙」爲「嫛」之借字。説文：「嫛，説樂也。」

謙之案：「熙熙」，與莊子馬蹄篇「含哺而熙」，列子楊朱篇「熙熙然以俟死」之「熙」字義同。「熙熙」卽「嘻嘻」，書鈔一五引莊子「熙」作「嘻」，初學記九、事文類聚後集二十引並作「嬉」。晏子春秋六「聖人非所與熙也」，本作「嬉」。熙、嘻、嬉義同，此云「衆人熙熙」，亦卽衆人嘻嘻也。

嚴可均曰：「若亨太牢」，「窂」別體字。御注作「如享」，釋文作「若亨」，引河上作「饗」。謙之案：遂州本「太牢」作「大宰」，誤。藝文類聚三引河上作「若享」，玉燭寶典三引作「而饗」。

武内義雄曰：「若亨太牢」，王本「亨」字，陸氏讀爲「烹」。河上公讀爲「享」，又改「亨」作「饗」。現在河上本、王弼本皆作「享」。玉燭寶典三引此文作「饗」，與陸所引河上本合。蓋唯一「亨」字，諸家異其解釋，遂至成本文之異也。

若春登臺。

嚴可均曰：御注、王弼作「如春登臺」，河上作「如登春臺」。

畢沅曰：「如春登臺」，王弼、顧歡並同，明皇、易州石刻亦同。明正統十年道藏所刊明皇本始誤作「登春臺」，陸希聲、王真諸本並誤，今流俗本皆然矣。又李善閑居賦注引亦誤。

俞樾曰：按「如春登臺」與十五章「若冬涉川」一律，河上公本作「如登春臺」，非是。然其注曰：「春陰陽交通，萬物感動，登臺觀之，意志淫淫然。」是亦未嘗以「春臺」連文，其所據本，亦必作「春登臺」，今傳寫誤倒耳。

蔣錫昌曰：唐强思齊道德真經玄德纂疏引河本經文作「如春登臺」，正與宋河本合；俞氏謂河所據本必作「春登臺」是也。顧本成疏「又如春日登臺」，是成亦作「如春登臺」。……王本、河本及各石本皆作「春登臺」，蓋古本如此，似未可據最後諸本擅改也。「如」，應從碑本作「若」，以與上句一律。釋文上句作「若」，此當同也。

我魄未兆，

嚴可均曰：御注作「我獨怕其未兆」，河上作「我獨怕兮其未兆」。釋文作「廓」，引河上作「泊」。傅奕作「我獨魄兮其未兆」，大典作「我泊兮其未兆」。王氏引邢州本與此同。

盧文弨曰：今文「我獨泊兮其未兆」，王弼本「泊」作「廓」，藏本作「怕」。説文：「怕，無爲也。」藏本爲是。今王弼本作「泊」，古本作「魄」。

羅振玉曰：景福、英倫二本作「怕」。

洪頤煊曰：我獨怕兮其未兆，河上注：「我獨怕然安靜，未有静欲之形兆也。」頤煊案：説文「怕，無爲也，从心，白聲」，義即本此。俗本作「泊」字，非。

謙之案：今文「泊」與「魄」字聲訓通。史記酈食其傳「落泊」作「落魄」。又如「虎魄」字作「珀」。國語晉語「其魄兆于民矣」，韋昭注：「兆，見也。」此云「我魄未兆」，即怕乎無爲之意。

若嬰兒未孩。

嚴可均曰：各本作「如嬰兒之未孩」。

畢沅曰：河上公、王弼「若」作「如」。「咳」，河上公作「孩」。説文解字曰：「咳，篆文孩。」古文字同。

勞健曰：「如嬰兒之未咳」，「咳」字，景龍、開元作「孩」，傅、范、景福與釋文並作「咳」，范注：

「咳，何來切。張玄静與古本同。」集韻通作「孩」，按「孩」卽「咳」之古文。

謙之案：説文子部無「孩」字，見口部「咳」字下。廣韻「孩，始生小兒」，「咳，小兒笑」，同音户來切。類篇：「孩與咳同，爲小兒笑。」「孩」、「咳」本一字，傅、范本作「咳」，音義同。釋文出「咳」字，知王本作「咳」，景福本、室町本亦作「咳」。

乘乘無所歸！

嚴可均曰：河上「乘乘」下有「兮若」二字。王弼作「儽儽兮若無所歸」。

謙之案：傅奕本作「儡儡兮其不足，以無所歸」，范本作「儽儽兮其若不足，似无所歸」，遂州本、顧歡本作「魁無所歸」，景福、樓正、邢玄、磻溪、英倫各本作「乘乘兮若無所歸」。

朱駿聲曰：儽，説文：「垂皃。一曰嬾懈，从人，纍聲。」與「儡」微别，字亦作「儽」，又誤作「傫」。廣雅釋詁二：「傫，勞也。」釋訓：「傫傫，疲也。」老子「傫傫兮若無所歸」，釋文：「敗也，又散也。」河上本作「乘乘」，「垂垂」之誤。

武内義雄曰：王本「儽儽兮」，舊鈔河上本作「儡儡兮」，景龍碑作「乘乘兮」。按儽、儡聲相同，據説文「儽儽，垂貌」，與「乘乘」音義不近。疑「乘乘」是「垂垂」之訛。果然，則河上本作「儡儡」，據其義訓作「垂」字也。

衆人皆有餘，我獨若遺。

嚴可均曰：河上「我」上有「而」字。

羅振玉曰：景龍本、御注本均無「而」字。

奚侗曰：「遺」借爲「匱」，不足之意。禮記祭義「而窮老不遺」，釋文「遺，本作匱」，是其證。

于省吾曰：按「遺」應讀作「匱」，二字均諧貴聲，音近字通。……廣雅釋詁：「匱，加也。」王念孫謂「匱當作遺」，以「遺」有加義，「匱」無加義也。禮記樂記「其財匱」，釋文：「匱，乏也。」「衆人皆有餘，而我獨若匱」，「匱乏」與「有餘」爲對文。自來解者皆讀「遺」如字，不得不以遺失爲言矣。

我愚人之心，純純。

嚴可均曰：「之心」，河上、王弼「心」下有「也哉」字。「純純」，河上、王弼作「沌沌兮」，釋文：「沌，本又作忳。」

畢沅曰：王弼同河上公作「純」，蘇靈芝書亦作「純」，作「純」爲是。陸德明曰：「本又作忳。」「沌」、「忳」並非也。

謙之案：作「純」是也。易文言「純粹精也」，崔覲注：「不雜曰純。」淮南要略「不剖判純樸」，注：「純樸，太素也。」碑本「純純」，室町本作「沌沌」，義同。莊子山木篇：「純純常常，乃比於狂。」在宥篇：「渾渾沌沌，終身不離。」純純卽沌沌也。彭耜釋文曰：「李純純如字，質朴無欲之稱。」其説是也。

俗人昭昭，我獨若昏。

嚴可均曰：王弼作「我獨昏昏」。

奚侗曰：「昏昏」，諸本作「若昏」，句法不協，茲從王弼本。莊子在宥篇：「至道之極，昏昏默默。」

蔣錫昌曰：以文誼而論，作「昏昏」者是也。下文弼注「無所欲爲，悶悶昏昏，若無所識」，可證老子古本作「昏昏」，不作「若昏」，「昏昏」爲「昭昭」之反。

俗人察察，我獨悶悶。

焦竑曰：「昭昭」、「察察」，古本作「皆昭昭」、「皆詧詧」。

謙之案：傅、范本如此。范云：「王弼同古本，世本无『皆』字。」知王本當有「皆」字。又「悶悶」，傅、范作「閔閔」，「閔」上均有「若」字。

范應元曰：河上公及諸家並作「悶悶」，音同。韓文公古賦有「獨閔閔其曷已兮，憑文章以自宣」，詳此「閔閔」字，註云「一作悶悶」，正與此合，今從古本。

淡若海，

嚴可均曰：御注作「忽若晦」，河上作「忽兮若海」，王弼作「澹兮其若海」，大典作「漂乎」，一本作「忽兮」。

謙之案：嚴遵本作「忽兮若晦」，傅本作「淡兮其若海」，范本作「澹兮若海」，御注、英倫二本作「忽若晦」，廣明、景福、室町三本作「忽兮其若海」。李道純曰：「『忽乎若晦』，或云『淡乎其若海』，非。」謙之案：王、范本作「澹」字是也。王羲之本亦作「澹」，碑本誤作「淡」。説文：「澹，水摇也，从水，詹聲。」與「淡」迥别。「海」，本或作「晦」，爲「海」之假借。書考靈曜：「海之言昏晦無睹。」釋名釋水：「海，晦也。主承穢濁，其色黑而晦也。」海、晦義同。此形容如海之恍惚，不可窮極。

漂无所止。

嚴可均曰：御注作「寂兮似無所止」，河上作「漂兮若無所止」，釋文引河上作「淵兮」，王弼作「飂兮若無止」，梁簡文、傅奕作「飄兮」。

謙之案：室町本同。河上、王羲之本作「飂兮若無所止」，廣明作「漻兮若無所止」，范本作「飄兮似无所止」，館本作「寂無所以」，英倫本與御注同。又孫鑛古今本考正曰：「『飂兮若無止』，一作『漂兮若無止』，一作『膠兮似無止』，一作『寂若無所止』。」「膠兮似無止」，不知所據何本，疑「廖」字之誤。

武内義雄曰：天文鈔河上本作「⿰氵⿰票寸兮」，廣明幢作「⿰氵剽兮」，瀧川本及世德堂本作「漂兮」。按「⿰氵⿰票寸」、「⿰氵剽」爲「漂」之或體，而漂、飂音相近。

吴雲曰：王蘭泉引河上公「⿰氵剽」作「淵」，注云：「今河上本作漂。」按此石作「⿰氵剽」，北碑多有之。

畢沅曰：莊子「淵淵乎其若海」，卽用此文。

謙之案：「漂无所止」，義長。漂然若長風之御太虛，與「飂」字義同。説文：「飂，高風也。」字亦作「飀」，吴都賦：「翼颸風之飀飀。」又作「飂」，玉篇：「飂，高風兒。」

衆人皆有已，我獨頑似鄙。

嚴可均曰：「有已」，各本作「有以」。「我獨頑」，河上、王弼「我」上有「而」字。

武内義雄曰：敦、景二本「以」作「已」。

謙之案：「有已」卽「有以」。説文：「已，用也。」隸亦作「㠯」，作「以」。廣雅釋言：「已，㠯也。」鄭注考工記曰：「已或作以。」注檀弓篇曰：「以與已字本同。」荀子非相篇曰：「何已也？」注：「與以同。」此云「皆有已」，卽「皆有以」，莊子所謂「其必有以」是也。

我獨異於人，而貴食母。

陶鴻慶曰：傅奕本「我獨」下有「欲」字。據王注「我獨欲異於人」，是王所見本亦有「欲」字，而傳寫奪之。老子狀道之要妙，多爲支離惝怳之辭，或曰若、曰如、曰似、曰將、曰欲，皆此旨也。當以有「欲」字爲勝。

謙之案：敦煌本、遂州本「獨」正作「欲」。

嚴可均曰：「而貴食母」，御注作「而貴求食於母」。

李道純曰：「而貴食母」，或云「兒貴求食於母」，非。

勞健曰：「食母」二字，范本誤從唐玄宗加字，作「求食於母」。玄宗自注云「先无『求』、『於』兩字，今所加也」，明非古本，范氏失於校正。

謙之案：此句諸家解多誤，惟蘇轍得其義曰：「譬如嬰兒，無所雜食，食於母而已。」又莊子德充符篇「豚子食於其死母」，郭注云：「食乳也。」此云「食母」，卽食乳於母之意。又王羲之本「貴」下亦有「求」字，此帖斷爲明皇增字後所作無疑。

【音韻】此章江氏韻讀：阿、何韻（歌部），惡、若韻（魚部，惡，烏入聲，若，入聲），畏、畏韻（脂部），哉、熙、臺、孩韻（之部，哉音兹，臺，徒其反，孩，胡其反）。歸、遺韻（脂部），昏、悶韻（文部，悶，平聲），海、止、以、鄙、母韻（之部，海音喜）。奚侗：阿、何、惡、若韻，熙、牢、臺、孩韻，歸、遺韻，沌、昏、悶韻，晦、止、以、鄙、母韻。陳柱：憂、阿、何、惡、若韻，熙、牢、臺、孩、歸、遺、哉韻。餘同奚。高本漢：荒（一作芒）、央韻，熙、牢、臺、兆、孩、歸、遺、哉爲一韻，歸、遺又自爲韻。又昏、悶（一作閔）、海（一作晦）、止、以、鄙、母爲一韻。

楊樹達曰：江韻得之，奚、陳、高並誤。

鄧廷楨曰：惡、若爲韻。古音善惡、好惡皆作去聲，後世强分善惡之惡爲入聲。「若」字，詩烝民與「賦」韻，大田、閟宫皆與「碩」韻，「碩」古音與「柘」韻同。生民「柘」與「路」韻，大學「碩」與「惡」韻，閟宫「若」又韻「作」，「作」古音與「祚」、「胙」同。彼此互證，大抵「若」字亦魚、虞部之去聲，今音則由去轉入也。

江有誥曰：悶，莫困切。按古有平聲，當與魂部並收。老子異俗篇「我獨悶悶」，與「昏」叶。順化篇「其政悶悶」，與「醇」叶（唐韻四聲正二十六慁）。

又一説，江有誥以「牢」非韻。謙之案：「牢」，古音讀若釐。江永古韻標準平聲第十一部曰：「牢，郎侯切。按牢，古音如此，故釋名云：『留，牢也。』老子：『衆人熙熙，如亯太牢，如登春臺。』莊辛引鄙語：『亡羊而補牢，未爲遲也。』蓋皆讀如釐，蓋方言耳。」又「臺」，古讀如持，釋名：「臺，持也。」「臺」字當从㞢聲，故與「持」近。「孩，户黎切」，牢、臺、孩爲韻是也。又牢、兆亦韻。馬叙倫曰：「熙、臺、孩爲句末之韻，前賢已能明之。若牢之與兆，亦協於句末，乃詩之間韻也。」（修辭十論）

右景龍碑本一百十六字，敦煌本一百十五字，河、王本一百三十二字，傅本一百三十七字，范本一百四十一字。河上本題「異俗第二十」，王本題「二十章」，范本題「絶學无憂章第二十」。

二十一章

孔得之容，唯道是從。

魏稼孫曰：「孔得」，御注「得」作「德」。

嚴可均曰：「是從」，大典作「之從」。

謙之案：「唯」字，諸王本作「惟」，道藏王本作「唯」。孔，甚也。書「六府孔修」，史記作「甚修」。甚有盛義，孔德猶言盛德，此言盛德之容，惟道體之是從也。

道之爲物，唯怳唯忽。忽怳中有象，怳忽中有物。

嚴可均曰：「忽怳中有象，怳忽中有物」，顧歡與此同。御注作：「忽兮怳，其中有爲；怳兮忽，其中有物。」河上作：「忽兮怳兮，其中有像；怳兮忽兮，其中有物。」本或二句互倒。王弼與河上同，「忽」作「惚」。

謙之案：道藏王本二「惚兮」皆作「忽」。釋文出「怳」字，知王本作「怳」。頭陀寺碑文注引老子作「怳」，王注亦作「怳」。抱朴子地真篇引「老君曰」與河上本同。英倫本與御注同。又敦煌本「惟怳」作「惟慌」。廣雅釋詁二：「慌，忽也。」神女賦序「精神怳惚」，注：「不自覺知之意。」續一切經音義引字林：「怳惚，心不明也。」二字傅、范本均作「芒芴」，古通用。又莊子至樂篇：「芒乎芴乎，而無從出乎？芴乎芒乎，而無有象乎？」又「雜乎芒芴之間」。語皆出此。褚伯秀云：「『芒芴』，讀同『怳惚』。」廣弘明集一三釋法琳辨正論九箴篇引「芒芴」正作「怳惚」。

俞樾曰：按「惚兮怳兮」二句，當在「怳兮惚兮」二句之下。蓋承上「惟怳惟惚」之文，故先言「怳兮惚兮，其中有物」，與上「道之爲物，惟怳惟惚」四句爲韻；下文「惚兮怳兮，其中有象」，乃始變韻也。王弼注曰：「萬物以始以成，而不知其所以然，故曰怳兮惚兮，惚兮怳兮，其中有象也。」注文當是全舉經文，而奪「其中有物」四字，然據此可知王氏所見本經文猶未倒也。

蔣錫昌曰：按强本成疏引經文云：「怳惚中有象，惚怳中有物。」是成本經文作「怳惚中有象，惚怳中有物」。道藏河上本作「怳兮忽兮，其中有物；忽兮怳兮，其中有像」。正與俞説合。

窈冥中有精，其精甚真，其中有信。

嚴可均曰：「窈冥中有精」，顧歡與此同。御注作「窈兮冥兮，其中有精」，河上、王弼作「窈兮冥兮，其中有精」。

羅振玉曰：御注本「真」作「貞」，乃「真」之別字。

謙之案：淮南道應訓引四句與王本同。文選沈約鍾山詩注引「窈兮冥兮，其中有精」；樓正、礌溪作「杳兮冥，其中有精」；館本作「窈冥中有精」；傅本作「幽兮冥兮，其中有精」；范本作「幽兮冥兮，中有精兮」。案「窈」、「幽」、「杳」三字音近，可通用。又「其精甚真」，王羲之作「有精甚真」。此句遂州本無。又案：管子内業篇：「精，氣之極也；精也者，氣之精者也。凡人之生也，天出其精。」與此章「精」之意義相合。「精」爲古代之素朴唯物思想，説詳馮友蘭先秦道家所謂道之物質性一文。又莊子德充符篇「夫道有情有信，無爲無形，可傳而不可受，可得而不可見」，「情」亦當爲「精」，「有情有信」卽此云「其中有精，其中有信」也。

自古及今，其名不去，

吴雲曰：傅本作「自今及古」，王弼同此石。

范應元曰：「自今及古」，嚴遵、王弼同古本。

馬叙倫曰：各本作「自古及今」，非是。古、去、甫韻。范謂「王弼同古本」，則今弼注中兩作「自古及今」，蓋後人依别本改經文，並及弼注矣。

蔣錫昌曰：按道德真經集註（唐明皇、河上公、王弼、王雱註）引王弼曰：「故曰『自今及古，其名不去』也。」正與范見王本合，足證今本已爲後人所改，馬說是也。

以閱衆甫。吾何以知衆甫之然？以此。

武内義雄曰：敦、景、遂三本「衆」作「終」，衆、終古音通。

謙之案：景龍本作「衆」不作「終」，此誤校。館本亦作「終」。案作「終」非。「閱」字古文訓「總」，大田晴軒引列子仲尼篇：「閱弟子四十人同行。」淮南原道訓：「萬物之總，皆閱一孔；百事之根，皆出一門。」俶真訓：「夫天之所覆，地之所載，六合所包，陰陽所呴，雨露所濡，道德所扶，此皆生一父母而閱一和也。」高誘注：「閱，總也。」惟大田謂「衆甫」即「衆父」，引莊子天地篇論齧缺曰：「有族有祖，可以爲衆父，而不可以爲衆父父。」謂古文「甫」與「父」通。其說與俞樾同，而實甚牽强。案經典「甫」皆訓「大」，甫之孳乳字，經典均有「大」義。若荀子榮辱篇「薄」注「廣大貌」；韓詩外傳常武「『敷』，大也」；說文「『博』，大通也」；詩北山「溥」，毛傳「大也」；詩車攻「圃」，毛傳「博也」；說文「『酺』，王德布大飲酒也」；又「『誧』，大言也」（見戴宗祥釋甫）。由此可見衆甫卽衆大，域中有四大，「以閱衆甫」者，卽以總四大也。

嚴可均曰：「之然」，御注、今河上作「之然哉」，王弼作「之狀哉」。釋文：「河上一本直云『吾何狀也』。」吴雲曰：「吾何以知」，傅本作「奚以知」。

范應元曰：「奚」字古本。

【音韻】此章江氏韻讀：容，從韻（東部）。物，惚韻（脂部，惚，呼橘反）。恍，象韻（陽部）。惚，物韻（脂部）。冥，精韻（耕部）。真，信韻（真部，信，平聲）。去，甫韻（魚部）。姚文田、鄧廷楨、奚侗同。高本漢「自古及今」作「自今及古」，以古、去、甫爲韻。

又冥、精、真、信兩句相叶。魏建功謂此四句當注意其相叶之可能性，正如「名」之與「門」叶，「盈」之與「塵」叶（古音系研究）。

右景龍碑本六十一字，敦煌本同，河、王、傅、范本七十一字。河上題「虛心第二十一」，王本題「二十一章」，范本題「孔德之容章第二十一」。

二十二章

曲則全，枉則正；

嚴可均曰：「枉則正」，傅奕與此同，諸本作「則直」。

謙之案：遂州本、館本、范應元本均作「正」。范曰：「『正』字，王弼同古本，一作『直』。」武內義雄曰：「景、遂二本『直』作『正』，與淮南子道應訓所引合。」今案道應訓引上二句作「直」，武內誤校。

又案：「曲則全」即莊子天下篇所述「老聃之道，人皆求福，己獨曲全」也。書洪範「木曰曲直」，此亦以木爲喻。曲者，莊子逍遥遊所謂「卷曲而不中規矩」，人間世所謂「拳曲而不可以爲楝梁」也。蓋「直木先伐，甘井先竭」，「吾行却曲，無傷我足」，此卽「曲則全」之義。「枉則正」，「枉」，說文「衺曲也，從木，㞷聲」，廣雅釋詁一「桂，詘也」，卽詰詘之義，實爲屈。「正」，諸本作「直」，「枉」、「直」對文，枉則直者，大直若屈也。論語：「舉直錯諸枉。」淮南本經訓：「矯枉以爲直。」碑文作「正」，正亦直也。鬼谷子磨篇：「正者直也。」廣雅釋詁一：「直，正也。」易文言傳：「直其正也。」直、正可互訓。

窪則盈，弊則新；

嚴可均曰：「弊則新」，釋文作「蔽」，傅奕、今王弼作「敝」。

謙之案：道藏王本作「弊」，御注本、館本、遂州本、河上本、諸石本均作「弊」，御覽一百五十九引亦作「弊」。又「窪」字，道藏河上本作「窊」，「窪」、「窊」字同，皆洿下低陷之義。「窊」爲「窪」之古文。說文：「窊，污衺下也。」廣雅釋詁：「窊，下也。」夏竦古文四聲韻卷二引古老子作「窊窪」。彭耜釋文：「窪，李烏瓜切，埳也。地窪則水滿，喻謙德常盈。」

少則得，多則或。是以聖人抱一爲天下式。

嚴可均曰：「或」，各本作「惑」。

謙之案：遂州本、館本同此石。又慎子外篇引「老子曰」七句，惟無「是以」二字，與傅奕同。「得」卽三十九章所云「得一」。「或」當讀如惑，有或此或彼之意，與得一義相對。

不自見，故明；不自是，故彰；□自伐，故有功；不自矜，故長。

謙之案：碑本「彰」字殘缺不明，下「不」字泐，當據他本補之。又遂州本、館本「不自見，故明」，在「不自是，故彰」句下；唐李約本「不自伐，故有功」，在「不自矜，故長」句下。

又案：莊子山木篇：「吾聞之大成之人曰：『自伐者無功，功成者墮，名成者虧。』孰能去功與名，而還與衆人？」此卽老子九章「功遂、身退，天之道」，與此章「不自伐，故有功」之説。

夫唯不争，故天下莫能與之争。

嚴可均曰：河上無「能」字。

謙之案：淮南原道訓「以其無争於萬物也，故莫敢與之争」，卽本此章而言。王念孫云：「『莫敢』，本作『莫能』，此後人依文子道原篇改之也。唯不與萬物争，故莫能與之争，所謂柔弱勝剛彊也。若云『莫敢』，則非其旨矣。下文曰：『功大礴堅，莫能與之争。』老子曰：『夫唯不争，故天下莫能與之争。』又曰：『以其不争，故天下莫能與之争。』皆其證也。」魏徵群書治要引此句，正作「莫能與之争」。

古之所謂「曲則全」，豈虚語？故成全而歸之。

嚴可均曰：「豈虚語」，各本作「豈虚語哉」。「故成全」，各本作「誠全」，無「故」字。

魏稼孫曰：御注「全」下有「者」字，下句作「豈虚言哉」。嚴舉「哉」字，失校「者」字、「言」字。

謙之案：遂州本與此石同。「成」當作「誠」。夏竦古文四聲韻卷二引古老子出「成」字作[illegible]，又出「誠」字作[illegible]。經文「成」字共十七見，「誠」字只此一見。又「曲則全」爲古語，孫子九地篇「善爲道者，以曲而全」，卽其明證。莊子天下篇論老子曰「人皆求福，己獨曲全，曰『苟免於咎』」，卽出此章。

【音韻】此章江氏韻讀：盈、新韻（真、耕通韻，此二句本在「枉則直」之下，今據韻移在此）。直、得、惑、式韻（之部，惑，呼逼反），明、彰、功、長韻（陽、東通韻，功叶音光），争、争韻（耕部）。

謙之案：盈，耕部，新，真部，此真、耕通韻。明、彰、長，陽部，功，東部，此陽、東通韻。「直」字，景、遂本、館本作「正」，正，耕部。奚侗以全、正、盈、新爲韻，云：「以全、新韻正、盈，乃音變，如九辯清、人、新、年、生、憐、聲、鳴、征、成相韻之例。」高本漢同奚，惟以正、盈爲句中韻。又得、惑爲韻，一、式爲韻，明、彰、功、長、争、争爲一韻。諸説紛紜，惟江氏移經文就韻，似有未安。此章實兩韻隔協，全、盈、新爲一韻，直、得、惑、式爲一韻。又陳柱以哉、之爲韻。案哉、之同屬之部。

姚鼐以「古之所謂曲則全者，豈虚言哉，誠全而歸之」，與下章「希言自然」爲一節。謂：「言、全、然爲韻。『猶兮其貴言，功成事遂，百姓皆曰我自然』，卽此句之解。」

右景龍碑本七十七字，館本七十四字，河上、王、傅、范本七十八字。河上題「益謙第二十二」，王本題「二十二章」，范本題「曲則全章第二十二」。

二十三章

希言自然。飄風不終朝，驟雨□終日。

謙之案：「雨」下「不」字泐，當據他本補之。「希」，諸本並同，傅本作「稀」。「終」，傅、范並作「崇」。「飄風」上，王、傅、范本有「故」字。

羅振玉曰：景龍、廣明、景福、英倫諸本均無「故」字。又館本「驟」作「趨」，范本作「暴」。

馬叙倫曰：「崇」、「終」古通假，書君奭「其終出於不祥」，馬本「終」作「崇」，是其證。又曰：「驟」，館卷作「趨」者，「趨」、「驟」古亦通假。

孰爲此？天地。天地上不能久，而況於人？

嚴可均曰：河上、王弼「此」字下有「者」字。「上不」，各本作「尚不」，「於人」，各本句末有「乎」字。

謙之案：館本、遂州本無「乎」字。左傳昭公二十八年正義引「天地尚不能常，況人乎」，又牟子理惑論引「天地尚不得長久，而況人乎」，均有「乎」字。

故從事而道者，道德之；同於德者，德德之；同於失者，道失之。

嚴可均曰：古「得」、「德」字通，「德之」即「得之」也。河上作：「故從事於道者，道者同於道，德者同於德，失者同於失。同於道者，道亦樂得之；同於德者，德亦樂得之；同於失者，失亦樂得之。」御注、王弼無三「樂」字，餘與河上同。

俞樾曰：按王本下「道者」二字，衍文也。本作「從事於道者，同於道」，其下「德者」、「失者」蒙上「從事」之文而省，猶云「從事於道者，同於道；從事於德者，同於德；從事於失者，同於失也」。淮南子道應篇引老子曰：「從事於道者，同於道。」可證古本不疊「道者」二字。王弼注曰：「故從事於道者，……故曰同於道。」是王所據本正作「故從事於道者，同於道」。

紀昀曰：永樂大典無「樂」字，下二句同。

易順鼎曰：王冰四氣調神大論篇注引此並無「樂」字。

羅振玉曰：御注、英倫二本無「樂」字。

謙之案：傅、范本亦無「樂」字。二「德之」，「德」字當作「得」。「德」、「得」雖古通，而此當作「得」。遂州本、館本均作「道得之」，「德得之」，傅、范本亦作「得」，蓋此「得」與下「失」字相對成文。又首句「從事而道者」，各本「而」均作「於」，義同。

信不足，有不信。

嚴可均曰：河上、王弼作「信不足焉，有不信焉」。

羅振玉曰：景龍、英倫二本無二「焉」字，景福本無下「焉」字。

謙之案：遂州本、館本、王羲之本亦無二「焉」字，傅本、室町本無下「焉」字。無下「焉」者是也，説見王念孫讀書雜志餘編上。又此二句已見第十七章，疑爲錯簡重出。

【音韻】此章江氏韻讀無韻。陳柱：三「德」、「之」字韻。高本漢：言、然韻。謙之案：言、然皆在元部。又天、地二字，疊句爲韻；六「同」字，句首隔句爲韻；「信」、「信」二字，首尾爲韻。此爲老子書中所用自由押韻式。

右景龍碑本五十八字，館本同，河上本八十七字，王本八十八字，傅本九十二字，范本八十三字。河上本題「虚無第二十三」，王本題「二十三章」，范本題「希言自然章第二十三」。

二十四章

企者不久，

嚴可均曰：御注、河上作「跂者不立」，王弼作「企者不立」。

羅振玉曰：「企」，釋文：「河上作『跂』。」案「跂」殆「跂」字之譌。御注、廣明二本亦作「跂」。

廣明本此上有「喘者不久」句。

吴雲二百蘭亭齋金石記校廣明本云：諸本皆無「喘者不久」四字。

魏稼孫曰：此幢存字無幾，中惟「喘者不文」句（謙之案「文」字爲「久」字之誤），爲今世所傳板本及他石刻所無。

謙之案：館本、遂州本全句正作「喘者不久」。「喘」，説文云：「疾息也。」又「企」與「跂」古通用。莊子秋水篇「掇而不跂」，釋文：「跂，一作企。」庚桑楚「人見其跂」，古鈔卷子本作「企」。又文選江賦李善注：「企與跂同。」是河上本作「跂」，即「企」也。漢書高帝紀顔注曰：「企謂舉足而竦身。」玉篇：「跂，踦跂切。有跂踵國，其人行，脚跟不著地。」字林：「企，舉踵也。」二字義亦同。

夸者不行，

嚴可均曰：「夲者」，各本作「跨者」。按當是「𡗝者」。

魏稼孫曰：「夸者」，「夸」原刻偏右，疑是「跨」字失刻左半。嚴作「夲」，謂當是「𡗝」，甚誤。

謙之案：「夲」與「跨」同。玉篇夂部出「𡗝」字：「口化、口瓦二切，跨步也，與跨同。」説文「跨，渡也」，段玉裁曰：「謂大其兩股間，以有所越也。」又室町本上二句作「跂者不立，跂者不行」，「跂」字重，有誤。

自見不明，自是不彰，自伐无功，自矜不長。

嚴可均曰：河上、王弼「自見」下有「者」字，下四句皆然。

魏稼孫曰：御注「見」下有「者」字，下三句無。

謙之案：文選奏彈王源文注引無二「者」字。又館本、遂州本「自伐」作「自饒」。

其在道，曰餘食贅行，

嚴可均曰：「其在道」，王弼作「其在道也」，御注、河上作「其於道也」。

謙之案：「贅」字，館本、遂州本作「餟」，非。方言十二：「餟，餽也。」字林：「餟，以酒沃也，祭也。」「餟行」無義，蓋音近而誤。

王道曰：「行」當作「形」。「贅形」，形之附贅者，駢拇之類。

易順鼎曰：「行」疑通作「形」，「贅形」即王注所云「肬贅」。肬贅可言形，不可言行也。列子湯問篇「太形、王屋二山」，張湛注：「形當作行。」是古書「行」、「形」固有通用者。

蔣錫昌曰：按唐李約道德真經新注：「如食之殘，如形之剩肉也。」宋林希逸道德真經口義曰：「食之餘棄，形之贅疣，人必惡之。」宋陳景元道德真經藏室纂微篇：「猶棄餘之食，適使人惡；附贅之形，適使人醜。」是三書皆以「行」爲「形」。

謙之案：「行」讀作「形」，是也。莊子駢拇篇：「附贅縣疣，出乎形哉！而侈於性。」「贅」，廣雅云：「疣也。」釋名云：「横生一肉，屬著體也。一云瘤結也。」「縣」字，一切經音義二十、文選陳孔彰爲袁紹檄豫州文注並引作「懸」。附贅懸疣出乎形，故曰贅形。「贅行」當讀作「贅形」，古字通。

高亨曰：余疑「行」當作「衣」，古文「衣」作亽，「行」作尖，形近而譌。法言問道篇「智用不用，益不益則不贅虧矣」，司馬光注：「有餘曰贅，不足曰虧。」是贅亦餘也。餘食、贅衣猶言餘食、餘衣。食有餘則飢者惡之，衣有餘則寒者惡之，故曰「物或惡之」，此今諺所謂「一家飽煖千家怨」也。

謙之案：高説甚辨，但改字解經，難以使人致信，且以「贅衣」連文，非即餘衣義。廣韻霽部「贅」下云：「贅衣，官名也。」其不可與「餘食」對文也甚明。

物或有惡之，故有道不處。

嚴可均曰：「物或有惡之」，各本無「有」字。「故有道不處」，御注、王弼「道」下有「者」字，河上有「者」字，句末有「也」字。

謙之案：「或」下「有」字，各本無。館本、遂州本「有」下無「或」字。廣雅釋詁一：「或，有也。」知「或」、「有」古通，其中必有一字衍，疑此「有」字乃「醜」字一音之轉。夏竦古文四聲韻卷五引古老子有「醜」字，作𨞼。又案：司馬光注：「是皆外競而内亡者也。如棄餘之食，適使人惡；附贅之形，適使人醜。」「醜」、「惡」對文。疑司馬所見本正作「物或醜惡之」爲句。

【音韻】此章江氏韻讀：行、明、彰、功、長、行韻（陽、東通韻，功叶音光），惡、處韻（魚部，處，去聲）。姚文田同，鄧廷楨未及「功」字。案行、明、彰、長，陽部，功，東部，此陽、東通韻。

右景龍碑本四十二字，館本注云「卌一字」，按卌乃卌之誤。河上本、傅本四十八字，王、范本四十七字。河上題「苦恩第二十四」，王本題「二十四章」，范本題「跂者不立章第二十四」。

二十五章

有物混成，先天地生。寂漠！

嚴可均曰：王弼作「宋寞」，河上、今王弼作「寂兮寥兮」，鍾會作「飂」。

范應元曰：「宋」，古「寂」字。「寞」字，王弼與古本同，河上本作「寥」。

畢沅曰：説文解字無「寥寞」字。「寥」應作「廫」，「寞」應作「募」。陸德明「宋，本亦作寂」，「寂」亦俗字。

謙之案：陸氏音義及焦氏考異引王本作「宋兮寞兮」，與傅、范本同。今本「寞」作「寥」，與景福本同。又碑本無二「兮」字。强本成疏引經文云「寂寥」，知成所見本亦無二「兮」字。

獨立不改，

嚴可均曰：御注、河上「立」下有「而」字。羅振玉曰：御注、景福、英倫三本有「而」字。

謙之案：邢玄、慶陽、樓正、高翿、趙孟頫、傅、范各本亦均有「而」字。

周行不殆，

嚴可均曰：各本「行」下有「而」字。

謙之案：邢玄、顧歡無「而」字。

羅運賢曰：案「殆」、「佁」同聲通用。司馬相如傳「佁儗」，張揖訓爲「不前」，不前，凝止之意也。故「不殆」猶不止，與周行義相成。管子法法篇「旁行而不疑」，俞樾讀「疑」爲「礙」，正與此文同趣。

可以爲天下母。

謙之案：遂州本無「以」字，范本「下」作「地」。范應元曰：「『天地』字，古本如此，一作『天下母』，宜從古本。」

馬叙倫曰：范説是也。上謂「先天地生」，則此自當作「爲天地母」。成疏曰「間化陰陽，安立天地」，則成亦作「天地」。

吾不知其名，字之曰道，吾强爲之名曰□。

謙之案：碑本「吾强爲之名曰」下，有「大」字，漫漶不明，當據他本補之。又此句各本無下「吾」字，疑衍。范本「字」上有「故强」二字，傅「强」作「彊」。范應元曰：「王弼同古本，河上本无『强』字，今從古本。」

劉師培曰：按韓非子解老篇「聖人觀其玄虚，用其周行，强字之曰道」，則「字」上當有「强」字，與下「强爲之名曰大」一律，今本脱。

易順鼎曰：按周易集解卷十七引干寶曰：「老子曰：『吾不知其名，强字之曰道。』」「字」上有「强」字，與牟子引同。

蔣錫昌曰：范謂「王弼同古本」，則范見王本「字」上有「强」字。莊子則陽郭注「而强字之曰道」，是郭本亦有「强」字。以理而推，大既强名，則道亦强字，「字」上有「强」字者是也。

□□逝，逝曰遠，遠曰返。

謙之案：碑本「逝」字上有「大曰」二字，缺泐不明，當據他本補之。

嚴可均曰：「遠曰返」，河上、王弼作「反」。吴雲曰：傅本、易州本「反」並作「返」。

謙之案：磻溪、樓正、顧歡、趙孟頫亦作「返」，同此石。返者，夫物云云，各歸其根也。蓋形容道體，大不足以盡之，故名之曰「逝」。廣雅釋詁：「逝，行也。」論語「逝者如斯夫」，皇疏：「往去之辭也。」逝又不足以盡之，故又名曰「遠」。説文：「遠，遼也。」爾雅釋詁：「遠，遐也。」國語

注：「謂非耳目所及也。」然有往必有反，故又曰「返」也。返，説文：「還也。」廣雅釋詁二：「返，歸也。」返則周流不息矣。

道大，天大，地大，王大。

嚴可均曰：「道大」，各本「道」上有「故」字。「王大」，各本「王」下有「亦」字。

謙之案：傅本無「故」字，遂州本無「亦」字，館本無「故」字「亦」字。又傅、范本「王」作「人」。范應元曰：「『人』字，傅奕同古本，河上公本作『王』。觀河上公之意，以爲王者人中之尊，固有尊君之義，然按後文『人法地』，則古本文義相貫。況人爲萬物之最靈，與天地並立而爲三才，身任斯道，則人實亦大矣。

陳柱曰：説文大部「大」下云：「天大，地大，人亦大焉，象人形。」是許君所見作「人亦大」也。段玉裁注云：「老子『道大，天大，地大，人亦大』。……『人法地，地法天，天法道』。」則段氏本疑亦作「人亦大」也。不然，應申言今本作「王亦大」矣。今據正。人爲萬物之靈，爲天演中最進化之物，故曰「人亦大」。

域中有四大，而王處一。

嚴可均曰：「而王處一」，河上、王弼作「而王居其一焉」。

謙之案：范本「王」作「人」。傅本作「而王處其一尊」，「尊」字殆「焉」字形似而誤。廣弘明集法琳對傅奕廢佛僧事，引下句作「而道居其一」。又「處」字，館本、傅本均作「處」，范本作「居」，作「處」是也。蔣錫昌曰：「按王注『處人主之大也』，是王本『居』作『處』。淮南道應訓引亦作『處』。」

謙之案：「人法地」，傅本「人」字未改，寇才質本作「王法地」，「王」字乃尊君者妄改經文，其説由來已久。但顧本成疏「人，王也」，説雖迂曲，尚可證老子本作「人」，不作「王」也。

人法地，地法天，天法道，道法自然。

【音韻】此章江氏韻讀：成、生韻（耕部），改、殆、母、道韻（之、幽通韻，改音己，道叶徒以反）。大、逝韻（祭部，大，徒列反，逝，時列反）。遠、反韻（元部）。姚文田、鄧廷楨均未及「道」字。謙之案：改、殆、母，之部，道，幽部，此之、幽通韻。奚侗：改、殆、母爲韻，逝、遠、反爲韻，云：「逝讀若鮮。如詩桑柔『逝不以濯』，墨子尚賢引作『鮮不以濯』，詩新臺以『鮮』韻『泚』、『瀰』，谷風以『蒐』『萎』韻『怨』，皆其例也。」陳柱：五「大」字韻，焉、天、然韻。高本漢：大、逝、遠、返又自叶韻。又天、然爲韻。謙之案：遠、反爲韻。論語中子罕逸詩，楚辭中離騷、國殤、哀郢，皆有旁證。又「强名之曰大」之「大」字，與下五「大」字隔句遥韻。陳第曰：「改」音己，説文已聲。老子「獨立而不改，周行而不殆」；莊子引古詩「美成在久，惡成不及改」。

右景龍碑本七十九字，館本章末注字數同，河上八十六字，王本八十五字，傅本八十七字，范本八十八字。河上題「象玄章第二十五」，王本題「二十五章」，范本題「有物混成章第二十五」。又景龍碑誤止下章「静爲躁君」爲一章。

二十六章

重爲輕根，静爲躁君。

謙之案：皇侃論語學而義疏引作「重爲輕根，静爲躁本」，「根」、「本」對文，義亦優。

是以君子終日行，不離輜重，

嚴可均曰：「是以君子」，河上、王弼作「是以聖人」。

謙之案：韓非解老作「君子」，磻溪、樓正、高翿、傅、范、王羲之本並同。高本漢本無「是以君子」四字。「終日行」，遂州本作「行終日」。又御注、景福二本「輜」作「輺」，羅云：「乃輜之别構。」

洪頤煊曰：河上注：「輜，静也。聖人終日行道，不離其静與重也。」頤煊案文選東京賦「終日不離其輜重」，薛綜注：「輜重，車也。」李善注：「張楫曰：『輜重，有衣之車也。』」言聖人終日如處衣車以養静，非謂輜即静也，注義失之。

徐鼒曰：按訓「輜」爲「静」，古無此訓。……據選注如此，較「輜，静也」之訓爲長矣。蓋「輜重」與「榮觀」、「燕處」、「萬乘之主」等語，本是一例。

謙之案：洪、徐之説是也。方日升韻會小補引：「説文『輜，軿車，前衣車，後從車，甾聲』，徐曰：『所謂庫車。』字林：『載衣物車，前後皆蔽。』左傳宣十二年正義引説文云：『輜，一名軿，前後蔽也。』後輿服志注：『軿車有衣蔽無後轅者，謂之輜。』釋名：『輜，屏也。有邸曰輜，無邸曰軿。』又光武紀註：『釋名：「輜，厠也。謂軍糧什物雜厠載之，以其累重，故稱輜重。」』又前韓安國傳『擊輜重』，師古曰：『輜謂衣車，重謂載重物車，故行者之資，總曰輜重。』」（卷二）方氏所考甚明，蓋輜重爲載物之車，前後有蔽，載物有重，故謂輜重。古者吉行乘乘車，師行乘兵軍，皆有輜重車在後。此以喻君子終日行，皆當以重爲本，而不可輕舉妄動也。

雖有榮觀，燕處超然。

嚴可均曰：「燕處」，王弼、傅奕本作「宴處」。

謙之案：今王本作「燕」，御注、景福、館本亦作「燕」，釋文出「宴」字：「於見反，簡文云：『謂静思之所宴居也。』」文選游天台山賦注引同。

如何萬乘之主，以身輕天下？

嚴可均曰：「如何」，各本作「奈何」，「以身」，各本「以」上有「而」字。

焦竑曰：「奈何」，古本作「如之何」。

謙之案：傅、范古本並作「如之何」，「之」字疑衍。「奈何」乃註文，强本成疏「如何奈何也」。可證。

輕則失臣，躁則失君。

嚴可均曰：「輕則失臣」，王弼作「失本」，大典作「失根」。

謙之案：此文當作「輕則失根，躁則失君」，與上首句「重爲輕根，靜爲躁君」相對成文。遂州本、傅、范本「失臣」均作「失本」。畢沅曰：「王弼同河上公作『輕則失臣』。」范應元曰：「『本』字，嚴遵、王弼同古本。河上公作『輕則失臣』，與前文不相貫，宜從古本。」馬敘倫曰：「老子本作『根』，『根』寫脱譌成爲『木』，後人改爲『本』以就義。」又永樂大典王弼本作「輕則失根」，吴澄、焦竑、李贄及釋德清諸本同此。俞樾曰：「當從之。蓋此章首云『重爲輕根，靜爲躁君』，故終之曰『輕則失根，躁則失君』，言不重則無根，不靜則無君也。」至「君」、「臣」對立之文，則爲後之尊君者所妄改，當非老子本文。

【音韻】此章江氏韻讀：根、君韻（文部），行、重韻（陽、東通韻，重叶宅王反）。觀、然韻（元部，觀音涓），主、下韻（侯、魚通韻，主叶音渚）。臣、君韻（冬、真通韻）。

謙之案：高本漢同。行，陽部，重，東部，陽、東通韻。臣，真部，君，文部，文、真通韻。惟「失臣」之「臣」，當從永樂大典本作「根」，以與首句相應，「根」、「君」爲韻。

右景龍碑本四十六字，館本章末注「卅六字」，卅爲丗字之誤。河、王本四十七字，傅、范本四十九字。河上題「重德第二十六」，王本題「二十六章」，范本題「重爲輕根章第二十六」。

二十七章

善行，无轍迹；

羅振玉曰：景福本「行」下有「者」字，「善言」、「善教」、「善閉」、「善結」下並同。廣明本同。

謙之案：室町本亦同。

嚴可均曰：「轍迹」，河上作「徹迹」，王弼作「徹跡」。梁簡文云：「應『車』邊，今作『彳』邊者，古字少也。」

吴雲曰：「轍」，傅本作「徹」。

盧氏抱經釋文考異：説文無「轍」字，莊子、戰國策、史記皆以「軼」爲「轍」。案「軼」借字，實應用「轍」。謙之案：老子書中「徹」、「轍」二字，字義不同。七十九章「無德司徹」，用「徹」字。此章「善行無轍迹」，用「轍」字。夏竦古文四聲韻卷五引古老子，「徹」字作[illegible]，「轍」字作[illegible]，轍爲車迹。彭耜釋文曰：「轍，李直列切。輪輾地爲轍。」

善言，无瘕讁；

嚴可均曰：「瘕讁」，御注、河上作「瑕讁」，王弼「瑕謫」。

吴雲曰：「無瑕謫」，今本作「讁」，易州本同，俗字也。

謙之案：釋文出「謫」字，作「謫」亦通。揚雄方言三「謫，怒也」，郭璞注：「相責怒。」又夏竦古文四聲韻卷三「謫」字引古老子作[illegible]，館本、遂州本作「適」。

高亨曰：「瑕讁」，皆玉疵也。管子水地篇：「夫玉，瑕適皆見，精也。」尹注：「瑕適，玉疵也。」荀子宥坐篇：「瑕適並見，情也。」義同。吕氏春秋舉難篇：「寸之玉，必有瓋瑕。」「適」、「讁」古通用，「璫」則後起專字也。無瑕讁，猶言無疵病耳。

善計，不用籌策；

嚴可均曰：「善計」，王弼作「善數」。「籌策」，御注作「籌算」。

范應元曰：數，上聲。王弼、嚴遵同古本，河上公作「計」。

羅振玉曰：河上、景龍、御注、英倫、廣明、景福諸本均作「計」。「籌策」，御注、英倫二本「策」作「筭」。

謙之案：御覽六百五十九引亦作「筭」，館本作「笇」。論語八佾集解：「多笇飲少笇，釋文：『笇，籌也。』」朱駿聲曰：「筭長六寸，計歷數者，从竹从弄，會意，言常弄乃不誤也。字亦作笇。」

善閉，无關鍵不可開；

嚴可均曰：「不可開」，各本「不」上有「而」字，下句亦然。

孫鑛曰：「鍵」，今本作「楗」。紀昀曰：案「楗」原本作「鍵」。

謙之案：「關鍵」連文，傅本作「鍵」。淮南説山訓引「善閉者不用關楗」，道應訓引亦作「鍵」。

范應元曰：楗，拒門木也，或從金傍，非也。横曰關，豎曰楗。傅奕云：「古字作⿵門建。」

謙之案：作「⿵門建」是也。「關」，説文：「以木横持門户也，从門，𢇇聲。」淮南子覽冥篇「城郭不關」，爲「關」字本義。此引申爲閉門横木。「⿵門建」乃老子書中用楚方言，假借爲「楗」。方言五：「户鑰，自關而東，陳、楚之間謂之鍵，字亦作⿵門建。」今案「⿵門建」爲古字。夏竦古文四聲韻卷三出

「闔」字，引古老子作「閟」。

善結，无繩約不可解。

謙之案：「繩約」爲連文。説文「繩，索也。」「約，纏束也。」莊子駢拇篇：「待繩約膠漆而固者，是侵其德也。」「約」字亦是索，繩約猶今言繩索。左傳哀十一年公孫揮曰「人尋約，吳髮短」，杜注：「約，繩也。」儀禮既夕記「約綏約轡」，鄭注：「約，繩也。」舊註謂約爲約束之約，當非老子古義。

是以聖人常善救人，而无棄人；常善救物，而无棄物。是謂襲明。

嚴可均曰：「而无棄人」，各本「而」作「故」，下句亦然。

孫鑛古今本考正曰：「常善救人」四句，一本無。「故」，一作「而」。

晁説之曰：「常善救人，故無棄人；常善救物，故無棄物」，獨得諸河上公，而古本無有也，賴傅奕辨之爾。

東條一堂曰：按傅奕曰「是以」至「棄物」二十字，獨得諸河上本，而古本無有，晁説之跋舉此説以駁王氏。予始以爲信，然後檢淮南子道應訓引老子曰：「人無棄人，物無棄物，是謂襲明。」以此觀之，傅奕古本亦不足爲正。

善人，不善人之師；不善人，善人之資。

嚴可均曰：「善人」，御注、大典作「故善人」，河上作「故善人者」。「不善人」，河上「善人」下有

「者」字。蔣錫昌曰：淮南道應訓引下句作「不善人，善人之資也」，是淮南所見本無二「者」字，有二「也」字。王注：「故不善人，善人之所取也。」似王本與淮南同。

不貴其師，不愛其資，

謙之案：日本天明本群書治要作「貴其師」，眉註：「舊無『貴其師』三字，補之。」此無「不」字，是所見舊本作「貴其師，不貴其資」，於義爲長。此言「不善人，善人之資」，與上文「常善救人，故無棄人」之旨相合。河上公「不貴其師」注「獨無輔也」，「不愛其資」注「無所使也」。獨無輔而無所使，似經文亦以作「貴其師，不愛其資」，於義爲長。

雖知大迷，此謂要妙。

嚴可均曰：「雖知」，河上、王弼作「雖智」。「此謂」，各本作「是謂」。

謙之案：敦煌本、傅本與此石同。又「要妙」即幼妙，亦即幽妙。漢書元帝紀「窮極幼眇」，師古曰：「『幼眇』讀曰『要妙』。」

劉台拱曰：案幼，幽也；眇，微也。古字「幼」、「窈」通。爾雅「冥，幼也」，本或作「窈」。孫炎注云：「深闇之窈也。」（漢學拾遺，見劉端臨遺書卷七）知「要妙」即幽妙。淮南本經：「以窮要妙之望。」楚辭遠遊「神要眇以淫放」，集註：「要妙，深遠貌。」是也。

【音韻】此章江氏韻讀：迹、謫、策、解韻（支部，謫音滴，策，初益反，解音擊）。師、資、師、資、迷韻（脂部）。奚侗：迹、謫、策、開、解韻，師、資、師、資、迷韻。陳柱：迹、讁、策韻，開、解韻，人、人，物、物韻，師、資、師、資、迷、妙韻。高本漢：迹、讁、策，開、解，分爲二韻，與陳同。鄧廷楨：讁、策、解韻，「迹」字不韻。

朱駿聲曰：「策」字，老子巧用叶迹、讁、策、解。

江有誥曰：「解」，胡買、佳買、古買三切。按古有入聲，當與麥部並收。老子巧運篇「善鍵無繩約而不可解」，與迹、策叶（唐韻四聲正十二蟹）。

鄧廷楨曰：解隸蟹部，爲支、佳部之上聲，讁、策，則支、佳部之入聲。詩殷武：「勿予禍適，稼穡匪解。」適、解爲韻，是其證也。至此章首句「迹」字，段氏音韻表亦隸此部，似亦當以爲韻，然「迹」从亦聲，「亦」字古音在魚、虞部，不當隸此。段氏所以入此部者，以「迹」字籀文從朿作「速」，朿聲古音在此部，故云爾也。但説文既明云「从辵，亦聲」，則爲魚、虞部之字無可議者，今以小篆从亦之字，而用籀文从朿之聲，終覺未安，故余於「迹」字不敢以爲韻，而存其説於此以質疑。然細繹之，首句實當有韻。蓋古本从朿作「速」，而傳寫者易以小篆，遂並其韻而失之，不知柱下史在周時固止識古籀也。案史記太史公自序：「桀、紂失其道而湯、武作，周失其道而春秋作，秦失其道而陳涉發迹。」以「迹」與「作」韻，則爲魚、虞部之字明矣。意者籀文从朿作「速」，故轉入平聲之支部，篆文从亦作「迹」，轉入平聲之魚部，其卽籀篆升降之不同歟？晉梅陶怨詩行以「迹」與壑、客、魄爲韻，蓋漢以後無以「迹」入支韻者矣。

右景龍碑八十九字，敦煌本無全章，字數不明。河上、王本九十一字，傅本九十七字，范本無「而不可開」、「而不可解」八字，共八十七字。河上題「巧運第二十七」，王本題「二十七章」，范本題「善行章第二十七」。

二十八章

知其雄，守其雌，爲天下蹊。

嚴可均曰：「爲天下蹊」，各本作「谿」。釋文：「谿，或作溪。」

羅振玉曰：景福本亦作「溪」，景龍本作「蹊」，敦煌本作「奚」，下並同。

謙之案：作「奚」是也。莊子天下篇、淮南道應訓引作「谿」，此或後人以老子誤字改之。「谿」，玉篇：「詰難切，與溪同。」説文：「谿，山瀆無所通者，从谷，奚聲。」此雖可説爲表卑下之德，但與下文「爲天下谷」義重。若作「蹊」，則更無義。案敦煌丁本作「奚」，「奚」乃古奴僕之稱。周禮天官序官「奚三百人」，注：「古者從坐男女没入縣官爲奴，其少才知以爲奚。」「爲天下奚」，猶今言公僕，與知雄守雌之旨正合。

爲天下蹊，常德不離，復歸於嬰兒。

羅振玉曰：「爲天下蹊」，敦煌本無此句。

謙之案：遂州本亦不重此句，下倣此。

知其白，守其黑，爲天下式。常得不忒，復歸於无極。

魏稼孫曰：「爲天下式」、「谿」、「谷」二句重，此句不重，蓋脱。御注三句皆重。

孫鑛古今本考正曰：「爲天下式」等重句，一本無。

嚴可均曰：「常得不忒」，各本作「常德」。

謙之案：「忒」，敦煌本作「貸」。按「貸」叚借爲「忒」。禮記月令「毋有差貸」，卽毋有差忒也。章炳麟新方言曰：「月令注：『不貸，不得過差也。貸本作忒。』今人謂過曰忒，如過長曰忒長，過短曰忒短，亦通言泰，一音之轉。」

知其榮，守其辱，爲天下谷。爲天下谷，常得乃足，復歸於朴。

嚴可均曰：「常得乃足」，各本作「常德」。「於朴」，御注作「撲」，王弼作「樸」，下句亦然。

羅振玉曰：景龍、景福二本作「朴」，下同。

易順鼎曰：按此章有後人竄入之語，非盡老子原文。莊子天下篇引老聃曰：「知其雄，守其雌，爲天下谿。知其白，守其辱，爲天下谷。」此老子原文也。蓋本以「雌」對「雄」，以「辱」對「白」。辱有黑義，儀禮注：「以白造緇曰辱。」此古義之可證者。後人不知「辱」與「白」對，以爲必「黑」始可對「白」，必「榮」始可對「辱」，如是，加「守其黑」一句於「知其白」之下，加「知其榮」一句於「守其辱」之上；又加「爲天下式，爲天下式，常德不忒，復歸於無極」四句，以叶「黑」韻，而竄改之迹顯然矣。以「辱」對「白」，此自周至漢古義，而彼竟不知，其顯然者，一也。「爲天下谿」，「爲天下谷」，「谿」、「谷」同意，皆水所歸，「爲天下式」，則與「谿」、「谷」不倫，湊合成韻，其顯然者，二也。王弼已爲「式」字等句作注，則竄改卽在魏、晉之初，幸賴莊子所引，可以考見原文，亟當訂正，以存真面。

朴散爲器，聖人用爲官長。

嚴可均曰：「朴散」，各本「散」下有「則」字。「用爲官長」，各本「用」下有「之則」字。

謙之案：「朴」，本或作「璞」。玉篇引老子曰：「璞散則爲器。」文選演連珠注引尸子曰：「鄭人謂玉未理者爲璞。」

是以大制无割。

嚴可均曰：各本作「故大制不割」。

羅振玉曰：敦煌本「制」作「剬」。「無」，今王本作「不」，與御注、景福二本同。釋文出「無割」二字，知王本作「無」，今據改。景龍本、敦煌本均作「是以大制无割」。

謙之案：作「无割」是也。傅、范本「不」亦作「無」。范應元曰：「嚴遵、王弼同古本，河上與世本作『不割』。」易順鼎曰：「『不割』當作『無割』。王注云：『以天下之心爲心，故無割也。』足證王本作『無』。道應訓正作『大制無割』。此作『不』者，後人因下篇有『方而不割』之語，改之。」

【音韻】此章江氏韻讀：雌、谿、谿、離、兒韻（歌、支通韻，離叶音黎）。黑、式、式、忒、極韻（之部，黑，呼力反，忒，他力反）。辱、谷、谷、足、樸韻（侯部）。謙之案：雌、谿、兒，支部，離，歌部，歌、支通韻，說詳第十章。高本漢：白、黑、式、式、忒、極韻，器、割韻。武内義雄：白、黑、式、式、極韻。案白古音博，一説「白」字非韻。高氏以雌、谿、離、兒爲韻，而不以雄爲韻，然此兩節文意語法皆平行，不應「白」字獨韻。

右景龍碑本不分章，八十字，敦煌本七十六字，河上本、范本八十六字，王本八十二字，傅本八十五字。河上題「反朴第三十一」，王本題「二十八章」，范本題「知其雄章第二十八」。

二十九章

將欲取天下而爲之，吾見其不得已。

謙之案：傅、范本、王羲之本、趙孟頫本「爲之」下有「者」字。又道藏宋張太守彙刻四家注在「爲之」句下，王注有「爲造爲也」四字，他王本脱去此句。

天下神器，不可爲。爲者敗之，執者失之。

嚴可均曰：「神器」，大典「器」下有「也」字。「不可爲」，各本「爲」下有「也」字。

謙之案：遂州、景福、敦煌三本均無「也」字。又「天」字上，傅、范本有「夫」字，河上公、王弼無。

范應元曰：「『夫』字，阮籍同古本。」

易順鼎曰：按「不可爲也」下，當有「不可執也」一句，請舉三證以明之。文選干令升晉紀總論引文子稱老子曰：「天下，大器也，不可執也，不可爲也。爲者敗之，執者失之。」其證一。王注云：「故可因而不可爲也，可通而不可執也。」王注有，則本文可知。其證二。下篇六十四章云：「爲者敗之，執者失之。是以聖人無爲故無敗，無執故無失。」「無爲」卽「不可爲」，「無執」卽「不可執」。彼文有，則此文亦有。其證三。蓋有「執者失之」一句，必先有「不可執也」一句明矣。

馬叙倫曰：彭耜引黄茂材曰：「天下神器，不可爲也，不可執也，至於人身，獨非神器乎？」是黄見本有此一句。

謙之案：「爲者敗之」二句，又見第六十四章。鶡冠子備知篇曰：「故爲者敗之，治者亂之。」當亦本此。

夫物或行或隨，或嘘或吹，

嚴可均曰：「夫物」，各本作「故物」。

謙之案：遂州本、敦煌本同此石。又「或嘘」，河上、御注作「或呴」，王弼作「或歔」，景福本作「或煦」，敦煌二本同此石。案敦、景、遂各本作「或嘘」是也。「嘘」與「吹」互訓。嘘，吹也，从口，虚聲；吹，嘘也，从口从欠。一切經音義卷八十引説文「嘘」作「吹嘘也」。卷五十四先引顧野王云「口出氣曰嘘」，次引説文「亦出氣也」。但「吹」與「嘘」出氣相同，而緩急有别。易順鼎曰：「按『歔』本字當作『嘘』，下文『或强或羸』，『强』與『羸』反，則『嘘』亦與『吹』反。玉篇口部，嘘、吹二字相通，卽本老子。又引聲類云：『出氣急曰吹，緩曰嘘。』此吹、嘘之别，卽老子古義也。玉篇又有『呴』字，引老子曰『或呴或吹』，與河上本同，蓋漢以後俗字。」又「嘘」字，傅、范本作「噤」。

范應元曰：「『噤』，嚴遵同古本，注引楚辭曰：『噤閉而不言。』」謙之案：說文：「噤，口閉也。」楚辭云：「閉口爲噤。」義與「吹」相反。夏竦古文四聲韻引道德經「吹」字作[illegible]，「吹」、「噤」對立，其說亦通。

或强或羸，或接或隳。

嚴可均曰：「或羸」，各本作「或羸」。「或接」，御注、河上「接」作「載」，王弼、梁簡文作「挫」。

羅振玉曰：「或强」，敦煌本作「彊」。「或挫」，河上、御注、景福三本作「載」，景龍、敦煌二本作「接」。

范應元曰：「或彊或剉，或培或墮」，嚴遵、王弼、傅奕、阮籍同古本。畢沅曰：「墮」，俗作「隳」，非。

俞樾曰：按「挫」，河上本作「載」，注「載，安也」，「隳，危也」，是「載」與「隳」相對爲文，與上文「或强或羸」一律。而王弼本乃作「挫」，則與「隳」不分二義矣。疑「挫」乃「在」字之誤。「在」，篆文作扗，故誤爲挫也。「或在或隳」，卽「或載或隳」，載從𢦏聲，在從才聲，而或亦從𢦏聲，州輔碑「我貴不濡」是也。其聲既同，故得通用矣。

武内義雄曰：賈大隱述義云：「王本或作接，或作隳。」（瀧川本欄外所引）據此則王本作「接」，而不作「挫」。景龍碑亦作「接」。雖然，「挫」、「接」不通。據范應元集解則王本作「培」，或作「墮」。按王本作「培」，由「培」字訛爲「接」，又訛而爲「挫」。「培」卽莊子逍遥遊篇「培風」之

「培」同義，卽乘之意，正與「隳」字相對。河上本作「載」字，亦乘之意，是河上本從義訓而改字者也。

于省吾曰：按「接」應讀爲「捷」。「接」、「捷」乃雙聲疊韻字。禮記内則「接以大牢」，注：「接讀爲捷。」公羊僖三十二年「鄭伯接卒」，左傳、穀梁作「捷」。左莊十二年「宋萬弒其君捷」，公羊作「接」。荀子大略「先事慮事謂之接」，注：「接讀爲捷。」莊子人間世「王公必將乘人而鬬其捷」，釋文：「捷作接。」爾雅釋詁：「捷，勝也。」說文：「敗城𨸏曰隓，墮篆文。」是墮有敗義，捷勝與墮敗，義正相對也。

謙之案：碑本「隳」乃「隳」之別構。又俞說謂「載」、「隳」相對，武内說謂「培」、「隳」相對，于說謂「捷」、「墮」相對，三說各有所明，誼皆可通，以于說爲勝。

是以聖人去甚，去奢，去泰。

謙之案：韓非子外儲說左下引作「故君子去泰，去甚」。「甚」字，河上注謂「貪淫聲色」，是也。說文：「甚，尤安樂也，从甘从匹。匹，耦也。」朱駿聲曰：「按甘者飲食，匹者男女，人之大欲存焉，故訓安樂之尤。」

【音韻】此章江氏韻讀：隨、吹、羸、墮韻（歌部，吹音磋，羸音羅，墮，平聲）。奚侗：「羸」，從范本作「剉」，隨、吹、剉、墮爲韻。

鄧廷楨曰：隨、吹、羸、隓爲韻，古音皆歌部字也。「隨」，古音素何切，論語八士之名，「隨」與

「騧」爲韻。「吹」，古音曲阿切，詩籜兮「風其吹女」，與「和」爲韻。「羸」，古音讀若贏、羸。「隓」，今今文尚書皋陶謩與「脞」、「惰」爲韻。

右景龍碑本不分章，五十七字，敦煌本同，河上、王本五十八字，傅、范本六十字。河上本題「無爲第二十九」，王本題「二十九章」，范本題「將欲章第二十九」。

三十章

以道作人主者，不以兵强天下，

嚴可均曰：「以道作」，各本作「以道佐」。

羅振玉曰：景福本無「者」字，「强」下有「於」字。敦煌本「强」作「彊」，下亦有「於」字。

馬叙倫曰：論弼注曰：「尚不可以兵强於天下。」則王本亦有「於」字。東條一堂曰：按臣軌守道篇引「强」字下有「於」字，與王注合。

俞樾曰：按唐景龍碑作「以道作人主者」，乃古本也。河上公注曰：「謂人主能以道自輔佐也。」則河上公亦是「作」字。若曰「以道佐人主」，則是人臣以道輔佐其主，何言人主以道自輔佐乎？因「作」、「佐」二字相似，又涉注文「輔佐」字而誤耳。王弼所據本已爲「佐」字，故注曰：「以道佐人主，尚不可以兵强於天下，況人主躬於道者乎？」後人以王本改河上本，而河上注義晦矣。

蔣錫昌曰：景龍碑作「以道作人主者」，他人從未言及，疑俞氏所見之本乃偶然之筆誤，未可據以爲證也。

謙之案：蔣説誤也。諭原拓本及績語堂碑録所載碑文，與嚴可均校語，又古本道德經校刊拓本，均作「以道作人主者」，石刻尚在，俞氏之説萬無可疑。昔羅振玉作道德經考異云：「讀鐵橋漫稿中，有答徐星伯先生書，言『作老子唐本考異，據易州本、傅奕本、明皇注本與釋文互校』，知鐵橋先生曾依據唐刻別爲考異，然求之三十年不可得。」今蔣氏云云，殆亦未見嚴可均書與景龍碑刻而致疑者，此亦可見考證工夫之難。

其事好還：

魏稼孫曰：御注脱「好還」二字，嚴失校。

謙之案：「還」，釋文「音旋」。范應元云：「還，句緣切；經史『旋』、『還』通。」案「其事好還」，謂兵凶戰危，反自爲禍也。

師之所處，荆棘生。

嚴可均曰：各本「生」下有「焉」字，此句下各本有「大軍之後，必有凶年」八字，蓋注語羼入正文，此本無。王氏引邢州本亦無。

羅振玉曰：景龍、敦煌二本均無以上九字。

勞健曰：「大軍之後，必有凶年」，景龍、敦煌與道藏龍興碑本無此二句，他本皆有之。漢書嚴助傳淮南王安上書云：「臣聞軍旅之後，必有凶年。」又云：「此老子所謂『師之所處，荆棘生之』者也。」按其詞意，「軍旅」、「凶年」當别屬古語，非同出老子。又王弼注止云「賊害人民，殘荒田畝，故曰荆棘生焉」，亦似本無其語，或古義疏常引之，適與「還」字、「焉」字偶合諧韻，遂並衍入經文也。今據景龍諸本，别以爲存疑。

謙之案：漢書嚴助傳引老子「焉」作「之」，師古曰：「老子道經之言也。」蓋指「師之所處」二句，勞説是也。又「大軍之後，必有凶年」，廣明本「凶」作「荒」，御注本作「凶」。釋文出「凶年」，曰：「天應惡氣，災害五穀，盡傷人也。」附校於此。

故善者果而已，不以取强。

嚴可均曰：「故善者果而已」，河上、王弼無「故」字，大典亦無「故」字，「而已」下有「矣」字。今王弼「者」作「有」。「不以取强」，各本「不」下有「敢」字。

羅振玉曰：景龍、御注、敦煌、景福諸本均作「故善者果而已」，廣明本作「善者果而已矣」。「不敢以取强」，景龍本、敦煌本均無「敢」字。「强」，敦煌本作「彊」，景福本句末有「焉」字。

俞樾曰：按「敢」字衍文。河上注曰：「不以果敢取强大之名也。」注中「不以」二字，卽本經文。其「果敢」字乃釋上文「果」字之義，非此文又有「果」字也。今作「不敢以取强」，卽涉河上注而衍。王注曰：「不以兵力取强於天下也。」亦「不以」二字連文，可證經文「敢」字之衍。唐景龍碑正作「不以取强」，當據以訂正。

果而勿驕，果而勿矜，果而勿伐，

嚴可均曰：御注「驕」作「憍」。各本「果而勿驕」句在「果而勿伐」下。

謙之案：遂州、敦煌、景福三本「果而勿驕」亦在「果而勿矜」之前。又「驕」，范本、樓正本亦作「憍」。

楊樹達曰：「憍」字从心，乃「驕傲」之「驕」本字，但説文未收耳。「驕」則「憍」之假字。

果而不得以，是果而勿强。

嚴可均曰：「果而不得以是」，各本「以」作「已」，無「是」。

魏稼孫曰：按御注「已」下有「是」字，與碑同。

俞樾曰：按傅奕本作「是果而勿强」，當從之。上文云「善者果而已，不以取强」，又云「果而勿矜，果而勿伐，果而勿驕，果而不得已」，皆言其果，不言其强。故總之曰「是果而勿强」，正與上文「果而已，不以取强」相應。讀者誤謂此句與「果而勿矜」諸句一律，遂妄删「是」字耳。唐景龍碑亦有「是」字，當據增。

謙之案：廣雅釋詁一：「果，信也。」論語：「行必果。」繆協曰：「成也。」淮南道應訓「令不果往」，注：「誠也。」老子：「善有果而已。」蓋以誠信爲果之第一義，謂唯誠信可以得人，不必用兵也。舊解以「敢」字釋「果」，不知老子以「不敢」爲教，「勇於敢則殺，勇於不敢則活」，「敢」非老子古義，在此且爲衍文。果而勿驕，勿矜，勿伐，皆言誠信之功效如此。老子書中最重「信」字，四十九章：「信者，吾信之；不信者，吾亦信之，德信。」十七章、二十三章：「信不足，有不信。」果卽信也。信不足而至於用兵，是「果而不得已」，然亦以告成事而已。王弼注：「果猶濟也。」此爲果之第二義。左傳宣十二年，楚莊王曰：「其爲先君宮，告成事而已，武非吾功也。」此卽「果而勿强」也。用兵而寓於不得已，是視勝猶不勝，不以兵强天下者也。蔣錫昌誤解老子，謂「果在能殺敵人」，是殺人犯，非老子也。

物壯則老，謂之非道，非道早已。

嚴可均曰：御注、河上、王弼作「是謂不道，不道早已」；傅奕、王氏引邢州本皆作「非道」。

魏稼孫曰：御注「牡」作「壯」，與德經一句同。德經句，碑亦作「牡」，此「牡」字誤。嚴失校。

謙之案：此三句亦見五十五章，碑本於此作「非道」，於彼作「不道」。河上本作「不道」，遂州本全句：「物壯則老，謂非道早已。」案「非道」卽「不道」。「已」一作「亡」，顧歡本「不道早亡」，注：「亡，死也。」内經卷一王冰注引亦作「不道早亡」，疑古本作「亡」。又姚鼐曰：「『物壯則老』十二字衍，以在下篇『含德』章『心使氣曰强』下，誦者誤入此『勿强』句下。」

【音韻】此章江氏韻讀：者、下韻（魚部，者音渚），還、焉、年韻（元、真合韻，還音旋，年叶奴連反）。謙之案：還、焉，元部，年，真部，此元、真合韻。奚侗：矜、彊爲韻，云：「例如易林坤之履梁、禁相韻，比之中孚金、鄉相韻。」又老、道、已爲韻，高本漢同。高以主、下、處、後爲韻，還、焉、年爲間韻。謙之案：主、下、處、後皆非韻，高説誤。

右景龍碑本六十七字，敦煌本同，河上、王本七十五字，傅本七十九字，范本七十八字。河上本題「儉武第三十」，王本題「三十章」，范本題「以道佐人主章第三十」。

三十一章

夫佳兵者，不祥之器，

嚴可均曰：河上無「者」字。「不祥之器」，大典無「之器」二字。

謙之案：「佳」字，傅奕本作「美」，室町本作「飾」，史記倉公傳引作「美好者不祥之器」，皆爲望文生義。宋翔鳳曰：「『夫佳兵者不祥之器』，按『佳兵』當是『作兵』。大戴禮用兵篇曰：『用兵者其由不祥乎！』又：『公曰：「蚩尤作兵與？」子曰：「否。蚩尤，庶人之貪者，何器之能作？」』此『作兵』之證。或以『佳』爲『佳』，古字通『惟』。篆文『佳』與『作』相近，與『佳』遠，不當作『佳』。」謙之案：「作兵」義亦不明，作「佳」是也。元大德三年陝西寶鷄縣磻溪宮道德經幢「佳」字正作「佳」，可證(見古本道德經校刊拓本)。又「之器」二字，吴澄本、吴勉學本均無。

王念孫曰：釋文「佳，善也」，河上云：「飾也。」念孫按：「善」、「飾」二訓，皆於義未安。古所謂兵者，皆指五兵而言，故曰：「兵者不祥之器。」若自用兵者言之，則但可謂之不祥，而不可謂之「不祥之器」矣。今按「佳」當作「佳」，字之誤也。「佳」，古「唯」字也(「唯」或作「惟」，又或作「維」)。唯兵爲不祥之器，故有道者不處。上言「夫唯」，下言「故」，文義正相承也。八章曰：

「夫唯不争，故無尤。」十五章云：「夫唯不可識，故强爲之容。」又云：「夫唯不盈，故能蔽不新成。」二十二章云：「夫唯不争，故天下莫能與之争。」皆其證也。古鍾鼎文「唯」字作「隹」，石鼓文亦然。又夏竦古文四聲韻載道德經「唯」字作「[illegible]」。據此，則今本作「唯」者，皆後人所改，此「隹」字若不誤爲「佳」，則後人亦必改爲「唯」矣。

阮元曰：老子「夫佳兵者，不祥之器」，「佳」爲「隹」（同惟）之訛。老子「夫惟」二字相連爲辭者甚多，若以爲「佳」，則當云「不祥之事」，不當云「器」（經傳釋詞序）。

物或惡之，故有道不處。

嚴可均曰：各本「道」下有「者」字，大典「處」下有「也」字。

羅振玉曰：景龍、敦煌二本均無「者」字。

謙之案：陳象古道德真經解無此二句。

君子居則貴左，用兵則貴右。

中井履軒曰：古人皆貴右，故下降曰左遷，殊無貴左之證，至漢猶然。及其後官貴左者，自五胡猾夏始也。胡則貴左，其俗云（老子雕題）。

謙之案：此説非也。左傳桓八年「楚人尚左」，與老子「君子居則貴左」、「吉事尚左」之俗相合。又遂州本作「貴佐」，乃「左」字之誤。又傅、范本「君子」上有「是以」二字，王羲之本、室町本同。

兵者不祥之器，非君子之器，不得已而用之，

王道曰：此章自「兵者不祥之器」以下，似古義疏語，而傳習之久，混入於經者也，詳其文義可見。

紀昀曰：案自「兵者不祥之器」至「言以喪禮處之」，似有注語雜入，但河上公注本及各本俱作經文，今仍之。

劉師培曰：案此節王本無注，而古注及王注恒混入正文，如「不祥之器，非君子之器」，二語必係注文，蓋以「非君子之器」釋上「不祥之器」也。本文當作「兵者不得已而用之」，「兵者」以下九字均係衍文。

馬叙倫曰：紀、劉之説是也。文子上仁篇引曰：「兵者不祥之器，不得已而用之。」釋慧皎高僧傳八義解論曰：「兵者不祥之器，不獲已而用之。」蓋老子本文作：「夫唯兵者，不祥之器，不得已而用之。」「物或」兩句，係二十四章錯簡；「君子」兩句，乃下文而錯在上者；「非君子之器」，正釋「不祥之器」也。

恬惔爲上，

嚴可均曰：御注作「恬淡」，河上作「恬恢」，一作「恬然」，王弼作「恬澹」。

羅振玉曰：「恬」，釋文：「本或作『栝』。」「澹」，今王本作「淡」，與御注本、廣明本同。河上本作「恢」，簡文及景龍、敦煌本均作「惔」。

謙之案：遂州本亦作「惔」，傅本作「憺」。釋文出「澹」，云：「『澹』，本亦作『惔』。」畢沅曰：「說文：『憺，安也，从心，詹聲。』『惔，憂也，从心，炎聲。』詩曰：『憂心如惔。』據之則作『惔』者非。」

故不美，若美之，是樂煞人。

嚴可均曰：「故不美，若美之」，御注、河上、王弼作「勝而不美，而美之者」，大典無「而」字。「是樂煞人」，各本作「殺人」，大典「人」下有「也」字。

羅振玉曰：「勝而不美」，景龍本、敦煌本均作「故不美」。「而美之者」，景龍本作「若美之」，敦煌本作「若美必樂之」。「是樂殺人」，景福本「人」下有「也」字。

謙之案：傅本各句作：「故不美也，若美必樂之，樂之者，是樂殺人也。」范本「若美」下有「之」字，餘同。室町本作：「勝而不美也，而美之者，是樂殺人也。」遂州本同敦本，但「煞」字同傅本作「殺」，敦本作「煞」。案「煞」，此石俗字也。廣韻曰：「『煞』，俗『殺』字。此字見於白虎通。」又河上、王弼作「勝而不美」，有「勝」字義優。李道純曰：「『勝而不美』，或云『故不美也』，非。」又中都四子本「勝而不美」下，無下二句。

夫樂煞者，不可得意於天下。

嚴可均曰：「不可得意於天下」，御注作「得志」，河上、王弼作「則不可以得志於天下矣」，大典無「則」字。

羅振玉曰：王本「夫樂殺人者，則不可以得志於天下矣」，景龍本、敦煌本均無「人」字。與御注三本均無「則」字、「以」字。又與英倫諸本均無「矣」字。「得志」，景龍、敦煌二本「志」均作「意」。

謙之案：遂州本此句作「夫樂之者，不可得意於天下」，傅本作「夫樂人殺人者，不可以得志於天下矣」。范本同傅本，唯無第一「人」字。

故吉事尚左，凶事尚右。是以偏將軍居左，上將軍居右。

嚴可均曰：「故吉事尚左」，各本無「故」字。「居左」，御注、大典作「處左」，下「居右」亦作「處右」。

魏稼孫曰：「是以偏將軍」，御注無「是以」二字。

羅振玉曰：景龍、敦煌二本「吉」字上有「故」字，景福本「尚」作「上」，下同。「凶」，敦煌本作「喪」。「尚右」下，景龍、敦煌二本均有「是以」二字。

謙之案：河上、王弼無「是以」二字，王羲之本、傅、范本有。又傅、范「居」並作「處」。

煞人衆多，以悲哀泣之；

嚴可均曰：河上、王弼作「殺人之衆」。此句上，御注、河上有「言以喪禮處之」六字，蓋注語羼入正文，此與大典皆無。

易順鼎曰：王弼本獨此章無注，晁景迂遂疑王弼此章爲非老子之言。今按此章乃老子精言，與下篇「抗兵相加，哀者勝矣」同意，不解晁氏何以爲此謬論也？惟此章語頗冗複，疑有古注誤入正文，「言以喪禮處之」，觀一「言」字，即似注家之語。

譚獻曰：昔人云：「大兵之後，必有凶年」八字，注文誤入。予以爲「偏將軍居左，上將軍居右，言以喪禮處之」三句亦注文。「言以喪禮處之」句，易州石本及御覽引皆無。

嚴可均曰：「悲哀」，王弼作「哀悲」。

謙之案：道藏王本作「悲哀」，可據訂正。

又「泣」，一説當作「涖」。羅運賢曰：按「泣」當爲「涖」之訛。説文無「涖」字，蓋即「竦」（本書三十二章及周官、左傳、莊子並有「涖」字，説文蓋遺而未收，「涖」「竦」古同。淮南俶真訓注引老子「以道涖天下」，「涖」正作「竦」）。説文：「竦，臨也。」「涖之」與下句「處之」一律。申鑒政體「好惡以章之，喜怒以涖之，哀樂以恤之」，與「以哀悲涖之」，文法正通。

戰勝，以哀禮處之。

嚴可均曰：「哀禮」，各本作「喪禮」。

謙之案：道藏張太守彙刻四家注，此章末引王弼注「疑此非老子之作也」一句，今諸王本皆佚，知弼有所疑，故獨無注。河上本於「兵者不祥之器」至「言以喪禮處之」諸句，均加注釋，所見之本同，而見解不同，不可以此遂謂河上注之後於王注也。此章雖多古注竄入之處，惟其中如「夫佳兵者不祥之器」，「殺人衆多，以悲哀涖之」，「戰勝，以哀禮處之」等語，皆千古精言，非老子不敢道、不能道。今試删其冗複，訂定經文如次：

夫佳兵者，不祥之器，（兵者不祥之器，非君子之器。）物或惡之，故有道者不處。（不得已而用之，恬淡爲上。）君子居則貴左，用兵則貴右。（吉事尚左，凶事尚右，是以偏將軍居左，上將軍居右。）殺人衆多，以悲哀泣之。（勝而不美，若美之，是樂殺人。夫樂殺者，不可得意於天下。）戰勝，以哀禮處之。（言居上世，則以喪禮處之。）

謙之案：王羲之本、傅、范本「言以喪禮處之」，「言」下有「居上勢則」四字。程大昌易老通言引「勢」作「世」，疑爲古注，今據補。

【音韻】此章舊説以文多錯亂，故不言其韻。實則此章以者、器、惡、處爲韻（魚部），右、之、之爲韻（之部）。者，古音渚，右，古音以。知文多相協，只中間所插入註語可删。

右景龍碑本不分章，一百七字，敦煌本一百一十四字，王本一百一十七字，傅本一百三十三字，范本一百三十四字。河上本題「偃武第三十一章」，范本題「夫佳兵章第三十一」。

三十二章

道常无名。朴雖小，天下不敢臣。

嚴可均曰：「朴雖小」，御注作「撲」，王弼作「樸」。「天下不敢臣」，王弼作「天下莫能臣也」。

羅振玉曰：景龍、御注、敦煌、英倫諸本「莫能」作「不敢」，景福本作「莫敢」，又均無「也」字。

謙之案：道藏王本脱「朴雖小」三字。「天下不敢臣」，謂道尊，可名於大也。

王侯若能守，萬物將自賓。

嚴可均曰：「王侯若能守」，御注、河上、王弼作「侯王」，梁武與此同，河上、王弼「守」下有「之」字。

羅振玉曰：梁武、景龍、敦煌三本並作「王侯」。

勞健曰：「王侯若能守」，傅與景龍、敦煌皆如此。范作「王侯若能守之」，諸王本「侯王若能守之」。他本皆無「之」字，「王侯」皆作「侯王」。釋文云：「梁武作『王侯』。」按「侯」、「守」二字，自諧句中韻，與第四十二章「王公以爲稱」，「公」、「稱」字同，當作「王侯」。

謙之案：作「王侯」是也。惟公、稱，侯、守叶韻之説，皆非。

天地相合，以降甘露，人莫之令而自均。

嚴可均曰：「人莫之令」，河上作「民莫」。

羅振玉曰：景龍、御注二本「民」均作「人」。廣明、景福二本「均」下有「焉」字。

謙之案：「人」字，諸王本作「民」，永樂大典作「人」，傅本作「民」，范同此石。室町本「均」下有「焉」字。

易順鼎曰：按唐韓鄂歲華紀麗引作「民莫之合而自均」，「令」疑「合」字之誤。「莫之合」，即聽其自然之意也。言天地相合則甘露自降，若民則莫爲之合，而亦且自均，極言無爲之效耳。謙之案：玉篇：「均，平也，等也。」周禮「均其稍食」，注云：「均，猶調度也。」又字林：「均，田也。」此言「人莫之令而自均」，蓋古原始共産社會之反映，語意與五十一章「夫莫之命而常自然」相同。作「令」、作「合」、作「命」誼均可通，惟此作「令」是故書。

始制有名。名亦既有，天將知止。

嚴可均曰：「天將知止」，御注、王弼作「夫亦將知止」，河上作「夫亦將知之」。

羅振玉曰：景龍「夫」作「天」，無「亦」字。景福本「夫」作「天」，有「亦」字。

謙之案：作「天」乃字誤。宋刊河上本、室町本皆然。白玉蟾曰：「一本作『天亦將知之』，下同。」畢沅曰：「河上公作『天亦將知止』。」知其誤已久。廣明本「夫」字稍缺，吴雲亦誤校爲「天」，云：「『天』，傅本作『夫』，易州本亦作『夫』。」不知「天」乃「夫」字之誤。王弼、傅、范皆作「夫」。范應元曰：「『夫亦將知止』，馬誕、王弼同古本。」當從之。

知止不殆。

嚴可均曰：御注作「知止所以不殆」，河上作「知之所以不殆」，王弼作「知止可以不殆」。

羅振玉曰：御注、景福、英倫三本作「所以」，景龍、敦煌二本均無此二字。

俞樾曰：案唐景龍碑無「可以」二字，是也。王注曰：「知止所以不殆也。」蓋加「所以」二字以足句，而寫者誤入正文，故今河上作「知之所以不殆」。此作「可以」者，又「所以」之誤矣。

謙之案：道藏王本作「所以」。聚珍板殿本作「可以」，「可以」爲「所以」之誤，俞説是也。

嚴可均曰：河上、王弼「道」下有「之」字。「與江海」，御注、河上作「之與江海」，王弼作「之於江海」。

譬道在天下，猶川谷與江海。

羅振玉曰：「之於」，御注、景福、英倫三本作「之與」，景龍、敦煌二本均作「與」。

易順鼎曰：王注云：「猶川谷之與江海也。」是本文「於江海」當作「與江海」。牟子引此云：「譬道於天下，猶川谷與江海。」字正作「與」。

蔣錫昌曰：道藏王弼本「於」作「與」，當據改正。二字古本通用，見經義述聞及經傳釋詞。

【音韻】此章江氏韻讀：名、臣、賓、均、名韻（耕、真通韻），有、止、殆、海韻（之部）。奚侗：臣、賓、均韻，有、止、止、殆、海韻。

謙之案：臣、賓，真部，名，耕部，均真、耕兼收，此爲耕部通真部之證。離騷亦「名」、「均」爲韻，奚侗未及此。武内義雄本「止」作「之」，云：「『无名』、『有名』之兩『名』字韻，其間『朴雖小』以下三十五字，臣、賓韻，之字爲別韻，疑錯簡，參照『名亦既有』以下三句，有、之、殆韻。」武内殆亦未知耕、真通韻也。

王念孫曰：「止」與「有」爲韻，「有」，古讀若以，見詩及楚辭（讀書雜志卷三之四）。

右景龍碑本不分章，六十四字，敦煌本六十五字，河上本七十字，王弼、傅、范本七十一字。

河上題「聖德第三十二」，王本題「三十二章」，范本題「道常无名章第三十二」。

三十三章

知人者智，自知者明。

謙之案：傅、范本首句起，每句末並有「也」字。范應元曰：「古本每句下有『也』字，文意雍容，世本並无『也』字，至『不失其所者久』，若无『也』字，則文意不足，今依古本。」案：范説非也。老子古本有詳略各本不同，此蓋由南北朝以來，河北與江南各地風俗言語之影響不同。顏氏家訓書證篇所云：「也、是、語、已、及助字之辭，文籍備有之矣，河北經傳悉略此字。」「又有俗學聞經傳中時須『也』字，輒以意改之。」今諸本中南本詳而北本略，詳者如傅、范本，如此章每句下有「也」字，略者如景龍、遂州、敦煌諸本，字數與五千言古本相近，而詳者實以意改之，不可不辨。

又案：韓非子喻老篇「自見之謂明」，王先慎曰：「『自見』，老子作『自知』。道經『自知』即承『知人者智也』而言，無作『見』之本。此『見』字即係上兩『見』而誤，非韓非所見本有不同也，當依老子作『知』。」

謙之案：三國志諸葛亮傳裴注，並周易集解「震」下虞翻引此句，均作「自知者明」，作「知」字是。「自見之謂明」，與經文二十四章「自見者不明」，誼相反。

勝人有力，自勝者强。

魏稼孫曰：「勝人有力」，御注「人」下有「者」字。

羅振玉曰：敦煌本「强」作「彊」，下「强行」同。

謙之案：河、王、傅、范本「人」下均有「者」字，周易集解「坤」下虞翻引此句亦有「者」字。又韓非子喻老「自勝者强」作「自勝之謂强」。吕氏春秋先己篇：「故欲勝人者，必先自勝；欲知人者，必先自知。」

又自知篇：「存亡安危，勿求於外，務在自知。……敗莫大於不自知。」蓋皆出於老子而變其文。

知足者富，强行有志。

嚴可均曰：「强行有志」，各本「行」下有「者」字。

羅振玉曰：景龍本、敦煌本均無「者」字。

謙之案：群書治要卷三十四引「行者」下有「則」字，室町本「行」下有「者」字。

不失其所者久，死而不亡者壽。

謙之案：夫物各有所，「飛龍乘雲，騰蛇遊霧，雲罷霧霽，而龍蛇與螾螘同矣」（韓非子難勢引慎子），此言失其所也。不失其所者，如易艮彖云：「艮，止也。時止則止，時行則行，動静不失其時，其道光明。」「艮其止，止其所也。」又墨經説上：「止以久也。」皆此旨。

易順鼎曰：意林「亡」作「妄」。死而不妄，謂得正而斃者也。河上本雖亦作「亡」，而注云：

「目不妄視，耳不妄聽，口不妄言，則無怨惡於天下，故長壽。」是亦讀「亡」爲「妄」矣。

謙之案：室町舊鈔本、中都四子本「亡」均作「妄」。意林卷一、群書治要卷三十引道德經「死而不妄者壽」，並引河上公注，知河上所見古本亦作「妄」。「亡」、「妄」古通用。

【音韻】此章江氏韻讀：明、强韻（陽部），富、志韻（之部），久、壽韻（之、幽通韻，久叶音九）。謙之案：久，之部，壽，幽部，此之、幽通韻。姚文田、奚侗同。鄧廷楨：富、志、久韻。高本漢、陳柱：富、志、久、壽爲一韻。

鄧廷楨曰：「富」、「志」、「久」爲韻。「富」，古音讀若備。説文：「富，備也。」詩凡五見，易凡三見，皆與之、咍部字爲韻。「久」，古音讀若几，詩凡三見，易凡二見，皆與之、咍部爲韻。「久」下文「死而不亡者壽」，「久」字既上與「富」、「志」爲韻，又下就「壽」字爲韻，蓋東周以後音之漸轉有如此者。又曰：「久」字古讀若己。詩旄丘二章與「以」韻，六月卒章與「喜」、「祉」、「友」、「鯉」、「矣」韻，蓼莪三章與「恥」、「恃」韻。从「久」聲之字，則木瓜之「瓊」、「玖」與「李」韻，丘中有麻之「佩」、「玖」與「李」、「子」韻，采薇之「孔」、「疚」與「來」韻，杕杜之「孔」、「玖」與「來」韻，大東之「心疚」與「來」韻，召旻之「維今之疚」與「富」、「時」、「兹」韻，是「久」聲之在之、咍部，鑿然無異。而易韻唯既濟象傳「久」與「僃」、「疑」、「時」、「來」韻，雜卦傳「恒久也」與「節止也」韻。此外則臨象傳與「道」韻，乾象傳與「道」、「咎」、「造」、「首」韻，大過象傳與「醜」、「咎」韻，離象傳與「咎」、「道」韻，皆與今韻同。蓋聲音之道，與時轉移，當孔子贊易時，音已小變，故與詩或同或異。老子「不殆可以長久」，「久」韻「殆」。「有國之母，可以長久」，「久」韻「母」，與詩韻同。「知足者富，强行有志，不失其所者久，死而不亡者壽」，「久」韻「富」、「志」，既與詩同，下文相涉成文，又韻「壽」，乃與易同。是當時自有此音，未可執一説以概之。説文「玖」字下云：「詩曰：『貽我佩玖。』讀若芑。或曰：若人句脊之句。」讀若芑，古音也；讀若句，又一音也。句雖在侯部，而尤、侯音近，或其理與？

右景龍碑本三十八字，敦煌本三十六字，河上、王本三十八字，傅、范本四十六字。河上本題「辯德第三十三」，王本題「三十三章」，范本題「知人者知章第三十三」。

三十四章

大道氾，其可左右。

嚴可均曰：「道氾」，御注作「道汎」，河上作「道氾兮」。

羅振玉曰：釋文：「本又作汎，周、張並同。」景龍、御注、敦煌三本均無「兮」字。

謙之案：「氾」字碑文不明，本作「氾」，或作「氾」。道藏王本作「汎」，注亦作「汎」；道藏張太守彙刻四家注引王注作「汎」。傅本作「汎汎兮」，范本作「氾氾兮」。作「氾」與右、辭、有、主合韻；作「汎」義亦可通。

馬叙倫曰：「氾」、「汎」二字古通假。禮記王制「氾與衆共之」，釋文「氾，本亦作汎」，其例證也。説文：「汜，濫也。」「汎，浮貌。」二義不同，作「汜」是。

萬物恃之以生而不辭，

嚴可均曰：「以生」，河上作「而生」。

羅振玉曰：景龍、御注、敦煌、英倫諸本「而」均作「以」。

謙之案：劉孝標辨命注引亦作「以生」，大典本、傅、范本同。

易順鼎曰：文選辨命注引作「萬物得之以生而不辭」，又引王注云：「萬物皆得道而生。」則今本「恃」乃「得」之誤。

成功不名有。

嚴可均曰：「成功」，各本作「功成」。「不名有」，傅奕、大典作「而不居」。

謙之案：廣明本「成」下有「而」字，景福同。室町本作「功成而不名有」，趙孟頫、王羲之本作「功成不居」。

易順鼎曰：辨命論注引「功成而不有，愛養萬物而不爲主」，按下又連引王注，則所引爲王本無疑矣。今王本「功成不名有」當爲「功成而不有」，「名」字衍。

愛養萬物不爲主，

嚴可均曰：「愛養」，王弼作「衣養」，大典作「衣被」。「不爲主」，各本「不」上有「而」字，下句亦然。

吳雲曰：「愛養」，傅本作「衣被」，王弼作「衣養」，畢云「衣、愛聲近」，是也。

羅振玉曰：河上、景龍、御注、英倫、廣明、景福諸本作「愛養」，敦煌本作「衣被」。又景龍、敦煌、廣明三本均無「而」字。

謙之案：「愛養」，王羲之、范本作「衣被」，遂州本作「依養」，義均可通。朱駿聲曰：「『愛』叚借爲『薆』。說文：『薆，蔽不見也，从竹，愛聲。』楚辭九歌：『余處幽篁兮終不見天。』竹善蔽，故从竹。詩靜女『愛而不見』，以『愛』爲之。詩烝民『愛莫助之』，傳：『隱也。』又『衣』，說文：『所以蔽體者也。』假借爲『愛』。老子：『衣養萬物而不爲主。』」范應元曰：「『衣被』，王弼、馬誕同古本。衣被猶覆蓋也。」案韓康伯易注：「衣被萬物，故顯諸仁。」成玄英老子疏：「衣被萬物，陶鑄生靈。」說文：「衣，依也。」釋名：「人所依以芘寒者也。」衣被，衣養，依養，與愛養同義，而愛養義尤勝。李道純曰：「或以愛養爲衣被者，非。」

俞樾曰：按河上公本作「愛養」，此作「衣養」者，古字通也。蓋「衣」字古音與「隱」同，故白虎通衣裳篇曰：「衣者隱也。」以聲爲例也。而「愛」古音亦與「隱」同，故詩烝民篇毛傳訓「愛」爲「隱」。孝經訓引劉炫曰：「愛者，隱惜而結於內。」不直訓「惜」而必訓「隱惜」者，亦以聲爲訓也。兩字之音本同，故「愛養」可爲「衣養」。傅奕本作「衣被」，則由後人不通古音，不達古義，率臆妄改耳。

可名於大。

魏稼孫曰：「不爲主，可名於大」，御注「主」下「可」上有「常無欲，可名於小，萬物歸之不爲主」十四字。

謙之案：諸河、王本「歸之」作「歸焉而」，共十五字。傅、范本作「故常無欲，可名於小矣（范本『於』作『爲』），萬物歸之而不知主」，共十七字。敦煌本、遂州本、顧歡本無「常無欲」三字，餘各本與河、王本略同。英倫、敦煌二本「焉」作「之」。「而」字，御注本、敦煌本無。此三句嚴可均失校。

又案：此三句必非老子本文。「常無欲，可名於小」，當爲首章「常無，欲觀其妙」之古註。法言孝至篇李軌注曰：「道至微妙，故曰小也。」在此則爲贅語。敦、遂本無「常無欲」三字，亦其證也。「可名於小」一句，與「可名於大」相偶，但審校文義，愛養萬物，可名爲大，爲小義不可通。「萬物歸焉而不爲主」，與上文「愛養萬物不爲主」，實爲重句，可删。以此疑有古注語雜入。證以景龍碑無此三句，其可信，勝他本多矣。

嚴可均曰：河上作「爲大」，大典作「於大矣」，又有「是以聖人能成其大也」。

謙之案：「於」、「爲」古音相近，「於大」即「爲大」也。「大」即二十五章「强爲之名曰大」之「大」。傅本作「可名於大矣」，范本作「可名爲大矣」，義同。

是以聖人終不爲大，故能成其大。

嚴可均曰：「終不爲大」，河上句末有「也」字，王弼作「以其終不爲大」，大典作「以其不自大」。

羅振玉曰：河上、景龍、敦煌、御注、景福、英倫諸本均作「是以聖人終不爲大」。謙之案：王羲之本「大」下「故」上有「也以其不自大」六字，傅本同王弼，范本作「是以聖人以其終不自爲大」，引「嚴遵、王弼同古本」。

【音韻】此章江氏韻讀：右、辭韻（之部，右音異，辭，去聲），居、主韻（侯、魚通韻，居，上聲，主叶音諸）。謙之案：居，魚部，主，侯部，此侯、魚通韻。「居」本作「有」，陳柱：右、辭、有、主韻，大、大、大韻。高本漢、武内義雄：右、辭、有韻。又案「道氾」本又作「汎」，范應元「氾音泛」，非也。氾當音紀，此章氾、右、辭、有、主爲韻，楚辭天問氾、晦、里韻之例。江有誥曰：「辭」，似兹切。按古有去聲，當之、志二部並收。任成篇「萬物恃之而生而不辭」，與右叶（唐韻四聲正）。

右景龍碑本四十四字，敦煌本五十五字，河上本六十二字，王本六十一字，傅本七十三字，范本六十九字。河上本題「任成第三十四」，王本題「三十四章」，范本題「大道氾氾兮章第三十四」。

三十五章

執大象，天下往。

謙之案：傅、范本「象」下有「者」字。御注「象」作「𠒇」。案「象」借爲「像」，易繫辭：「見乃謂之象。」「大象」即大像也。成玄英疏「大象，猶大道之法象」，是也。

往而不害，安平太。

嚴可均曰：「平太」，御注、大典作「平泰」。

謙之案：傅、范本、遂州本、邢玄、慶陽、磻溪、樓正均作「泰」，諸河、王本作「太」，道藏王本作「大」，「泰」、「太」古通。依舊説：安，静也。釋名釋言語：「安，晏也。」晏晏然和樂無動懼也。平者安之至，泰者平之至，「安平太」爲並列語。王引之經傳釋詞持異議，謂：「『安』猶於是也，乃也，則也。老子曰：『往而不害，安平太。』言往而不害，乃得平泰也。」

樂與餌，過客止。道出言，淡无味，

嚴可均曰：「道出言」，御注、河上、王弼作「道之出口」，傅奕作「道之出言」。下「視」、「聽」、「用」三句各本皆有「之」字。「淡无味」，各本「淡」下有「乎其」二字。

羅振玉曰：敦煌本「口」作「言」，「淡」作「惔」，無「乎其」二字。

謙之案：王羲之本、范本亦「口」作「言」。范曰：「『出言』，王弼同古本。」是王本亦作「出言」。

東條一堂曰：「道之出口」，古本、碑本「口」並作「言」。弘按：此注及二十三章注，俱作「出言」。釋文出「尺類反」。合而稽之，王本經文本作「出言」明矣。其作「口」者，蓋缺上畫也。何晏景福殿賦注引亦作「出言」。

陶鴻慶曰：傅奕本「出口」作「出言」。據王注言：「道之出言，淡然無味。」而二十三章「希言自然」，亦云：「下章言道之出言，淡兮其無味也。」似所見本與傅奕同也。豈「言」字闕壞爲「口」歟？

視不足見，聽不足聞，用不可既。

嚴可均曰：「用不可既」，御注、河上作「用之不可既」，王弼作「用之不足既」。

魏稼孫曰：「視之不見」，御注「不」上有「之」字，下句同。「用不可既」，按御注脱「既」字。

羅振玉曰：景龍本、敦煌本均無「之」字。

謙之案：景福、磻溪、樓正、室町與傅、范、趙孟頫、高翿諸本均有「之」字。又永樂大典王本作「用之不足既」，他王本「足」亦作「可」，傅、范、遂州、室町、中都四子亦作「可」，同此石。又案：説文：「既，小食也，从皀，旡聲。」玉篇皀部：「既，居毅切，小食也，又已也。」羅運賢曰：「『用之不足既』，案説文：『既，小食也。』上文謂樂餌可以止過客，而道則異是。樂可聽，餌可視可食，而道則不可視聽食也。故云：『視之不足見，聽之不足聞，用之不足既。』舊注訓『既』爲盡，昧於古訓，故不能豈切也。」（此亦古義之僅存也）楊樹達曰：「樂與餌，謂喜與人飲食。樂音洛，非謂音樂。」

【音韻】此章江氏韻讀：象、往韻（陽部），害、太韻（祭部，害，胡列反，太，他列反），餌、止韻（之部），味、見、既韻（脂、元合韻）。謙之案：味，既，脂部，見，元部，此脂、元合韻。鄧廷楨、奚侗：味、既韻。江有誥曰：「餌」，仍吏切，按古有上聲，當與止部並收。老子仁德篇「樂與餌」，與止叶。

右景龍碑本三十七字，敦煌本同，河上、王本四十三字，傅、范本四十四字。河上本題「仁德第三十五」，王本題「三十五章」，范本題「執大象章第三十五」。

三十六章

將欲翕之，必故張之；

嚴可均曰：「翕之」，河上作「噏之」，王弼作「歙之」，簡文作「歙之」，又作「給」。「必故」，各本作「必固」，下三句皆然。

謙之案：作「翕」是也。傅、范皆作「翕」。范曰：「翕，斂也，合也，聚也。王弼同古本。」是王本亦作「翕」，今本作「歙」。釋文出「將欲歙」，知釋文所見王本作「歙」。敦煌、景福、室町三本作「噏」。

畢沅曰：古無「噏」、「歙」二字。説文解字云：「歙，縮鼻也。」歙有縮義，故與「張」爲對，顧歡因之，亦得閉塞之義矣。「翕」古文字，少通用。

武内義雄曰：按天文鈔河上本及景龍碑作「翕」，范應元所見王弼本亦作「翕」，韓非喻老引亦同。似王、河兩本均作「翕」，後人改王本爲「歙」或「歙」，而改河上本爲「噏」。

將欲弱之，必故强之；將欲廢之，必固興之；將欲奪之，必固與之。是謂微明。

魏稼孫曰：「故張」、「故强」、「固興」、「固與」，上二句作「故」，下二句作「固」。嚴云「『必故』，各本作『必固』，下三句皆然」，誤。

吴雲曰：河上公本「將欲弱之」作「使非弱之」。

謙之案：吴校亦誤，河上本作「將使弱之」。又范本、彭耜本「將欲奪之」作「將欲取之」。

馬叙倫曰：韓非喻老篇引無「廢之」兩句。「奪」，范及韓非喻老篇引並作「取」，説林上篇引周書亦作「取」。各本及後漢書桓譚傳引「將欲奪之」四句，同此。

蔣錫昌曰：史記管晏列傳云：「故曰：知與之爲取，政之寶也。」索隱：「老子曰：『將欲取之，必固與之。』」看史記用「故曰」云云，疑「與之爲取」卽本之老子「將欲取之，必固與之」而來。是史記與索隱並作「取」也。諭義亦以作「取」爲是，當據韓非改正。

勞健曰：「興」當作「舉」，叶下句「必固與之」。「將欲奪之」，范與韓非作「將欲取之」。范注：「取，一作奪，非古也。」按「翕弱」、「張强」、「廢奪」、「舉與」皆兩句相間成韻，當作「奪」無疑。

東條一堂曰：按魏策，任章曰：「周書曰：『將欲敗之，必姑輔之；將欲取之，必姑與之。』」注：王應麟曰：「周書云云者，豈蘇秦所謂周書陰符者歟？老氏之言出于此。」朱子曰：「老子爲柱下史，故見此書。」按韓非子説林所引周書，與國策同。

謙之案：吕氏春秋行論篇曰：「詩曰：『將欲毁之，必重累之；將欲踣之，必高舉之。』」亦與此詞異誼同，疑亦爲老子所出。又案「是謂微明」，高延第曰：「首八句卽禍福盛衰倚伏之幾，天地自然之運，似幽實明。『微明』謂微而顯也。」

柔勝剛，弱勝强。

嚴可均曰：大典與此同。御注、河上、王弼作「柔弱勝剛强」，傅奕作「柔之勝剛，弱之勝强」。

謙之案：王羲之本、彭耜本、范本與傅本同。七十八章碑本作「弱勝强，柔勝剛」，文與此倒置。王本作「弱之勝强，柔之勝剛」，傅本作「柔之勝剛，弱之勝彊」，均分二句。李道純曰：「『柔弱勝剛强』分二句，非。」

魚不可脱於淵，

謙之案：傅、范本「脱」作「侻」。畢沅曰：「河上公、王弼並作『脱』。古無『侻』字，作『脱』者是。莊子、説苑作『脱』。」

蔣錫昌曰：後漢書隗囂公孫述列傳曰：「要之，魚不可脱於淵。」所引同此。惟注云：「老子曰：『魚不可脱於泉。』脱，失也，失泉則涸矣。」又翟酺傳注引「淵」亦作「泉」。是古本「淵」或作「泉」也。

謙之案：作「泉」非也。此章淵、人爲韻，宜作「淵」。「泉」字乃唐人避高祖諱，改「淵」爲「泉」。韓非喻老篇「故曰『魚不可脱於深淵』」，王先慎曰：「深字衍。唐避淵改深，後人回改，兼改深字耳。」今案：唐人避諱，多改「淵」爲「深」，則亦可改「淵」爲「泉」也，唯「淵」字是故書。

國有利器，不可示人。

嚴可均曰：「國有」，各本作「國之」。「可示」，各本作「可以示」。

謙之案：韓非喻老引「邦之利器」，六微篇引「邦」作「國」，「國」字是也。莊子胠篋篇、淮南道應訓、荀子正名篇楊倞注、淮南主術訓高誘注、文選關中詩李善注、後漢書翟酺傳、杜篤傳均引作「國」。又說苑君道篇引作「國之利器，不可以借人」。據此，知宜作「國」，不作「邦」。王先慎、劉師培謂「國」字爲「邦」字諱改，於他章則然，此則不可一概論也。又說苑君道引作「不可以借人」，此與六韜守土篇「無借人利器，借人利器則爲人所害，而不終其世」，均用「借」字。又淮南主術訓「有愚質者，不可與利器」，高誘注引老子曰：「國之利器，不可以假人。」假亦借也，疑老子古本有「借」字者。

【音韻】此章江氏韻讀：明、剛、强韻（陽部），淵、人韻（真部）。「將欲翕之」八句無韻，非也。鄧廷楨、姚文田：張、强韻。奚侗：張、彊、興、與、明韻，剛、彊韻。陳柱：張、强、興、與、明、强韻。高本漢：歙、弱、廢、取、與五字與張、强、興三字相間爲韻。「取」，碑本作「奪」。勞健曰：「按翕弱、張强、廢奪、舉與皆兩句相間成韻，當作奪。」是也。一說歙、弱非韻。案「翕」，釋文：「簡文作歙，河上本作噏，許及反。」

又明、剛、强或明、强爲韻。顧炎武曰：「明，古音謨郎反，今以字母求之，似當作彌郎反。明與强爲韻。旁證：中庸：『果能此道，雖柔必强。』」（唐韻正卷五十二庚）又：「柔，古讀如蠕。說文猱、鍒皆訓耎，魏太武改柔然爲蠕蠕，則柔音如蠕，可知也。」

又淵、人爲韻。諸家並同。江永曰：「淵，一均切。旁證：老子：『魚不可脱於淵，國之利器不可以示人。』本證：詩『其心塞淵』韻身、人，『秉心塞淵』韻零、人、田、千。」鄧廷楨曰：「淵古音真、先同部。易乾九四『或躍在淵』與九五『利見大人』爲韻。詩燕燕『其心塞淵』與『寡人』爲韻，定之方中『秉心塞淵』與兩『人』字爲韻。」

右景龍碑本五十三字，敦煌丁本不全，字數不明。河上、王本五十六字，傅本五十七字，范本五十九字。河上本題「微明第三十六」，王本題「三十六章」，范本題「將欲翕之章第三十六」。

三十七章

道常无爲而无不爲。侯王若能守，萬物將自化。

嚴可均曰：「能守」，王弼「守」下或有「之」字。

謙之案：傅、范本「侯王」作「王侯」，景福本「若」作「而」。「之」字，景龍、御注、英倫、傅奕本均無，范本、室町本有。「无爲而无不爲」，即莊子天下篇所述關尹、老聃之道：「在己無居，形物自著，其動若水，其静若鏡，其應若響。」无爲也，而无不爲也。又阮籍通老論曰：「道者法自然而爲化，侯王能守之，萬物將自化。易謂之太極，春秋謂之元，老子謂之道。」

化而欲作，吾將鎮之以无名之朴。

嚴可均曰：御注、王弼作「之樸」。

謙之案：傅、范本亦作「樸」。畢沅曰：「『樸』本作『朴』，同。」「化而欲作」，「作」與「無」爲對。爾雅釋言：「作，爲也。」又爲「變」。禮記哀公問「作色而對」，注：「變也。」「化而欲作」，卽化而欲變。「朴」，説文：「木素也。」書梓材「既勤樸斵」，馬注：「未成器也。」論衡量知篇曰：「無刀斧之斵者，謂之樸。」

无名之朴，亦將不欲。

嚴可均曰：「亦將不欲」，王弼作「夫亦將無欲」。

羅振玉曰：「無名之樸」，據釋文，王本似無此句。「夫亦將無欲」，釋文：「無，簡文作不。」又景龍、御注、景福、英倫諸本均無「夫」字，「無」亦作「不」。

于省吾曰：按老子「夫」字多爲後人所增。「無」作「不」者是也。河上公本正作「亦將不欲，不欲以静」。今以古書重文之例驗之，「亦將不欲，不欲以静」，本應作「亦將不＝欲＝以静」，是「無」應作「不」之證。

不欲以静，天下將自正。

謙之案：「天下將自正」，各本有「將」字，遂州本無。「正」，諸王本與宋刊河上本作「定」，王羲之本、傅、范本、高翿本及諸石本皆作「正」。「正」、「定」義通，定从正聲，形亦近同。勞健引説文古文「正」作正，夏竦古文韻「定」字引汗簡作正。

【音韻】此章江氏韻讀：爲、爲、化韻（歌部，爲音譌，化音呵），樸、樸、欲韻（侯部），静、正韻（耕部）。奚侗：爲、化韻，作、樸、樸、欲韻，静、定韻，蓋「正」一作「定」也。高本漢同，「正」、「定」二字兼收。鄧廷楨同，惟未及「作」字，云：「正，一本作定，静、定亦韻也。」

謙之案：五十七章「我無爲而民自化」，亦爲、化爲韻。莊子大宗師：「偉哉造化！又將奚以汝爲？」在宥篇：「處無爲而民自化。」天地篇：「無爲而萬物化。」秋水篇：「何爲乎！何不爲乎！夫固將自化。」皆爲、化爲韻。又静、定爲韻，楚辭大招静、定韻，其例證。

顧炎武曰：「樸」，古音普木反。老子：「敦兮其若樸，曠兮其若谷，渾兮其若濁。」「此三者以爲文不足，故令有所屬，見素抱樸，少私寡欲。」「知其榮，守其辱，爲天下谷；爲天下谷，常德乃足，復歸於樸。」「化而欲作，吾將鎮之以無名之樸；無名之樸，亦將不欲。」「我無欲，而民自樸。」（唐韻正三燭）

江有誥曰：「静」，疾郢切。按古惟有平去二聲，至魏、晉始間讀上聲，當與清、勁二部並收。老子爲政篇「不欲以静」與正叶，洪德篇「清静」與正叶，淳風篇「我好静」與正叶，「歸根曰静」與命叶。以上去聲（唐韻四聲正四十静）。

右景龍碑本四十八字，英倫本、河上本同，傅本四十九字，王、范本五十字。河上本題「爲政第三十七」，王本題「三十七章」，范本題「道常無爲章第三十七」。

景龍碑經文下原空六格，接下銜名「前重光觀都監齋兼知威儀事至神龍元年名入龍興觀檢校觀主張脊行」共二十九字。以上經碑正面，共道經卅二行：前廿九行，行七十一字；後三行，行七十字。

老子德經　唐易州龍興觀道德經碑本

陸德明曰：德者得也。道生萬物，有得有獲，故名德經，四十四章。一本四十三章。

嚴可均曰：老子德經，御注、河上作「老子德經卷下」，王弼作「老子德經下篇」。

三十八章

上德不德，是以有德。下德不失德，是以無德。上德無爲而無以爲，下德□□而有以爲。

謙之案：石刻末句「下德□□而有以爲」，□□二字原缺泐，據他本補之，似當作「爲之」二字，實誤。論文義當作「下德無爲而有以爲」，補「無爲」二字。「上德不德，是以有德」，内經太素卷二順養篇楊上善注及周易集解乾九家易引二句並同。史記酷吏傳引首四句同。「上德無爲而無以爲」，文選魏都賦注引作「而無不爲」，與傅、范本同。

范應元曰：「上德無爲」兩句，韓非、王詶、王弼、郭雲、傅奕同古本，河上公作「上德无爲而无以爲，下德爲之而有以爲」。今從古本。

俞樾曰：案……韓非子解老篇作「上德無爲而無不爲也」，蓋古本老子如此，今作「無以爲」

者，涉下「上仁」句而誤耳。傅奕本正作「不」。

謙之案：碑本作「無以爲」，是也。皆川愿老子繹解云：「一作『上德無爲而無不爲，下德爲之而無以爲』，疑從褚本者。」褚本者，晉王右軍書道德經有褚遂良貞觀十五年跋之本，由此知王羲之本與傅本正同。惟「上德無爲而無以爲」，較之「上德無爲而無不爲」，於義爲優。蓋太上下知有之，故不爲而成也，五十七章所云「我無爲而民自化」是也。傅、范本下句「下德爲之而無以爲」，較以然而「無爲而無以爲」與「無爲而有以爲」則區別甚大。「無爲」與「無以爲」似無所區別，碑本「下德無爲而有以爲」，傅、范本「下德」與「上仁」句無別，「下德爲之而無以爲」與「上仁爲之而無以爲」二句全同，於理安乎？畢沅曰：「『無』，河上公、王弼作『有』。案應作『有』，或奕本傳刻誤。」畢説是也。且「上德爲之而無以爲」，范云：「韓非同古本。」今韓非無此句，非韓非無之，經文固無是也。

馬其昶曰：案「無爲」舊作「爲之」，誤同「上義」句，傅本又誤同「上仁」句，注家强爲之説，皆非是，今爲正之。德有上下，其無爲一也。以其不失德，故雖無爲之中，而仍有以爲。

謙之案：馬説是也。六十三章曰：「爲無爲。」無爲而有以爲也。

上仁爲之而無以爲，上義爲之而有以爲。

謙之案：上文以「無爲」爲主，分别「無以爲」與「有以爲」；上德「無以爲」，下德「有以爲」。此文以「爲之」爲主，分别「無以爲」與「有以爲」；上仁「無以爲」，上義「有以爲」。范本同此，傅本

「上義」作「下義」，誤。

上禮爲之而莫之應，則攘臂而仍之。

畢沅曰：「仍」，王弼作「扔」。案説文解字：「仍，因也。」扔亦因也，夏時有扔氏是此字。

謙之案：御注、遂州、邢玄、景福、慶陽、磻溪、樓正諸石本，嚴遵、傅奕、柰卷、室町、顧、彭諸本，皆作「仍」，范本作「扔」，作「扔」是也。廣雅曰：「扔，引也。」廣韻曰：「扔，强牽引也。」「扔」與「仍」音義同，但「扔」字从手，與攘臂之義合。范曰：「揎袖出臂曰攘。『扔』字，王弼與古本同，世本作『仍』，今從古本。」

故失道而後德，失德而後仁，失仁而後義，失義而後禮。

劉師培曰：案韓非解老篇云：「故曰：『失道而後失德，失德而後失仁，失仁而後失義，失義而後失禮。』」據此文觀之，則王本、河上本均脱四「失」字。

馬叙倫曰：後漢書崔駰傳注引無四字，朱穆傳注引有。輔行記一之三引更有「失禮而後智，失智而後信」兩句，然各本及莊子知北游篇引並同此，又諭義亦不當有此兩句及四「失」字。

夫禮者，忠信之薄，而亂之首。

嚴可均曰：「忠信之薄」，御注作「之簿」，下「不處其薄」亦然。

羅振玉曰：「首」下，景福本有「也」字。

謙之案：傅、范本、室町本亦有「也」字。李翹曰：「莊子知北游篇引云『禮者道之華而亂之首也』，誤合下爲一句。」

宋翔鳳曰：老子著書以明黄帝自然之治，即禮運篇所謂「大道之行」，故先道德而後仁義。孔子定六經，明禹、湯、文、武、周公之道，即禮運所謂「大道既隱，天下爲家」，故中明仁義禮知，以救斯世。故黄、老之學與孔子之傳，相爲表裏者也。又曰：「夫禮者忠信之薄而亂之首也」，按此言世風之日漓也，道德仁義遞降，而以禮爲治民。三千三百皆所以約束整齊其民，由忠信之既薄，而禮爲治國之首。亂，治也。老子言禮，故孔子問禮。

謙之案：宋説辨矣，然未明學術源流，以「亂」訓「治」。證之經文六十四章「治之於未亂」，則「治」、「亂」對文，此處不應獨訓「治」。老子蓋知禮而反禮者也，故曰：「處其厚，不處其薄。」

前識者，道之華，而愚之始。

謙之案：韓非解老作「前識者，道之華也，而愚之首也」。「前識」二字，嚴遵本作「前職」，註：「預設然也。」據註知「職」爲誤字。「愚之始」，傅本「始」作「首」，王弼注「道之華而愚之首」，是王本當亦作「首」。范、柰卷作「始」。又禮記曲禮正義引云：「禮者忠信之薄，道德之華，争愚之始。」

易順鼎曰：按所引「道」下有「德」字，「愚」上有「争」字。竊謂「愚」當作「遇」，即書盤庚「暫遇姦宄」之「遇」，又即淮南「偶䁥智故」之「偶」。吕氏春秋勿躬篇「幽詭愚險之言」，王氏經義述聞以爲「愚」即「遇」。「愚」、「遇」古字通用，知此書亦然矣。愚之始，即邪僞之始也。

是以大丈夫處其厚不處其薄，居其實不居其華。故去彼取此。

嚴可均曰：河上作「處其厚不居其薄，處其實不居其華」。王弼亦然。

謙之案：諸河上本有異同。一河上本下兩句並作「居」，室町本、傅、范本四句皆作「處」，孫盛老子疑問反訓引同。范應元曰：「韓非、嚴遵同古本。一本下兩句『處』作『居』。」畢沅曰：「王符潛夫論作『不居其薄』，與王弼本同。朱穆崇厚論引上二句作『處』，下二句作『居』。」又「故去彼取此」，嚴本無「故」字，淮南道應訓引此句同此石。

【音韻】此章江氏韻讀無韻。奚侗：首、始韻，薄、華韻。李賡芸曰：按薄與華韻，首與始韻。古讀華如專。公羊哀四年「蒲社災」，穀梁、左氏皆作「亳社」。禮記郊特牲「薄社北牖」，釋文云：「本又作亳。」是「蒲」即「亳」之證也。鄧廷楨曰：薄、華爲韻。華古音讀若荂，魚、虞部字。薄从溥聲，則魚、虞部之入聲也。

右景龍碑一百二十九字，敦煌本、河、王本同，傅本一百三十一字，范本一百三十三字。河上題「論德第三十八」，王本題「三十八章」，范本題「上德不德章第三十八」。

三十九章

昔之得一者：天得一以清，地得一以寧，

謙之案：「寧」字，績語堂碑録因避清帝諱改爲「甯」，今據原碑文改正，下同。

神得一以靈，谷得一以盈，万物得一以生，

嚴可均曰：「万物」，各本作「萬物」。

羅振玉曰：敦煌戊本無此句。

謙之案：景福本、范本「萬」亦作「万」。又陳碧虚曰：「嚴君平本無『萬物得之以生』，並下文『萬物無以生將恐滅』十四字。」

侯王得一以爲天下正。

嚴可均曰：「天下正」，御注、王弼作「下貞」。

范應元曰：貞，正也。王弼、郭雲同古本。一本「貞」作「正」，亦後人避諱也。河上本作「侯王」。

謙之案：傅、范本、柰卷作「王侯」，群書治要、孫盛老子疑問反訊、晉書裴楷傳、書鈔一四九引並作「貞」，嚴遵、河上、顧歡、景福、樓正、慶陽、磻溪、室町及玉篇「一」字下引均作「正」，遂州本作「政」。中都四子本此句作「以天下爲正」。

王念孫曰：河上本「貞」作「正」，注云：「爲天下平正。」念孫案：爾雅曰：「正，長也。」吕氏春秋君守篇「可以爲天下正」，高注曰：「正，主也。」「爲天下正」，猶洪範言「爲天下主」耳。下文「天無以清」，「地無以寧」，卽承上文「天得一以清，地得一以寧」言之。又云「侯王無以貴高」，「貴高」二字正承「爲天下正」言之，是「正」爲君長之義，非平正之義也。王弼本「正」作「貞」，借字耳。

東條一堂曰：「爲天下貞」，按「貞」一本作「正」，與注乖。下同。貞觀政要刑法第三十一引亦作「正」。彭耜曰：「諸本貞作正，避廟諱。」

易順鼎曰：「貞」或作「正」，古字通用。王氏讀書雜志謂此「貞」爲借字，似未盡然。易「貞勝者也」，韓注引老子曰：「王侯得一以爲天下貞。」王弼周易略例：「制天下之動者，貞夫一者也。」邢璹注引老子亦作「貞」。文選王元長曲水詩序注引亦作「貞」。是「貞」爲本字。

勞健曰：「侯王得一以爲天下貞」，「貞」字景龍、景福作「正」，開元、傅、范與諸王本皆作「貞」。范注：「貞，正也。一本作正，後人避諱也。」按道藏御注、御疏本原作「正」，疏云：「本或作貞字，貞即正也。」開元石刻乃改從「貞」，范云「後人避諱」，非也。又此章凡「侯王」字，傅、范亦作「王侯」，非也。諸唐本、諸王本、河上本皆作「侯王」，與「貞」字自諧句中韻。

謙之案：作「貞」是也。易繫辭曰：「天下之動，貞夫一者也。」又曰：「言致其一也。」老子此章言「侯王得一以爲天下貞」下，傅、范及釋文下有「其致之一也」，與易義均合。又柰卷及大阪圖書館舊鈔本，均作「天下貞」，狩野直喜謂：「河上公本亦有作『貞』者，蓋自宋刻避帝諱改『貞』作『正』。」今證之以景龍碑文，知「貞」、「正」二字古通用，而避諱之説亦非。

其致之天無以清，將恐裂；地無以寧，將恐發；

謙之案：碑文與羅卷此均作「無」，不作「无」，爲變例。武内法京敦乙本作「无」。又莊子至樂篇：「天無爲以之清，地無爲以之寧。」語意本此。

劉師培曰：「發」讀爲「廢」。説文：「廢，屋頓也。」淮南子覽冥訓「四極廢」，高注：「廢，頓也。」左傳定三年「廢於爐炭」，杜注：「廢，墜也。」頓墜之義，與傾圮同。恐發者，猶言將崩圮也，即地傾之義。「發」爲「廢」字之省形。

蔣錫昌曰：劉説是。莊子列禦寇「先生既來，曾不發藥乎」，釋文：「發，司馬本作廢。」列子黄帝篇引作「廢」。又繕性「非藏其智而不發也」，御覽逸民部引作「廢」。左傳哀十一年疏引竹書紀年云：「梁惠王廢逢忌之藪以賜民。」漢書地理志引作「發」。均其證也。「發」、「廢」雙聲，故可通用。此言天無以清將恐裂，地無以寧將恐廢也。

神無以靈，將恐歇；谷無以盈，將恐竭；

畢沅曰：「竭」，河上公、王弼並作「歇」，案應作「竭」。

謙之案：河上公、王弼並作「竭」，上句作「歇」，畢誤校。「歇」，説文：「息也。一曰氣越泄也。」廣雅釋詁二：「歇，泄也。」七發：「精神越泄，百病咸生。」「竭」借爲「渴」，「渴，盡也，从水，曷聲。」爾雅釋詁：「涸，渴也。」經傳多以「竭」爲之，是竭有涸盡之義。周語「伊、洛竭而夏亡」，注：「涸也。」淮南説林：「淵泉不能竭。」本經：「竭澤而漁。」河上注此：「言谷當有盈縮虚實，不可但欲盈滿無已時，將恐枯竭不爲谷。」「竭」與「渴」同義，不必改字。

萬物無以生，將恐滅；

羅振玉曰：敦煌本無此句。

侯王無以貴高，將恐蹷。

武内義雄曰：景、遂、敦三本「侯王」與上文合，下又同。景、遂二本「貴高」，敦本無「高」字，然下文「貴高」並稱，有「高」字是。

羅振玉曰：敦煌本「貞」下有「而」字。

謙之案：此句疑有誤文。諸河、王本、顧歡本、磻溪、景福、樓正、室町、柰卷句同此。范本作「王侯無以爲貞，將恐蹷」，高翿作「侯王无以貞而貴高，將恐蹶」，傅奕作「王侯無以爲貞而貴高，將恐蹷」，彭耜、趙孟頫同傅本，惟「王侯」作「侯王」。嚴遵同彭本，惟「無以爲貞」作「無以爲正」。皆川愿老子繹解又與嚴遵同。

劉師培曰：案上文「天無以清」，「地無以寧」，「神無以靈」，「谷無以盈」，「萬物無以生」，均承上「以清」、「以寧」、「以盈」、「以生」言，惟此句「無以貴高」與上「以爲天下貞」不相應，疑「貴」即「貞」字之訛。「貴」、「貞」形近，後人據此節王注有「清不足貴」諸文，遂改「貞」爲「貴」，又疑「貴高」並文，與下「貴高」二語相應，遂於「貴」下增「高」字，實則「貴」當作「貞」，「高」乃衍文也。

易順鼎曰：當作「侯王無以貞，將恐蹶」，「貞」誤爲「貴」。後人見下文「貴以賤爲本，高以下爲基」二句，以爲承上文而言，妄於「貴」下又加「高」字，遂致踵訛襲謬，而義理不可通矣。

謙之案：「將恐蹷」，諸王本「蹷」作「蹶」。説文：「蹶，僵也，从足，厥聲。一曰跳也，亦讀若檕。」廣韻：「蹶，失脚也，僵也，亦作蹷。」廣雅釋詁三：「蹷，敗也。」呂覽慎行「小人之情，不蹷于山」，注：「蹷，躓，顛頓也。」荀子成相「國乃蹷」，注：「顛覆也。」「侯王無以貞，將恐蹷」，言侯王無以爲貞，將恐顛覆失其位也。治要引作「蹷」，夏竦古文四聲韻卷五引古老子亦作「蹷」（[illegible]）。

故貴以賤爲本，高以下爲基。

嚴可均曰：「高以下爲基」，御注脱「爲」字，河上「高」下有「必」字。

宇惠曰：齊策「貴以」、「高以」上並有「雖」字。

謙之案：景福、室町、柰卷、顧歡諸本及淮南道應訓、群書治要、意林引二「以」上均有「必」字。淮南原道訓：「是故貴者必以賤爲號，而高者必以下爲基。」語亦本此。

是以侯王自謂孤、寡、不轂，

嚴可均曰：「不轂」，王弼作「不穀」。河上云：「不轂，喻不能如車轂爲衆輻所湊。」四十二章「不轂」亦然。

謙之案：「侯王」，傅、范作「王侯」，文選雪賦注引作「王公」。「自謂」，景福本「謂」作「曰」，彭耜、范應元、趙孟頫、室町、柰卷及治要引作「稱」。

易順鼎曰：按「自謂」當作「自稱」。四十二章云：「人之所惡，唯孤、寡、不穀，而王公以爲稱。」則此亦必作「稱」也。淮南高注正作「稱」，文選邱希範與陳伯之書注引此作「王侯自稱孤、寡、不穀」，皆其證。

洪頤煊曰：德經「是以侯王自謂孤、寡、不轂」，案禮記曲禮「於内自稱曰不穀」，鄭注：「穀，善也。」左氏僖四年傳「豈不穀是爲」，杜預注：「孤、寡、不穀，諸侯謙辭。」字皆作「穀」。列子天瑞篇「鷃之爲布轂」，釋文：「轂，本又作穀。」此「轂」爲「穀」之借字，河上注讀爲「車轂」之轂，失之。

徐鼒曰：老子法：本章「是以侯王自謂孤、寡、不轂」，河上章句云：「不轂，喻不能如車轂爲衆輻所湊。」「道化」章「人之所惡，唯孤、寡、不轂，而王公以爲稱」，章句云：「孤、寡、不轂，不祥之名。」鼒謂「不祥」説是，「不能如車轂」之説乃是望文生義，非古訓也。「轂」與「穀」通。詩正月「蔌蔌方有穀」，後漢書蔡邕傳作「速速方轂」。列子天瑞篇「鷃之爲布轂」，釋文云：「本又作穀。」呂覽觀表篇「衛右宰穀臣」，文選劉孝標廣絶交論注作「轂臣」。蓋音近叚借之字也。按「轂」之言善也，鄭注曲禮用之，言己之不善，謙詞也。又「穀」之言禄也，高誘注淮南人間訓用之，猶言不禄也，亦謙詞也。又王弼本亦作「穀」。

謙之案：孤、寡、不穀，謙辭是也。呂覽君守篇「君名孤、寡，而不可障壅」，高注：「孤、寡，人君之謙辭也。」碑本「不穀」作「不轂」，「轂」，此借爲「穀」。後漢書蔡邕傳「速速方轂」，注：「轂，禄也。」按穀亦禄也，知「不轂」即「不穀」。惟穀雖訓禄，而不穀非即不禄義，此爲方言，猶言僕也。章炳麟曰：「自稱曰僕，本是臣僕，亦兼短義。王侯謙以自稱不穀，『不穀』即『僕』之合音。淮南人間訓注：『不穀，不禄也。』此爲望文生訓，古人死言不禄，不應以此自稱。」説詳於新方言。

此其以賤爲本耶非？

嚴可均曰：「非」，各本作「非乎」。謙之案：「此其」，御注、邢玄、慶陽、磻溪、樓正、景福、顧歡、彭耜、高翿、趙孟頫均同此石。傅、范作「是其」，嚴遵作「唯斯」，諸河、王本作「此非」。范應元曰：「王弼同古本，河上公作『此非以賤爲本邪，非乎』，今從古本。」知范所見王本「非」作「其」。又「耶」字，敦煌本、嚴遵本作「與」，顧歡、傅、范作「也」，遂州本同此石。「非」，范作「非歟」，景福作「悲乎」，敦煌本作「非也」。謙之案：作「其」是也。此經文中用楚方言。蔣錫昌曰：「按史記高祖紀『其以沛爲朕湯沐邑』，集解引風俗通：『其者，楚言也。』老子楚人，當用楚言。五十八章『其無正』，猶言『無正也』。七十七章『其不欲見賢』，猶不欲見賢也。『是其以賤爲本也，非歟』，猶言是以賤爲本也非歟也。」

故致數車無車。

嚴可均曰：御注、王弼作「數輿無輿」，蘇靈芝書上「輿」作「與」，誤也。謙之案：兩「車」字，河上、顧歡、景福、室町、柰卷同此石，嚴遵、敦煌本作「輿」。嚴「致數輿」作「造輿於」，敦本句末有「也」字。法京敦乙本上之「車」作「與」，下之「車」作「譽」，與蘇靈芝御注本同。遂州、傅、范上下均作「譽」。范應元曰：「王弼同古本，河上公作『數車無車』。」今案諸王本作「輿」，道藏王本作「譽」，與范説同。又道藏王本與道藏宋張太守彙刻四家注本引王弼注亦作「故致數轝，乃無轝也」。案作「轝」是也。兩「車」或「輿」，皆「轝」之訛，「轝」、「與」古通，「轝」書爲「與」，誤爲「輿」、爲「車」，蘇靈芝書與法京敦乙本皆其證也。「數車無車」，諸説紛紜。李道純曰：「諸家解不通，予謂數車之各件，无一名車者，喻我是一身，无一名我也。成玄英曰：『輿，車也，箱、輻、轂、輞，假合而成，徒有車名，數卽無實。五物四大，爲幻亦然。所以身既浮處，貴將安寄？』」李贄曰：「今夫輪、輻、蓋、軫、衡、軛、轂、轊，合而成車，人但見有此數者，曷嘗有車哉？然而名之曰車，而不曰輪、輻、蓋、軫、衡、軛、轂、轊也。」謙之案：二李皆佛説也，現存巴利文之彌蘭王問經與東晉失譯之那先比丘經，卽爲明證。

「那先問王：『言名車，何所爲車者？軸爲車耶？』王言：『軸不爲車。』那先言：『輞爲車耶？』王言：『輞不爲車。』那先言：『輻爲車耶？』王言：『輻不爲車。』那先言：『轂爲車耶？』王言：『轂不爲車。』那先言：『轅爲車耶？』王言：『轅不爲車。』那先言：『軛爲車耶？』王言：『軛不爲車。』那先言：『輿爲車耶？』王言：『輿不爲車。』那先言：『扛爲車耶？』王言：『扛不爲車。』那先言：『蓋爲車耶？』王言：『蓋不爲車。』那先言：『合聚是諸材木，著一面寧爲車耶？』王言：『合聚是諸材木，著一面不爲車也。』那先言：『假令不合聚是諸材木，寧爲車耶？』王言：『不合聚是諸材木，不爲車。』那先言：『音聲爲車耶？』王言：『音聲不爲車。』那先言：『何所爲車者？』王便默然不語。那先言：『佛説之，如合聚是諸材木，用爲車，因得車。人亦如是。合聚頭、面、耳、鼻、口、頸、項、肩、臂、骨肉、手足、肝、肺、心、脾、腎、腸、胃、顔色、聲響、喘息、苦樂、善惡，合聚名爲人。』王言：『善哉！善哉！』」自佛教流入中國，於是而有「數車無車」之説。作「車」、作「輿」，義雖可通，然非老子之言也甚明。

高延第曰：「至譽無譽」，河上本作「致數車無車」，王弼本、淮南子道應訓作「致數輿無輿」，各爲曲説，與本文誼不相附。陸氏釋文出「譽」字，注：「毁譽也。」是原本作「譽」。由「譽」譌爲「輿」，由「輿」譌爲「車」，後人反謂釋文爲誤，非也。莊子至樂篇「至譽無譽」，下又云「天無爲以之清，地無爲以之寧」云云，正引此章語，尤可證。

羅運賢曰：案「譽」，毁譽也。吴澄本「輿」作「譽」，焦氏考異「輿」古本作「譽」，蓋「譽」字於義始通。疑此文本作「致數與無與」，「與」「譽」古通（射義鄭注「譽或爲與」）。數，計也；數譽無譽，言計譽反無譽也。侯王自謂孤、寡、不穀，此不計譽矣，而譽自歸之，然則計譽無譽甚明。淮南説山訓「求美則不得美，不求美則美矣」，注：「心自求美則不得美名也，而自損則有美名也，故老子曰『致數輿無輿』也。」（文雖作「輿」而以美名爲釋，知其讀爲譽也。）頗識此意。

不欲琭琭如玉，落落如石。

嚴可均曰：「落落」，王弼作「珞珞」。

羅振玉曰：敦煌本作「禄禄」、「落落」。

謙之案：「琭琭」，景福本作「淥淥」，嚴遵、傅奕本作「碌碌」。「落落」，御注、遂州、邢玄、慶陽、磻溪、樓正、室町、柰卷、嚴遵、河上、顧歡、彭、范、趙同此石，景福作「硌硌」。又二「如」字，傅、范並作「若」。

畢沅曰：案古無「琭」、「碌」、「珞」三字，「硌」應作「落」。廣韻以「公等錄錄」爲「娽娽」。説文解字云：「娽，隨從也。」廣韻是應用之歟？

洪頤煊曰：案「琭琭」猶錄錄。廣雅釋訓：「逯逯，衆也。」説文：「娽，隨從也。」並通用字。王本：「貴物以多而見賤。落落，石堅貌。石本賤物，以堅而自貞，是以兩不欲也。」晏子春秋内篇問下：「堅哉石乎！落落，視之則堅，無以爲久，是以速亡也。」即此義。

高延第曰：「琭琭」，史記平原君傳作「錄錄」，後漢馮衍傳作「碌碌」，注：「碌碌爲人所貴，落落爲人所賤。」河上注以「琭琭喻少，落落喻多」，王弼以爲一琭琭珞珞，體盡於形」。王逸九思注：「硌硌，長而多有皃也。」以上諸解，皆與本文義不合。且證以毛遂譏十九人曰：「公等錄錄，因人成事者也。」蕭何世家：「錄錄未有奇節。」（注：「錄錄猶鹿鹿。」）荀悦漢紀王仲翁譏蕭望之曰：「不肎碌碌，反抱關木。」後漢書馬援傳：「今更陸陸，欲往坿之。」則諸解尤不可通。按説文：「娽，隨從也。」（言爲人所役使。）索隱王劭曰：「錄，借字耳。」説文云：『娽娽，隨從之皃。』」廣韻「娽」下引毛遂曰：「公等娽娽，可謂因人成事耳。」史記亦作「錄」。則琭、碌、錄、鹿、陸皆「娽」之假借，以隨從之義釋之，與以上諸人譏刺之語，並可意會。後人徒見下有「玉」、「石」字，遂以从玉从石爲正，各爲異説，不悟其不可通耳。「落」、「珞」、「硌」亦傳寫之異，今從後漢書耿弇傳「落落難合」，注「疏闊皃」，言其乖異，與人不相入，與隨從之義正相反也。

謙之案：「琭琭」，或作「碌碌」，或作「淥淥」，又作「禄禄」，又作「鹿鹿」。「落落」，或作「珞珞」，或作「硌硌」，蓋皆一聲之轉與傳寫之異，古人通用。其義則後漢書馮衍傳注曾言之，謂：「可貴可賤，皆非道真。玉貌珞珞，爲人所貴，石形落落，爲人所賤，賤既失矣，貴亦未得。言當處才不才之間。」此蓋以莊子義釋老。

【音韻】此章江氏韻讀：清、寧、靈、盈、生、貞韻（耕部），裂、發、歇、竭、滅、蹷韻（祭部），邪、乎、車韻（魚部，邪音余），琭、玉韻（侯部），落、石韻（魚部，落，盧入聲，石，蜍入聲）。謙之案：邪、乎同屬魚部，「車」、「輿」皆「譽」之誤，邪、乎、譽爲韻。又發，古音歇，歇，高本漢本一作「泄」，裂、發、泄、竭、滅、蹶爲韻。又「天無以清，將恐裂」下五句，實以清、寧、靈、盈、生、貞與裂、發、歇、竭、滅、蹷爲句中兩韻互協。此外「不穀」之穀，亦與下琭、玉同屬六屋入聲，爲隔句遥韻。姚文田曰：「落落如石」，落、石韻，此與上句皆句中自諧。

右景龍碑不分章，一百三十三字，敦煌本一百三十二字，河上本一百三十五字，王本一百三十四字，傅本一百三十九字，范本一百三十六字。河上本題「法本第三十九」，王本題「三十九章」，范本題「昔之得一章第三十九」。

四十章

反者道之動，弱者道之用。

謙之案：碑本「昔之得一者」止「有生於無」句爲一章。嚴遵本與上章相連，同此石。又宋趙志堅疏義「反」作「返」。又案「反」，復也，此易義也。易復彖曰：「反復其道，七日來復，天行也，復其見天地之心乎！」雜卦傳曰：「復，反也。」乾彖傳曰：「終日乾乾，反復道也。」泰彖曰：「無平不陂，無往不復。」反卽復也。故老子曰：「萬物並作，吾以觀其復。夫物云云，各復歸其根，歸根曰静，静曰復命。」又曰「復歸於嬰兒」，「復歸於無極」，「復歸於樸」，此復之卽返而歸之也。「大曰逝，逝曰遠，遠曰反」，此待其遠而後反也。反自是動，不動則無所謂反，故曰：「反者道之動。」反自是逆，逆而後順，故曰：「玄德深矣遠矣，與物反矣，然後乃至大順。」又「弱者道之用」，蓋得易之坤者也，乾藏於坤，故曰弱。易曰「潛龍勿用」，而老言無用之用，是道之用。

天下万物生於有，有生於無。

嚴可均曰：「天下万物」，河上、王弼作「萬物」，御注作「之物」。

謙之案：廣明、景福、御覽六百十九引並作「万物」，同此石。邢玄、磻溪、樓正、室町、傅、范、高、趙並作「之物」，同御注。敦煌、嚴遵本作「天地之物」。又景福、范本「無」作「无」。馬叙倫曰：「弼注曰：『天下之物，皆有以爲生。』是王亦作『之物』。今作『萬物』者，後人據河上本改也。」謙之案：首章「无名，天地始，有名，萬物母」，以「无名」與「有名」對，「天地」與「萬物」對，「始」與「母」對。此章亦言「有」、「無」，則「天下万物」，當作「天地万物」，於義爲優。

【音韻】此章江氏韻讀、姚文田、奚侗無韻。鄧廷楨、陳柱、高本漢：動、用韻，是也。案孔廣森詩聲類（四）陽聲四東、鍾、江合爲一部，並收「動」、「用」二字，引老子曰：「反者道之動，弱者道之用。」

右景龍碑本二十一字，敦煌本、河、王、傅、范本同。河上題「去用第四十」，王本題「四十章」，范本題「反者道之動章第四十」。

四十一章

上士聞道，勤而行之；

嚴可均曰：「勤而行之」，御注無「之」字，傅奕作「而勤行之」。

謙之案：法京敦乙本作「懃能行」，羅卷同此石，與武内本異。范本作「懃」，注云「古本」。案夏竦古文四聲韻卷一引古老子作「懃」（[illegible]）。

中士聞道，若存若亡；下士聞道，大咲之。

謙之案：「咲」，各本作「笑」，遂州本作「咲」，御注作「唉」。傅、范本作「而大笑之」。

俞樾曰：按王氏念孫讀書雜志曰：「『大笑之』，本作『大而笑之』，猶言迂而笑之也。牟子引老子，正作『大而笑之』。抱朴子微旨篇亦云：『大而笑之，其來久矣。』是牟、葛所見本皆作『大而笑之』。」今按王說是也。「下士聞道，大而笑之」，與上文「上士聞道，勤而行之」，兩句相對。傅奕本作：「上士聞道，而勤行之；下士聞道，而大笑之。」蓋誤移兩「而」字於句首，然下句之有

「而」字，則尚可籍以考見也。「而勤行之」，是「勤而行之」之誤。然則「而大笑之」，是「大而笑之」之誤，可以隅反矣。

高亨曰：「亡」讀爲「忘」，二字古通用。詩假樂「不愆不忘」，説苑建本篇引「忘」作「亡」。荀子勸學篇「怠慢忘身」，大戴禮勸學篇「忘」作「亡」。吕氏春秋權勳篇「是忘荆國之社稷而不恤吾衆也」，韓非子十過篇、淮南子人間篇並「忘」作「亡」。皆其證。詩緑衣「心之憂矣，曷維其亡」，鄭箋「亡之言忘也」，亦其例也。周易略例：「存言者，非得象者也；存象者，非得意者也。忘言者，乃得象者也；忘象者，乃得意者也。」「存」、「忘」對舉，與此文同。

不咲不足以爲道。

羅振玉曰：敦煌本「笑」下有「之」字。

故建言有之：

嚴可均曰：御注無「故」字。

謙之案：邢玄、景福、慶陽、磻溪、樓正、高翿、室町本與御注同。武内敦乙本「建言」下有「是以」二字，顧歡本同。

羅振玉曰：敦煌本作「是以建言有之曰」。

謙之案：傅、范本亦有「曰」字。范應元曰：「王弼、孫登、阮咸同古本，河上公本无『曰』字。」

奚侗曰：「建言」，當是古載籍名。高亨曰：「建言」，殆老子所稱書名也。莊子人間世篇引法言，鶡冠子天權篇引逸言，鬼谷子謀篇引陰言，漢書藝文志有讕言（班自注「不知作者」），可證名書曰言，古人之通例也。

明道若昧，進道若退，夷道若纇，

嚴可均曰：「若纇」，御注、王弼作「若類」。

謙之案：「進道若退」，御注「退」作「𨓍」，傅奕、彭耜、林希逸、趙孟頫此句在「夷道若類」句下。「類」字，釋文、河上、敦煌、景福、柰卷、顧歡並同，傅、范本作「纇」。范曰：「『纇』，古本音耒，絲節也，河上公作『類』。今從古本。」今案：「纇」、「類」古通用。廣雅釋言：「纇，節也。」通俗文：「多節曰纇。」「夷道若纇」，簡文注：「疵也。」淮南氾論「明月之珠，不能無纇」，注：「纇，磐若絲之結纇也。」叚借爲「戾」。左傳昭十六「刑之頗纇」，服注：「不平也。」不平與平對立，故曰「夷道若纇」。夷，平也，「纇」則引申爲不平之義。

上德若谷，大白若辱，

武内義雄曰：敦、遂二本「谷」作「俗」。

羅振玉曰：「大白若辱」，此句敦煌本在「上德若谷」之前。

謙之案：羅卷敦戊本「谷」不作「俗」，與法京敦乙本異。成玄英曰：「『谷』本亦作『俗』字者，言亦能忘德，不異囂俗也。」馬叙倫曰：「各本作『谷』，『俗』之省也。言高上之德，反如流俗，即和光同塵之義。」又「大白」，道藏王本「大」作「太」。

又「辱」字，傅、范本作「黷」。范曰：「『黷』音辱，黑垢也。古本如此，河上本作『辱』。」畢沅曰：「『黷』，河上公、王弼並作『辱』。作『黷』者，所謂『以白造緇』是矣。説文解字無『黷』字。」謙之案：玉篇：「黷，垢黑也。」當爲「辱」之古文。廣雅釋詁三：「辱，污也，又惡也。」儀禮士昏禮「今吾子辱」，注：「以白造緇曰辱。」素問氣交變大論：「黑氣迺辱。」辱有黑義，與白對立，故曰「大白若辱」。易順鼎曰：按「辱」者，儀禮士昏禮注云「以白造緇曰辱」，卽此「辱」字之義。……蓋以白造緇，除去污辱之迹，故曰辱也。此老子本義，幸有詩傳、禮注可以互證。

廣德若不足，

謙之案：莊子寓言篇：「老子曰：『而睢睢盱盱，而誰與居？大白若辱，盛德若不足。』」末二句與此章同。又史記老子本傳老子教孔子語：「良賈深藏若虛，君子盛德，容貌若愚。」疑「廣德」爲「盛德」之訛。馬叙倫謂此文當從莊子，作「盛」是故書，是也。嚴遵本作「盛德」，當從之。又羅卷「若不足」作「若濡」，與諸本異。

建德若偷，

狩野直喜曰：河上公本之與王弼本，經文原不相同，後世輔嗣義行，而河上注漸微，遂據王本妄改經文，以致兩者混而無別，幸有舊鈔足以正刊本之誤。……第四十一「建德若偷，質真若渝」，此本（謙之案：指柰卷）「若偷」作「若揄」。案王弼注：「偷，匹也。建德者因物自然，不立不施，故若偷匹。」河上注：「建設道德之人，若可偷引使空虛也。」「偷引」，此本亦作「揄引」。蓋王弼本作「偷」，其訓爲匹；河上本作「揄」，其訓爲引。説文手部：「揄，引也。」韓非子飾邪篇：「龐援揄兵而南。」漢書禮樂志「神之揄」，顔師古云：「揄，引也。」是其證也。可見兩家經文不同，訓釋亦殊，後人無識，妄改「揄」爲「偷」，以從王本，注亦改爲「偷」，而河上公義更不可問矣。又曰：案唐景龍刻石作「建德若偷」，……則河上公本爲王本所亂，自唐時已然。

謙之案：河上本爲王本所亂，是也。惟此句，敦煌本無，河上公、王弼作「偷」，與此石同。廣明本、傅本作「媮」，高翿本作「輸」，柰卷、室町本作「揄」。范應元曰：「『輸』，傅奕云『古本作輸』，引『廣韻云：「輸，愚也。」河上公作揄，乃草字，變車爲手。』傅奕云：『手字之誤，動經數代，況「辱」字少「黑」字乎？』傅奕當時必有所據。王弼作『偷』，董遇作『摇』，今從古本。」案范説有誤，傅奕此句作「媮」，下句作「輸」，范本作「輸」，乃誤引傅奕。案作「偷」是也。説文：「媮，巧黠也，從女，俞聲。字亦作偷。」朱駿聲曰：「媮假爲愉，漢書食貨志：『民媮甘食好衣。』路温舒傳『媮爲一切』，注：『苟且也。』禮記表記：『安肆曰偷。』左文十七傳『齊君之語偷』，注：『苟且。』又東京賦『勦民以媮樂』，注：『猶僥倖也。』又後漢張衡傳『雖遨遊以媮樂兮』，注：『懷安也。』爾雅釋言：『佻，偷也。』又荀子脩身『偷儒轉脱』，非十二子『偷儒而罔』，注：『當爲輸，苟避於事也。』又爲揄。」由上知「偷」、「媮」、「揄」、「輸」古可通用，「偷」字是故書。

俞樾曰：按河上公注曰：「建設道德之人，若可偷引，使空虚也。」王弼注曰：「偷，匹也。建德者因物自然，不立不施，故若偷匹。」然偷匹之義，於古無徵，義亦難曉。……今按「建」當讀爲

「健」。釋名釋言語曰：「健，建也，能有所建爲也。」是「建」、「健」音同，而義亦得通。「健德者偷」，言剛健之德，反若偷惰也。正與上句「廣德若不足」一律。

質真若渝，

謙之案：傅奕本作「質直若輸」，柰卷「真」亦作「直」。「渝」、「輸」古字通。畢沅曰：「河上公、王弼作『渝』，古字通，如春秋『渝平』爲『輸平』是也。」案「輸」叚爲「愉」，有苟且懷安之意，又爲「渝」。「質真」之「真」，爲「悳」之訛。「質悳若渝」，蓋謂質朴之人，行動遲緩，駑弱有若輸愚者也。

劉師培曰：案上文言「廣德若不足，建德若偷」，此與並文，疑「真」亦作「德」，蓋「德」字正文作「悳」，與「真」相似也。「質德」與「廣德」、「建德」一律，「廣德」爲廣大之德，與「不足」相反；「建德」爲剛健之德，與「偷」相反（用俞説）；「質德」爲質樸之德，與「渝」相反；三德乃並文也。

大方無隅，大器晚成，大音希聲，大象無形。道隱無名。

謙之案：法京敦乙本「無」作「无」，羅卷均作「無」。

易順鼎曰：「大方無隅」，道德指歸論作「大方不矩」。

顧廣圻曰：「大音希聲」，傅本「希」作「稀」，按同字也。

王先慎曰：傅本「音」作「言」，與各本全異。

李翹曰：呂氏春秋樂成篇首曰「大智不形，大器晚成，大音希聲」，不引老子。

夫唯道，善貸且善。

嚴可均曰：「善貸且善」，各本作「且成」。

羅振玉曰：敦煌本「貸」作「始」。

謙之案：論羅卷敦煌乙本「无名」下缺，此云「貸」作「始」，乃據老子義本。傅本、諸王本、室町本作「善貸且成」，范本作「善貸且善成」，云：「嚴遵、王弼同古本，河上公作『善貸且成』，今從古本。」今按怡蘭堂嚴本亦作「善貸且成」，與范所見不同，蓋與王本同脱一「善」字，碑本句末脱一「成」字，宜從范本增入。「成」與成、聲、形、名爲韻。「貸」與莊子應帝王篇述老聃語「化貸萬物而民弗恃」之「貸」意旨相同。「道隱無名」，亦卽莊子「有莫舉名，使物自喜」之意，所謂功成不名，立乎不測，而遊於無有者也。

于省吾曰：景龍本作「夫唯道，善貸且善」，當脱「成」字。敦煌「貸」作「始」，乃聲之轉。周語「純明則終」，注：「終，成也。」又「故高明令終」，注：「終猶成也。」書皋陶謨「簫韶九成」，鄭注：「成猶終也。」是成、終互訓，義同。然則「善始且成」，卽善始且終也。六十四章「愼終如始」，亦「終」「始」對文。

【音韻】此章江氏韻讀：行、亡韻（陽部），笑、道韻（幽、宵通韻，道叶音盜）。昧、退、類韻（脂部，昧音寐，退，吐位反）。谷、辱、足、偷、渝、隅韻（侯部，渝，喻蘆反，隅，俄蘆反）。成、聲、形、名、成韻（耕部）。謙之案：笑，宵部，道，幽部，幽、宵通韻。惟道音盜，似誤。「道」，徒皓切。

古，徒苟切。「道」，首聲，九章與守、咎韻，十四章與有韻，四十七章與牖、少韻，此其例證。又谷、辱、足、偷、渝、隅一韻，姚文田、鄧廷楨分谷、辱、足一韻（六屋入聲），偷、渝、隅一韻（十三侯平聲）。又「建德若偷」之「偷」字，高本漢本一作「媮」，一作「輸」，皆韻。

顧炎武曰：「行」，古音杭，引老子：「上士聞道，勤而行之；中士聞道，若存若亡。」「故弱之勝强，柔之勝剛，天下莫不知，莫能行。」（唐韻正卷五十二庚）又曰：四句二韻，而語助「之」字，一有一無，在他詩亦有可證者。老子曰「上士聞道，勤而行之，中士聞道，若存若亡」，行與亡爲韻。又唐韻正卷十七，十三末：「昧」，今考古書「昧」字，有讀去聲者，有讀入聲者。去聲則莫佩反。老子「明道若昧，夷道若類，進道若退」。又卷六十九侯：「偷」，古音俞。老子「建德若偷，質直若渝，大方無隅」。

鄧廷楨曰：偷、渝、隅爲韻。「渝」，古音讀若羭。詩羔裘「舍命不渝」，與「侯」爲韻。「隅」，古音蓋讀若耦之平聲。詩綢繆「三星在隅」，與「逅」爲韻。偷、渝、隅古音皆侯部字。又曰：俞、禺二字今音與魚、虞同，而古音皆在侯部，其从俞聲、禺聲之字，竝當入侯。……老子：「上德若谷，大白若辱，廣德若不足，建德若偷，質直若渝，大方若隅。」谷、辱、足皆侯部之入聲，偷、渝皆侯部之平聲，而隅與之爲韻，則从禺聲之字皆隅之類，不但如唐韻厚部所收之偶、耦、藕等字矣。

右景龍碑本九十五字，敦煌本、河本、王本同，傅本九十七字，范本九十八字。河上本題「同異第四十一」，王本題「四十一章」，范本題「上士聞道章第四十一」。

四十二章

道生一，一生二，二生三，三生万物。

謙之案：淮南子天文訓：「道曰規，始於一。」王念孫曰：「『曰規』二字與上下文義不相屬，此因上文『故曰規生矩殺』而誤衍也。宋書律書作『道始於一』，無『曰規』二字。」今案王説是也。淮南義本老子此章，故下文曰：「一而不生，故分而爲陰陽，陰陽合和萬物生。故曰一生二，二生三，三生萬物。」又莊子天地篇「泰初有無無，有無名，一之所起，有一而未形」，語本老子一章「無名，天地始」與本章「道生一」之旨。又黄帝内經太素卷十九知鍼石篇楊上善注曰：「從道生一，謂之朴也；一分爲二，謂天地也；從二生三，謂陰陽和氣也；從三以生萬物，分爲九野、四時、日月乃至萬物。」語亦出此。

又案：道生一，一者氣也。莊子知北遊篇曰：「通天下一氣耳，聖人故貴一。」李道純曰：「道生一，虚無生一氣；一生二，一氣判陰陽。」趙志堅曰：「一，元氣，道之始也，古昔天地萬物同得一氣而有生。」大田晴軒曰：「一二三，古今解者紛紜不一。案淮南天文訓：『規生矩殺，衡長權藏，繩居中央，爲四時根。道曰規，始於一，一而不生，故分而爲陰陽，陰陽合和而萬物生。故曰道生一，一生二，二生三，三生萬物。』此以一爲一氣，二爲陰陽，三爲陰陽交通之和也，此説極妥貼。」又曰：「案道，理也；一，一氣也；莊周所謂『一之所起，有一而未形』，是也。二，陰陽也；

三，形氣質之始也。第十四章曰：『此三者不可致詰，故混而爲一。』蓋此三也。意謂道生一氣，一氣分爲陰陽，氣化流行於天地之間，形氣質具，而後萬物生焉，故曰『三生萬物』。」

万物負陰而抱陽，冲氣以爲和。

謙之案：淮南精神訓引「萬物背陰而抱陽，冲氣以爲和」，高誘注：「萬物以背爲陰，以腹爲陽。」又漢書高帝紀注引作「向陰而負陽」。又列子天瑞篇：「冲和氣者爲人。」太素卷十九知鍼石篇楊上善注曰：「萬物負陰抱陽，冲氣以爲和，萬物盡從三氣而生，故人之形不離陰陽也。」語皆本此。「抱」，傅本作「裛」；「冲」，范應元、高翿作「盅」；「氣」，張嗣成作「炁」。

人之所惡，唯孤、寡、不轂，而王公以爲稱。

嚴可均曰：「不轂」，御注、王弼作「不穀」。

魏稼孫曰：「而王公以爲稱」，御注「王公」字倒。

羅振玉曰：敦煌己本「爲稱」作「自名」。

謙之案：傅本作「王侯以自稱也」，范本作「王侯以自謂也」。范曰：「嚴遵同古本，河上公作『而王公以爲稱』，今從古本。」按今怡蘭堂與道藏二嚴本均作「而王公以名稱」，與范所見不同。勞健曰：「『王公以爲稱』，諸唐本河上本皆如此。此作『王公』，乃與『稱』字諧韻，亦如第三十二章『侯』、『守』字，第三十九章『王』『貞』、『王』『稱』字，當從諸唐本。」案從唐本是也，公、稱爲韻非。

故物或損之而益，或益之而損。

嚴可均曰：「或益之而損」，御注無「或」字。

羅振玉曰：御注本、敦煌本無「或」字。

謙之案：磻溪、樓正、顧歡、彭耜、高翿亦無下「或」字，嚴遵本無下「或」字及首二字。

人之所教，我亦教之：

羅振玉曰：御注本、敦煌本均作「亦我義教之」。

謙之案：邢玄、磻溪、樓正、彭耜、趙、高與敦本同。室町本作「人之所教，我亦教人」。孫盛老子疑問反訊引「亦」下有「以」字。傅本「人之所教我，亦我之所教人」，范本「亦」上有「而」字。范云：「王弼、嚴遵同古本，河上公作『人之所教，亦我義教之』。」案嚴本今作「人之所教，亦我教之」，與范所見不同。諸王本、廣明本同此石。

强梁者不得其死，吾將以爲教父。

謙之案：敦煌本「强」作「彊」，「教父」作「學父」，傅、范本同。

范應元曰：音辯云：「古本作『學父』，河上公作『教父』。」按尚書「惟斆學半」，古本並作「學」字，則「學」宜音「斆」，亦教也，義同。父，始也。今並從古本。

馬叙倫曰：范、羅卷及弘明集六釋慧通駁顧道士夷夏論引並作「學父」。成疏曰：「將爲學道之先，父亦本也。」是成亦作「學父」。成疏引顧歡曰：「其斆學之本父也。」則顧本作「斆」，「學」

爲「斅」省。説文曰：「斅，覺悟也。」各本作「教父」。謙之案：「教父」即學父，猶今言師傅。方言六：「凡尊老，南楚謂之父。」「將」字與莊子德充符「丘將以爲師」之「將」義合。

【音韻】此章江氏韻讀無韻。

右景龍碑七十三字，敦煌本、河、王本同，傅本七十九字，范本八十字。河上本題「道化第四十二」，王本題「四十二章」，范本題「道生一章第四十二」。

四十三章

天下之至柔，馳騁天下之至堅。

羅振玉曰：敦煌本無「騁」字。

彭耜曰：葉夢得無「騁」字，達真子「堅」作「剛」。

謙之案：諸河、王本及傅本同此石。范本作「天下之至柔，馳騁於天下之至堅」，並云：「淮南子有『於』字，與古本合。」案淮南子原道、道應二篇今本引此均無「於」字，與范所見不同。又御覽木部一亦引「堅」作「剛」。

無有入於無閒。

嚴可均曰：御注、河上、王弼無「於」字，傅奕、淮南子作「出於無有，入於無間」。

魏稼孫曰：「無有入於無聞」，「聞」疑碑誤。「聞」釋「間」，嚴誤。

焦竑曰：古本淮南子並作「出於無有，入於無間」。

范應元曰：間，隙也。傅奕、嚴遵同古本。案今嚴本作「無有入於無間」。

劉師培曰：案淮南原道訓引作「出於無有，入於無間」，此老子古本也。王本亦有「出於」二字。王弼上文注云：「氣無所不入，水無所不出於經。」注文「無所不出於經」，當作「無所不經」，與上「無所不入」對立。「出於」二字必「無有」上之正文。蓋王本亦作「出於無有，入於無間」，而「出於」二字誤入注文也。傅奕本與淮南同。

劉文典曰：今本老子河上公章句「偏用第四十三」作「天下之至柔，馳騁天下之至堅，無有入無間」，「無有」上敚「出」字，可據淮南子引文增。道應篇引作「出於無有，入於無間」，疑後人改之也。老子注：「無有，謂道也。道無形質，故能出入無間。」是所見本尚未敚「出」字。

王道曰：無間，無隙也。尋丈之水，能浮萬斛之舟；六尺之轡，能馭千里之馬。至柔馳騁至剛者，此類是也。天地之氣，本無形也，而能貫乎金石；日月之光，本無質也，而能透乎蔀屋。無有入於無間者，此類是也。

是以知無爲有益。

嚴可均曰：御注作「是以知無爲之有益益」，河上、王弼有「之」字，不重「益」字。

魏稼孫曰：嚴舉御注「之」字「益」字，失校御注「是」上「吾」字。

羅振玉曰：景龍本、敦煌本均無「吾」字、「之」字。

謙之案：諸河、王本均作「吾是以知無爲之有益」，景福、室町、范本同，「無」作「无」。顧歡作「吾是以知无爲有益」，彭耜作「是以知無爲之有益也」。

不言之教，無爲之益，天下希及之。

謙之案：傅本「希」作「稀」，下有「矣」字。范本、景福本「無」作「无」。此所云卽七十章「吾言甚易知，甚易行；天下莫能知，莫能行」之旨。

【音韻】此章江氏韻讀無韻。高本漢、奚侗：堅、間爲韻。按堅，真部；間，元部，此元、真通韻。薛蕙曰：「堅猶剛强，不曰剛曰强，變文叶韻也。」

右景龍碑三十八字，敦煌本三十七字，河、王本三十九字，傅本四十四字，范本四十二字。河上本題「偏用第四十三」，王本題「四十三章」，范本題「天下之至柔章第四十三」。

四十四章

名與身孰親？身與貨孰多？得與亡孰病？

謙之案：「孰」，各本作「孰」，「孰」、「孰」古通用。「亡」字，李道純、張嗣成作「失」，馬叙倫曰：「後人妄改也，亡與病韻。」「孰多」之「多」訓重。奚侗曰：「說文：『多，重也。』誼爲『重疊』之重，引申可訓爲『輕重』之重。漢書鼆布傳『又多其材』，師古注：『多猶重也。』」

是故甚愛必大費，多藏必厚亡。

嚴可均曰：「是故甚愛」，河上無「是故」。

謙之案：景福、柰卷、室町、顧歡均無，諸王本、敦、遂及韓詩外傳九引有。呂氏春秋侈樂篇高注引老子曰：「多藏厚亾。」碑本「藏」卽「藏」字之别構。

故知足不辱，知止不殆，可以長久。

嚴可均曰：「故知足」，各本無「故」字。

羅振玉曰：此句之首，景龍本、敦煌本皆有「故」字。

謙之案：遂州、嚴本亦有「故」字。又羅卷「辱」作「厚」，誤。

李翹曰：韓詩外傳九引老子自四十四章至四十六章止，中文字稍有不同。「知足不辱」句，淮南道應訓引同。漢書疏廣傳：「受曰：『吾聞知足不辱，知止不殆。功遂、身退，天之道也。』」後漢書張霸傳引一句同。「知足不辱，知止不殆」，韓非子六反篇引二句同，淮南子人間訓引三句同，惟「長」作「脩」，淮南書諱父名也。

【音韻】此章江氏韻讀：身、親韻（真部），貨、多韻（歌部，貨，平聲），亡、病韻（陽部，亡，平聲，病音旁）。愛、費韻（脂部，愛音懿），藏、亡韻（陽部），足、辱韻（侯部），止、殆、久韻（之部）。姚文田分足、辱爲一韻（六屋入聲），止、殆、久爲一韻（四之上聲）。鄧廷楨：「久」字無韻，云：「以上七句，皆本句五字四字中自爲韻，如詩『于嗟乎騶虞』，『日居月諸』之例。」江有誥曰：「貨」，呼卧切。按古有平聲，當與戈部並收。老子立戒篇「身與貨孰多」爲句中韻，「不貴難得之貨」與過爲叶(唐韻四聲正三十九過)。又曰：「病」，皮命切。按有平聲，讀皮羊切，當與陽部並收。老子立戒篇「得與亡孰病」，亡、病爲句中韻(四十三映)。又古韵總論曰：古人有一句一轉韻而韻在句中者，如老子「名與身孰親」七句，「我無爲而民自化」四句。馬叙倫毛詩正韵後序引此章曰：身、親、貨、多、亡、病、愛、費、藏、亡、足、辱、止、殆、久，皆句中韻也。

右景龍碑本四十字，敦煌本同，河上本三十七字，王、傅、范本三十九字。河上本題「立戒第四十四」，王本題「四十四章」，范本題「名與身孰親章第四十四」。

四十五章

大成若䀗，其用不弊。

謙之案：「䀗」，各本作「缺」，意林卷一引經及河上公注均作「鈌」，宋刊河上本作「䀗」。馬叙倫曰：「『鈌』、『䀗』並『缺』之譌，六朝俗書『缶』旁與『垂』旁往往相亂。『缶』寫成『垂』，因復誤爲『金』也。」「弊」字，傅奕、彭、趙及韓詩外傳九均作「敝」。韻會小補曰：「敝，筆別切，老子云云。」是方日昇所見本作「敝」。畢沅曰：「『敝』，河上公、王弼作『獘』。」是畢所見河、王本作「獘」。今諸河、王本皆作「弊」，同此石。

大盈若冲，其用不窮。

謙之案：敦煌、遂州、傅、范本及文選魏都賦注、贈陸機出爲吴王郎中令詩注、一切經音義五一「盈」均作「滿」。傅、范「冲」作「盅」。范應元曰：「『大滿若盅』，郭雲、王弼同古本。」是范所見王本亦作「滿」。案作「盈」是也。「滿」字以避漢惠帝諱而改（蔣錫昌説）。各本作「盈」，「盈」字是故書（馬叙倫説）。「冲」，從傅、范本作「盅」，是也。字亦作「冲」。淮南原道「冲而徐盈」，注：「虚也。」此「大盈若冲」，卽大盈若虚也。

又案「大盈」與上文「大成」相對成文，「成」卽「盛」字。盛與盈皆从皿，爲飲食用古器物。馬叙倫曰：「案『成』爲『盛』省。説文曰：『盛黍稷在器中以祀者也。』引申謂器曰盛，禮喪大記『食粥於盛』是也。此文『盛』、『缺』相對。説文：『缺，器破也。』」謙之案：「盈」亦器也，説文：「盈，滿器也，从皿夃。」引申謂滿貯爲盈。「大盈若冲」，「冲」宜作「盅」，説文皿部：「盅，器虚也，从皿，中聲。老子曰：『道盅而用之。』」器虚對器滿而言，言大盈之器，有如虚中之器，則其用不窮也。

大直若屈，

謙之案：諸河、王本同，傅、范「屈」作「詘」。羅卷「直」作「真」，誤。

范應元曰：詘音屈，枉曲也。太史公司馬談同古本。

馬叙倫曰：各本及淮南道應訓、後漢書荀爽傳注引並作「屈」。説文：「屈，無尾也。」「詘，詰詘也。」「頔，頭頔頔也。」「蚍，蛣蚍也。」是詰詘爲屈曲之義。古書「屈申」字亦多用「詘」。又案此下當有「其用不屈」一句。

孫詒讓曰：案韓詩外傳九引老子「屈」亦作「詘」，與傅本正同，「大巧若拙」句在「大辯若訥」下，下又有「其用不屈」四字。以上文「其用不弊」、「其用不窮」二句例之，則有者是也。韓所據者，猶是先秦、西漢古本，故獨完備。魏、晉以後本皆捝此句矣。

大巧若拙，大辯若訥。

羅振玉曰：「訥」，敦煌本作「呐」。

謙之案：李道純本、樓正本「辯」作「辨」。莊子胠篋引「大巧若拙」句，淮南道應訓引上二句，並與此同。韓詩外傳九引作「大辯若訥，大巧若拙，其用不屈」，牟子理惑論引作「大辯若訥，大巧若拙」，二句倒置。

易順鼎曰：道德指歸論大成若缺篇「大巧若拙」下又云「是以贏而若詘」，疑所據本有「大贏若詘」一句，無「大辯若訥」一句。

躁勝寒，静勝熱，

魏稼孫曰：「躁勝寒」，御注「寒」作「寒」，嚴失校。

謙之案：「寒」，諸本作「寒」，此誤字。「静」，傅本作「靖」，下同。又「躁」字，馬叙倫曰：「『躁』，説文作『趮』，疾也，今通作『躁』。此當作『燥』。」案：馬説是也。釋名：「躁，燥也，物燥乃動而飛揚也。」釋言語：「燥，焦也。」説文：「燥，乾也。」嚴遵道德指歸論大成若缺篇曰：「故陰之至也，地裂而冰凝，清風飈冽，霜雪嚴凝，魚鱉蟄伏，萬物宛拳。當此之時，一處温室，臨爐火，重狐貉，襲毛毹綿，猶不能禦也；及至定神安精，動體勞形，則是理泄汗流，捐衣出室，暖有餘身矣。」此以「動體勞形」釋「躁」字，雖有見地，然欲以此説明「處温室，臨爐火，重狐貉，襲毛毹綿」，不足以勝寒，則與常識所見不同，此蓋誤於以「躁」爲「趮」之説。實則「躁」者燥也，「燥」乃老子書中用楚方言，正指爐火而言。詩汝墳釋文曰：「楚人名火曰燥，齊人曰燬，吴人曰焜。」老子楚人，故用「躁」字。「躁勝寒」與「静勝熱」爲對文。「静」與「瀞」字同，楚辭「收潦而水清」，注作「瀞」。説文：「瀞，从水，静聲。」意謂清水可以勝熱，而爐火可以禦寒也。

清静以爲天下正。

嚴可均曰：「以爲天下正」，各本無「以」字。

謙之案：景福、邢玄、室町、顧歡、傅、范本均有「以」字。范「清」上有「知」字，云：「古本有『知以』二字。」「清静」，嚴本與文選揚雄解嘲注引作「能清能静」。「正」，遂州本作「政」，敦煌本作「正」，不作「政」，武内誤校云：「敦、景、遂三本作『政』。」馬叙倫曰：各本及文選東征賦注引作「清静爲天下正」。諭河上注曰：「能清能静，則爲天下長。」是河上作「能清能静，爲天下正」。成疏曰：「清虚寧静，可以自利利他，以正治邪，故爲天下正。」則成作「清静以爲天下正」。史記老子傳曰：「李耳無爲自化，清静自正。」蓋節文。

【音韻】此章江氏韻讀：缺、敝韻（祭部，敝音鼈），冲、窮韻（中部），屈、拙、訥、熱韻（脂、祭通韻，屈音鈌，拙叶音棁，訥叶奴月反）。静、正韻（耕部）。鄧廷楨：缺、弊韻，云：「『弊』音在祭部，『缺』則祭部之入聲也。」謙之案：姚文田與江同，鄧廷楨、高本漢、奚侗、陳柱均不以「熱」字爲韻。

李道純曰：「弊」叶韻作「鱉」。

顧炎武唐韻正十六屑：「缺」去聲則苦恵反，亦作「鈌」。老子：「大成若鈌，其用不獘。大盈若冲，其用不窮。」

右景龍碑本四十一字，敦煌本、河、王本四十字，傅、范本四十二字。河上本題「洪德第四十五」，王本題「四十五章」，范本題「大成若缺章第四十五」。

四十六章

天下有道，却走馬以糞；天下無道，戎馬生於郊。

羅振玉曰：「糞」，敦煌本作「䩔」，乃「糞」之别構。

謙之案：碑本同。又羅卷「戎」誤作「我」，羅失校。「糞」，傅本作「播」。畢沅曰：「『糞』、『播』古字通用。」玉篇：「播，種也。」疑老子此處或有播種之義。

彭耜曰：「朱文公本『糞』下有『車』字，謂以走馬卻糞車也。頃在江西見有所謂糞車者，方曉此。」吴澄曰：「『糞』下諸家並無『車』字，惟朱子語録所説有之，而人莫知其所本。今按張衡東京賦云『却走馬以糞車』，是用老子全句，則後漢之末，『車』字未闕，魏王弼注去衛未遠，而已闕矣。蓋其初偶脱一字，後人承舛，遂不知補。車、郊叶韻，闕『車』字則無韻。」謙之案：車、郊無韻，説見下。

易順鼎曰：按文子精誠篇云：「惟夜行者能有之，故却走馬以糞，車軌不接於遠方之外。」或以「車」字連上讀，亦可爲吴説作證。然淮南覽冥訓云：「故却走馬以糞，而車軌不接於遠方之外。」「糞」下有「而」字，則「車軌」當連讀矣。高注云：「『却走馬以糞』，老子詞也，止馬不以走，但以糞糞田也。一説：國君無道，戎馬生於郊，無事走馬以糞田也，故兵車之軌不接遠方之外。」淮南有許慎、高誘兩注，此一説疑許注，而與高義同。東京賦薛綜注亦引老子「却走馬以糞」，是漢末傳老子者皆無「車」字，張衡殆誤讀文子與！王弼「以糞田」，正用舊義也。車、郊音亦相遠，吴氏以爲叶韻，尤所未詳。又按文子自然篇云：「足跡不接於諸侯之境，車軌不結於千里之外。」是「車軌」連讀無疑矣。何氏焯讀書記謂文子作「糞車」，李注偶未引及，非也。

謙之案：張景陽七命注引王弼曰：「天下有道，修於田而已，故却走馬以糞田。」又漢書西域傳顔師古注：「老子德經曰：『天下有道，却走馬以爲糞。』」疑「糞」字或上有「爲」字，或下有「田」字，此與「糞車」同爲誤引無疑。韓非解老、喻老引經文，與此石同。

又案：鹽鐵論未通篇曰：「當此之時，卻走馬以糞。其後師旅數發，戎馬不足，牸牝入陣，故駒犢生於戰地也。」此以軍中所用之戎馬不足，牝馬上陣爲言，當爲老子之古義。

罪莫大於可欲，禍莫大於不知足，咎莫大於欲得。

嚴可均曰：「罪莫大於欲得」，王弼無此句。

羅振玉曰：景龍、御注、敦煌、景福四本均有「罪莫大於可欲」句，釋文河上本亦有此句。又「大」字，敦煌本作「甚」。

謙之案：廣明、慶陽、磻溪、樓正、遂州、柰卷、室町、高、顧、彭、傅、范均同此石。惟傅、范本第三句作「咎莫憯於欲得」，遂州、顧歡「大」作「甚」。韓詩外傳九引首句「可欲」作「多欲」，吴澄本第三句在第二句上。又「咎」乃「咎」之别構，與第九章同。

俞樾曰：按河上本此句之上，有「罪莫大於可欲」一句，據韓非子解老篇則此句當有。惟韓子作「禍莫大於可欲」，誤也。其上文曰：「夫上侵弱君，而下傷人民者，大罪也。」則本是「罪」字明矣。

劉師培曰：俞説是。韓非子解老篇「禍」字涉上文「君禍」而訛。又喻老篇亦引此三語，正作「罪莫大於可欲」。且承上文「以名號爲罪，以城與地爲罪」言，則老子本文作「罪」明矣。惟韓非子解老、喻老二篇引「咎莫大於欲得」句，「大」均作「憯」，解老篇「得」又作「利」。又解老篇此語上文云「苦痛雜於腸胃之間則傷人也憯，憯則退而自咎」，即釋此「憯」字之義也。「憯」與「痛」同，猶言「禍莫痛於欲得」也。老子古本亦必作「憯」，傅本猶然。今本作「大」，蓋後人以上語

「大」字律之耳。至於解老篇「得」作「利」，則涉上文「欲利」而譌，顧千里識誤謂仍當作「得」，是也。

謙之案：「大」作「憯」，是也。「憯」與「甚」通。敦、遂本作「甚」，傅、范本作「憯」。范曰：「憯音慘，痛也。」畢沅曰：「河上公、王弼『憯』字亦作『大』，韓非作『咎莫憯於欲利』，李約『憯』作『甚』。說文解字：『憯，痛也。』古音甚，憯同。」

馬叙倫曰：成疏、羅卷作「甚」。成疏曰：「其爲咎責，莫甚於斯。」是成亦作「甚」。「甚」借爲「憯」，聲同侵類。說文「椹」重文作「橬」，是其例證。

故知足之足，常足。

嚴可均曰：「常足」，御注、王弼作「常足矣」。

羅振玉曰：敦煌本無「故」字、「矣」字。

謙之案：嚴遵本亦無「故」字，遂州本無「矣」字，韓詩外傳引有。司馬光本無「之足」二字。韓非喻老引「知足之爲足矣」，文選東京賦注引「知足常足」。案「足」字从止，卽「趾」字，故義爲止。易「鼎折足」，鄭注：「無事曰趾，陳設曰足。」漢書五行志：「足者止也。」二十八章「常德乃足」，河上注：「止也。」劉咸炘曰：「知止卽知反。經屢言知足，卽知止，知止謂保富貴也，相對往來皆不常久，必反乃爲常，乃能久。」常久，實老子之宗旨。

【音韻】此章江氏韻讀無韻。姚文田：欲、足韻（六屋入聲）。鄧廷楨、奚侗同。高本漢、陳柱：欲、足、得、足韻。案吴澄云：「『糞』下有『車』字，車、郊叶韻。」車，魚部，郊，宵部，易順鼎謂車、郊音亦相遠，是也。魏源老子本義曰：「『静勝寒』三句，或謂此當屬下章，蓋正、糞爲韻，而有道却走馬，卽清静治天下之效也。姑存其疑。」案正、糞爲韻，更所未詳。此章以道、郊爲韻。道，幽部，郊，宵部，此幽、宵通韻，與四十章笑、道爲韻同例。

吴棫韻補入聲一屋：「得」，得失。老子：「皋莫大於可欲，禍莫大於欲得。」易林：「入市求鹿，不見頭足；終日至夜，竟無所得。」

右景龍碑本四十四字，敦煌本四十三字，河上本四十四字，王本三十九字，傅、范本四十五字。河上本題「儉欲第四十六」，王本題「四十六章」，范本題「天下有道章第四十六」。

四十七章

不出户，知天下；

羅振玉曰：景福本「户」下及下句「牖」下，均有「以」字。

謙之案：柰卷、室町及淮南道應訓、文子道原篇、治要、意林引與景福本同。又文子精誠篇、下德篇引「户」下有「以」字，淮南主術訓、後漢書張衡傳注、文選思齊賦注、韓詩外傳三引有「而」字。吕氏春秋君守篇引作「不出於户而知天下」，傅、范本作「不出户，可以知天下」，韓非子喻老作「不出於户，可以知天下」。又淮南主術訓：「人主者，以天下之目視，以天下之耳聽，以天下之智慮，以天下之力爭。」蓋即「不出户，知天下」之古義。

不窺牖，見天道。

羅振玉曰：景龍本、御注本「牖」作「牗」，「牗」之别體。

謙之案：羅卷「窺」作「闚」，缺「牖」字，「見天道」作「知天道」。御注、邢玄、慶陽、磻溪、樓正、河上、顧歡、彭耜、傅奕、高翿均作「窺」，同此石。諸王本、室町本作「闚」。又「牖」下，顧歡、室町本有「以」字，陸希聲有「而」字。吕氏春秋君守篇引作「不窺於牖，而知天道」，文子精誠篇作「不窺於牖，以知天道」，傅、范本作「不窺牖，可以知天道」。又尸子處道篇引仲尼曰：「不出於户而知天下，不下其堂而治四方。」鬼谷子本經陰符七篇引：「不出户而知天下，不窺牖而知天道；不見而命，不行而至。」語亦本此。

畢沅曰：案韓非子作「不闚於牖，可以知天道。」説文解字曰：「窺，小視也。」「闚，閃也。」「閃，窺頭門中也。」方言：「凡相竊視，南楚謂之闚。」沅以爲穴中竊視曰窺，門中竊視曰闚，應用「闚」字。老子楚人，用楚語矣。韓非是。

謙之案：畢説是也。玉篇：「闚，相視也，與窺同。」字林：「闚，傾頭門内視也，字亦作闚。」任大椿字林考逸引漢孟郁修堯廟碑云「闚極道之要妙」云云，據此知「闚」、「闚」二字通。又「窺」，説文：「小視也，从穴，規聲。」與「闚」略同。易觀「窺觀利女貞」用「窺」，豐「闚其户」用「闚」，此當用「闚」。敦煌本作「闚」，與韓非喻老篇同，當從之。夏竦古文四聲韻出「闚」字，引厲山木道德經本作纇。

其出弥遠，其知弥近。

嚴可均曰：「彌近」，各本作「彌少」。

謙之案：「彌」，傅本作「镾」，「近」乃「少」字之誤。「少」，傅、范本作「尟」。范曰：「『尟』字，韓非、王弼同古本。」又韓非喻老篇、淮南道應訓、精神訓、吕氏春秋君守篇引「遠」下有「者」字。淮南精神訓「故曰其出彌遠者，其知彌少」，注：「以言夫精神之不可使外溢也。」王念孫云：「此十二字是引老子而釋之，後人誤以爲注文，故改入注耳。」又吕氏春秋先己篇云：「不出於門户，而天下治者，其惟知反於己身者乎？」論人篇云：「太上反諸己，其次求諸人。其索之彌遠者，其推之彌疏；其求之彌彊者，失之彌遠。」蓋皆老子之變文。君守篇云：「故曰不出於户而知天下，不窺於牖而知天道，其出彌遠者，其知彌少。」則雖不引老子，一見而知其是引老子而釋之也。又案傅本作「尟」，説文：「尟，是少也。」朱駿聲曰：「賈侍中説字亦作尠。易繫辭鄭本『故君子之道尟矣』，虞本『尟不及矣』，經傳皆以『鮮』以『罕』爲之。爾雅釋詁：『鮮，罕也。』『鮮，寡也。』鮮、罕皆卽此尟字。」畢沅曰：「『尟』，古『鮮少』字，諸本皆作少。」馬叙倫曰：「案此當作『少』，『尟』爲俗字，少與道爲韻。」

是以聖人不行而知，不見而名，不爲而成。

謙之案：「不見而名」，韓非喻老及張嗣成本、危大有本均引「名」作「明」。武内義雄曰：

「『名』乃『明』字之假借。」蔣錫昌曰：「『名』、『明』古雖通用，然老子作『明』，不作『名』。二十二章『不自見故明』，五十二章『見小曰明』，皆『見』、『明』連言，均其證也。此當據張本改。」今案：釋名釋言語：「名，明也。」「名」與「明」音義通，不必改字。又「不爲」，河上本、趙孟頫本作「無爲」，以上「不行」、「不見」二連語證之，作「不爲」是。

【音韻】此章江氏韻讀：户、下韻（魚部），牖、道韻（幽部）。姚文田、鄧廷楨：增、名、成韻。陳柱：牖、道、少韻，名、成韻。高本漢同。奚侗：遠、尠爲韻，行、明、成爲韻。蓋「少」本作「尠」，「名」本作「明」，「不行而知」句，奚誤改爲「不知而行」也，「行」實際非韻。顧炎武唐韻正卷九三十五馬：「下」古音户，老子：「不出户，知天下。」「修之天下，其德乃普。」「九層之臺，起於累土；千里之行，始於足下。」「是以聖人欲上民必以其言下之，欲先民必以其身後之。」「善爲士者不武，善戰者不怒，善勝敵者不争，善用人者爲之下。」陳第引魏了翁云：「六經凡下皆音户，舍皆音暑。不特六經，古音皆然。」

右景龍碑本不分章，三十六字，敦煌本、河、王本同，傅、范本四十字。河上題「鑒遠第四十七」，王本題「四十七章」，范本題「不出户章第四十七」。

四十八章

爲學日益，爲道日損，

謙之案：傅、范本二「曰」上並有「者」字。范曰：「傅奕、嚴遵與古本有『者』字。」按今怡蘭堂校刊嚴本無。「爲學日益」與二十章「絶學無憂」，皆指學禮而言。莊子知北遊篇：「禮者，道之華而亂之首也，故曰：『爲道者日損。』」又後漢書六十六范升傳，升奏議引：「顔淵曰：『博我以文，約我以禮。』孔子可謂知教，顔可謂善學矣。」下引老子曰：「學道日損。」以「學道」二字連，知有誤文，惟以博文約禮爲「學」，則爲「學」之古義。

損之又損之，以至於無爲。

嚴可均曰：「又損之」，河上、王弼無「之」字。

謙之案：敦煌、御注、景福、慶陽、磻溪、室町、高、顧、傅、范本及莊子知北遊、治要、意林、文選東京賦注引均有「之」字。羅卷無「於」字，脱第一「損」字。嚴本無「以」字。

無爲無不爲。

嚴可均曰：「無不爲」，各本「無」上有「而」字。

羅振玉曰：景龍本、敦煌本均無「而」字。

謙之案：嚴本脱首「無爲」二字，「不」作「以」。遂州本第二「無」下有「所」字，顧本第二「爲」下有「也」字，趙孟頫本有「矣」字。傅、范本「無爲」下有「則」字。范曰：「『則』字，陳韶、王弼同古本。」又淮南道應訓引作「漠然無爲，而無不爲也」，下釋之曰：「所謂無爲者，不先物爲也；所謂無不爲者，因物之所爲。」

取天下常以無事，

謙之案：高翿、趙孟頫、彭耜上有「故」字，范本上有「將」字，嚴遵、傅奕上有「將欲」二字。范本「取」下有「於」字，嚴、傅、彭有「者」字。又文子自然篇「無爲故能取百川，不求故能得，不行故能至，是以取天下而無事」，即釋此章。

俞樾曰：按「常」乃「當」字之誤。河上公注曰：「取，治也。治天下常當以無事。」疑河上原注作「治天下當以無事」，後人因經文譌作「常」，因於注文增入「常」字耳。

及其有事，不足以取天下。

謙之案：傅本「不」上有「又」字。諸王本五十七章注曰：「上章云：『其取天下者常以無事，及其有事，又不足以取天下也。』」道藏宋張太守彙刻四家注無「又」字，校云：「傅奕本第四十一章經文作『又不足以取天下矣』。」

【音韻】此章江氏韻讀無韻，諸家並同。按此章益、爲、爲韻，益、爲皆支部。又損、損，事、事，句各自諧。

右景龍碑本四十字，敦煌本、河、王本同，傅本四十八字，范本四十六字。河上題「忘知第四十八」，王本題「四十八章」，范本題「爲學日益章第四十八」。

四十九章

聖人無心，以百姓心爲心。

謙之案：各本「無」下均有「常」字，敦煌本、顧歡本無。又北堂書鈔七引「姓」下無「心」字，御覽四百一引「姓」下有「之」字。案此言聖人不師心自用，唯以百姓之心爲心而已。

善者吾善之，不善者吾亦善之，得善。信者吾信之，不信者吾亦信之，得信。

嚴可均曰：「得善信者」，各本作「德善」，下句亦然。御注脱「信」字。

羅振玉曰：「德」字，景龍本、敦煌本均作「得」。

謙之案：嚴、傅、遂州本及顧本引節解，强本成疏及榮注引經文，亦均作「得」。嚴、傅本「得善矣」，節解與御覽七六引同。柰卷、室町、顧、范、彭、趙本作「德善矣，德信矣」。治要引無「得善」與「得信」字。李道純曰：「『德善』、『德信』下，或加『矣』字者，非。」

聖人在天下，怵怵；爲天下，渾其心。

嚴可均曰：「怵怵」，御注作「慄慄」，河上作「惔惔」，王弼作「歙歙」。簡文云：「河上作『怵』。」高翿作「喋喋」。

羅振玉曰：案景龍、景福二本作「怵怵」，御注本、敦煌本作「慄慄」。「渾」，敦煌本作「混」。

畢沅曰：河上公作「怵怵」，王弼作「歙歙」，蘇靈芝書明皇注本作「慄慄」。陸德明曰：「一本作『慄慄』，河上本作『淡淡』。簡文云：『河上本作怵怵。』」今案河上公作「怵怵」，與簡文所見之本同。古無「慄」字，作「怵怵」，「歙」、「怵」聲義相近。

謙之案：室町、柰卷、顧歡作「怵怵」，同此石。傅、范本作「歙歙」，同王弼。慶陽、磻溪、樓正、彭、趙作「惵惵」，同御注。河上注：「聖人在天下怵怵，常恐怖富貴，不敢驕奢。」是河上本作「怵怵」，簡文云「河本作怵」，是也。唐本「怵」多作「惵」，蓋本嚴注。嚴君平曰：「惵惵若恢恢，言虛心以包萬方也。」彭耜釋文曰：「歙歙固無義，惵惵亦無理。愚意惵惵當作惵惵，危懼貌。蓋字之訛也。」謙之案：玉篇：「惵，徒頰切，恐懼也。」「怵，恥律切，懼也。」又說文：「怵，恐也。」廣雅釋詁二：「怵，懼也。」釋訓：「怵惕，恐懼也。」禮記祭統：「心怵而奉之以禮。」孟子：「皆有怵惕惻隱之心。」是「惵惵」與「怵怵」均爲恐懼之貌，義通。又案「渾其心」，遂州、景福、御注、慶陽、磻溪、樓正、柰卷、室町、河上、顧、高、趙並同此石。嚴遵、彭耜無「其」字，傅本作「渾渾焉」，范本作「渾心焉」。范云：「嚴遵，王弼同古本。」案渾其心，卽渾渾沌沌之意。呂覽大樂篇：「渾渾沌沌。」文選江賦注：「渾渾沌沌，鷄卵未分也。」左傳文十八「謂之渾敦」，注：「不開通之貌。」

劉師培曰：案此文「聖人在天下」句，「歙歙爲」句，「在」疑「任」字之訛。「歙歙爲」者，與二十章「沌沌兮」一律，乃形容「任天下」之詞也。文選東京賦李注引老子曰：「聖人在天下，惵惵焉。」「惵惵」卽「歙歙」異文，「焉」與「爲」同。足證古本「歙歙爲」句，「爲」與「焉」同。

謙之案：劉說非也。各本均作「在」，不作「任」，此全句當爲：「聖人在天下，怵怵；爲天下，渾渾。」「在天下」與「爲天下」對，「怵怵」與「渾渾」對，「渾其心」三字乃「渾渾」注文竄入。傅本「聖人之在天下，歙歙焉；爲天下，渾渾焉」，「之」字、「焉」字皆增字，但「渾渾」二字與「怵怵」相對則無疑也。

百姓皆注其耳目，聖人皆孩之。

羅振玉曰：「百姓皆注其耳目」，王本今本脱此句，景龍、御注、敦煌本均有之。

紀昀曰：案「孩」，釋文云：「王弼作咳。」據注文仍宜作「孩」。

武内義雄曰：敦、遂二本「孩」作「恔」。釋文：「咳，本或作孩。」

謙之案：今傅、范本作「咳」，嚴遵本作「駭」。范曰：「咳，何來切，小兒笑皃。舊本、釋文並作咳。」

俞樾曰：按「爲天下，渾其心」下，河上本有「百姓皆注其耳目」七字，王弼本當亦有之，故注云：「如此則言者言其所知，行者行其所能，百姓各皆注其耳目焉，吾皆孩之而已。」是可證其有此句也。注有「各用聰明」四字，在「爲天下，渾其心」句下，正解「百姓皆注其耳目」之誼，而經文奪此句，當據河上公本補之。

謙之案：據補之是也。諸王本誤脱此句，道藏王本有之。又「注」猶聚也，周禮獸人及獘田疏：「注猶聚也。」注其耳目，即聚其耳目。顧本成疏「河上作『注』，諸本作『浮』，浮者染滯也，顛倒之徒，迷没世境，縱恣耳目，滯著聲色，既而漂浪長流，愆非自積」云云，案「浮」乃妄人以意改字，以求合於佛說，老子無此。

高亨曰：按「孩」借爲「閡」。說文：「閡，外閉也。」漢書律曆志「閡藏萬物」，顔注引晉灼曰：「外閉曰閡。」聖人皆孩之者，言聖人皆閉百姓之耳目也。上文云「歙歙爲天下渾其心」，即謂使天下人心胥渾渾噩噩而無識無知也。此文云「百姓皆注其耳目，聖人皆閡之」，卽謂閉塞百姓耳目之聰明，使無聞無見也。此老子之愚民政策耳。「孩」、「咳」一字，因其爲借字，故亦作「駭」作「咳」。晏子外篇第八：「頸尾咳於天地乎！」孫星衍曰：「咳與閡同。」亦以「咳」爲「閡」。

【音韻】此章江氏韻讀無韻。陳柱：一「心」字韻，三「善」字韻，三「信」字韻。

右景龍碑本六十三字，敦煌本六十二字，河上、王本六十四字，傅本六十八字，范本六十九字。河上本題「任德第四十九」，王本題「四十九章」，范本題「聖人無常心章第四十九」。

五十章

出生入死。生之徒十有三，死之徒十有三，

羅振玉曰：敦煌本「十」作「什」，下同。

馬叙倫曰：說文無「塗」、「途」二字，蓋「徒」卽「塗」、「途」本字也。莊子至樂篇「食於道徒」，卽道塗也。此「徒」字蓋如字讀。

謙之案：「出生入死」，呂氏春秋情欲篇高注引與此同。莊子：「萬物皆出於機，皆入於機。」又「其出不忻，其入不拒」，又「有乎出，有乎入，入出而無見其形」，皆出生入死之說。

人之生，動之死地，十有三。

嚴可均曰：王弼、高翿「地」下有「亦」字。

羅振玉曰：景龍、御注、景福、敦煌四本均無「亦」字，景福本「動」下有「皆」字。畢沅曰：傅本「而民之生生而動，動皆之死地，亦十有三」，河上公、王弼作「人之生，動之死地，亦十有三」，谷神子作「而民生動之死地，十有三」。案韓非子與奕同。謙之案：嚴本、遂州本、柰卷均無「亦」字，柰卷、室町有「皆」字。范應元本作「民之生生而動之死地，亦十有三」，並云：「韓非、嚴遵同古本。」

易順鼎曰：王本及韓非似皆有誤。文選鮑照代君子有所思行注引老子云：「人之生生之厚，動皆之死地，十有三。」所引似爲可據。蓋以「人之生生之厚」六字共爲一句。老子意謂人求生太厚，遂動之死地。故下文又申明之曰：「夫何故？以其生生之厚。」夫生，十有三；死，十有三；其數本各居半，至於求生過厚，而死之數遂多於生矣。若作「人之生，生而動」，語近於不可解。觀王注亦云：「而民生生之厚，更之無生之地焉。」是「動之死地」之上有「生生之厚」四字之證。

高延第曰：「生之徒」，謂得天厚者，可以久生；「死之徒」，謂得天薄者，中道而殀；「動而之死」者，謂得天本厚，可以久生，而不自保持，自蹈死地。蓋天地之大，人物之蕃，生死紛紜，總不出此三者。「生生之厚」，謂富貴之人厚自奉養，服食藥餌以求長生，適自蹈於死地，此卽動而之死者之一端。緣世人但知戕賊爲傷生，而以厚自奉養者爲能養生，不知其取死同也，故申言之。夫天下之人以十分爲率，殀死者居其三，自蹈於死者居其三，幸而得遂其生死之常者，僅居十之三耳。吁！此正命之人所由少與！

謙之案：十有三之説，自韓非子、河上公、碧虚子、葉夢得以四肢九竅爲十三，已涉附會。乃又有以十惡三業爲十三者，如杜廣成；以五行生死之數爲十三者，如范應元。其説皆穿鑿不足信。蘇轍謂生死之道九，而不生不死之道一，老子之言其九，不言其一，使人自得之。似深得老子之旨，而實以佛解老。焦竑因之而有讀老子至「出生入死」章，大悟遊戲死生之説。吁！亦誣矣！

夫何故？以其生生之厚。

馬叙倫曰：范「故」作「哉」，柰卷及文選有所思行注引「故」下有「哉」字。范曰：「夫何哉」，韓非與古本同。

謙之案：景福本、傅、范本、室町本「厚」下有「也」字。羅振玉曰：「景龍本『厚』下有『也』字。」蓋誤校。蔣錫昌沿其誤而不知。

蓋聞善攝生者，陸行不遇兕虎，入軍不被甲兵。

謙之案：「兕虎」乃「兕虎」之别構。「兕虎」當爲「虎兕」。王弼注「虎兕無所措其爪角」，淮南詮言訓「虎無所措其爪，兕無所措其角」，皆「虎」在「兕」前，知古本當亦「虎兕」連文無疑。又敦煌本「甲」作「鉀」，乃「甲」之别構。「遇」，嚴本作「避」，「被」，河上本、趙本亦作「避」。

俞樾曰：按「被」，河上公本作「避」。據韓非子解老篇云「入山不恃備以救害，故曰『入軍不備甲兵』」，則「甲兵」以在己者言，自當以作「被」爲長。

劉師培曰：按韓非子解老篇云：「聖人之遊世也，無害人之心，則必無人害，無人害，則不備人，故曰『陸行不遇兕虎』。入山不恃備以救害，故曰『入軍不備甲兵』。」（顧千里識誤曰：「入山當爲入世。」）老子古本「被」當作「備」，言不恃甲兵之備也。「備」、「被」音近，後人改「備」爲「被」，非古本矣。俞説非。

謙之案：作「被」是也。韓非解老本亦作「被」。盧文弨曰：「張凌本作被。」顧廣圻曰：「藏本作被，備、被義同。」王先慎曰：「廣雅釋詁：『備，具也。』史記絳侯世家集解引張揖注：『被，具也。』故本書作『備』，王弼本作『被』，『甲兵』以在己者言，明作「備」作「被」二字並通。河上本作『避』，聲之誤。」

兕無所投其角，

謙之案：兕，獸名，犀之雌者。爾雅云：「形似野牛，一角，重千斤。」淮南子墬形訓「南方之美者，有梁山之犀象焉」，高誘注：「梁山在會稽。長沙湘南有犀角象牙，皆物之珍也。」山海經云：「兕出湘水之南，蒼黑色。」老子楚人，故以兕爲喻。「無所投其角」，敦、遂本「投」作「駐」。顧本成疏：「諸本言駐，駐，立也。」是成所見本作「駐」。淮南詮言訓引「虎無所措其爪，兕無所措其角」二句均作「措」。

蔣錫昌曰：「駐」，蓋與「注」通。莊子達生「以瓦注者巧」，釋文引李注：「注，擊也。」「駐」、

「注」均爲「投」之假。説文：「投，擿也。」「兕無所投其角」，言善攝生者，既不爲兕所遇，故兕亦無所擿其角也。

謙之案：蔣説是也。鹽鐵論世務篇引作「兕無用其角」，用亦注也。老子「百姓皆注其耳目」，注：「用也。」

虎無所措其爪，兵無所容其刃。

嚴可均曰：「措其爪」，御注、河上、王弼作「措」，釋文作「錯」。

武内義雄曰：敦、遂二本「措」作「錯」，釋文本同。

謙之案：羅卷「爪」作「狐」，誤。碑本「措」作「揝」，亦誤。「揝」乃「措」之誤字。韓非解老、釋文、遂州本、范本均作「錯」，景福、磻溪、室町、柰卷、傅奕均作「措」，「措」、「錯」古通。「措」，安也，無所措其抓，卽無所安其抓也。「爪」，羅卷作「狐」，乃「抓」之形似。夏竦古文四聲韻卷四有「抓」字，引古老子作𤓰。

夫何故？以其無死地。

劉師培曰：案韓非子解老篇云：「體天地之道，故曰：『無死地焉。』」則此文「也」字係「地」字之訛。王以「何地之有」相釋，則王本亦作「地」。今河上本作「地」，王本作「也」，蓋傳寫之訛也。

謙之案：諸王本皆作「地」，不作「也」，劉所據爲誤本。諸王本惟浙局據華亭張氏原本作「死也」，「死也」無義。諸石本、諸寫本均同此石，惟遂州本「何」作「其」。范本「故」作「哉」。傅本、奈卷「故」下有「也」字，嚴本、室町本有「哉」字。韓非解老與王羲之本、傅本「地」下有「焉」字，此則以意增字，助長語勢，無關宏旨。

高延第曰：此章爲處亂世者指示兕虎、兵刃皆凶暴不祥，喻世路之崎嶇，人情之險詐。讀莊子養生主、人間世二篇足盡此章之旨，非真謂飢虎可尾也。葛洪之徒不達此義，創爲符咒厭勝，云可入山伏怪，謬妄甚矣。

【音韻】此章江氏韻讀無韻。陳柱：三「三」字韻。謙之案：三，古音讀若森。詩摽有梅「其實三兮，求我庶士，迨其今兮」，諧今韻。又厚、角爲韻。方以智通雅曰：「角，古音禄，詩以叶屋，東方朔以叶足，仲長統以叶俗。」今案「禄」與「厚」、「足」、「屋」，王念孫譜均入侯部，是角與厚同部爲韻。

右景龍碑本七十九字，敦煌本同，河上公世德堂本同（宋刊本七十七字，有誤脱）。王本八十字，傅本八十七字，范本八十三字。河上本題「貴生第五十」，王本題「五十章」，范本題「出生入死章第五十」。

五十一章

道生之，德畜之，物形之，勢成之。是以万物莫不尊道而貴德。

嚴可均曰：「是以万物」，御注作「是以聖人」。

魏稼孫曰：「德畜之」，御注無「德」字。

羅振玉曰：敦煌本無「莫不」二字，景福本無「而」字。

武内義雄曰：敦本「勢」作「埶」，恐誤。

謙之案：遂州本作「熟成之」，「熟」字亦誤。「畜之」，廣明作「蓄之」，「貴德」，顧歡作「首德」。又嚴本無「莫不」二字，後漢書馮衍傳引無「是以」二字。

大田晴軒曰：道者理也，德者一氣也。生之，謂始之也；畜之，謂賦之以氣也。然細尋老、莊之書，一氣之外，更無所謂道者，道者亦唯此一氣。故莊周以道爲天地之彊陽氣（知北遊），「彊陽」，運動不息之意（本郭象，「彊陽」二字又見寓言篇）。後儒所謂活潑潑地，蓋謂此也。「物形之，勢成之」，「形」，定形，謂物物而與之定形也。莊周曰：「物生成理謂之形。」是也。「勢成之」，謂因其自然之勢而成之也。

道之尊，德之貴，夫莫之命而常自然。

羅振玉曰：「道之尊，德之貴」，敦煌本作「道尊、德貴」。「之命」，御注本、敦煌本均作「爵」。

嚴可均曰：「夫莫之命」，御注、傅奕作「之爵」。

謙之案：遂州、嚴遵、顧歡亦作「爵」。又道藏宋張太守彙刻四家注此節附註校語云：「明皇、王弼二本『命』並作『爵』。」各王注本均誤録作弼注，殿本亦如此。紀昀曰：「案此句，疑『命』字下原校語誤作弼注。」案紀説是也。道藏張刻所見王弼本作「爵」，與嚴遵、傅奕古本並同，敦煌本亦作「爵」，作「爵」誼亦可通。

故道生之，德畜之，長之育之，成之熟之，養之覆之。

嚴可均曰：「成之熟之」，王弼作「亭之毒之」。

羅振玉曰：景龍、御注、敦煌、景福四本均作「成之熟之」。又「德畜之」，羅卷脱此三字，武内敦本無「德」字。

謙之案：御注、慶陽、磻溪、樓正、顧、彭、趙、高、范均無「德」字，范「畜」作「蓄」。「成之熟之」，慶陽、樓正、磻溪、趙、顧、彭、高、柰卷、室町、河上、王羲之同此石。「養之覆之」，傅、范與文選辨命論李注作「蓋之覆之」。「成之熟之」，傅、范作「亭之毒之」。范曰：「『亭毒』，王弼、李奇同古本。傅奕引史記云：『亭，凝結也。』廣雅云：『毒，安也。』」畢沅曰：「説文解字：『毒，厚也。』釋名：『亭，停也。』據之，是亭、成、毒、孰聲義皆相近。」

生而不有，爲而不恃，長而不宰，是謂玄德。

奚侗曰：四句已見第十章，此複出。

謙之案：羅卷「恃」誤作「悵」，嚴本「謂」作「爲」。又唐李約本無「長而不宰」句。

【音韻】此章江氏韻讀：畜、育、熟、覆韻（幽部），有、恃、宰韻（之部）。武内義雄、陳柱：有、恃、宰、德韻。鄧廷楨曰：「有、恃、宰皆之、咍部字，德則之、咍部之入聲也。」姚文田：生、形、成韻（十青平聲），畜、育、毒、覆韻（七宥入聲）。蓋「成之熟之」一作「亭之毒之」，熟、毒韻同。列子黃帝篇：「與汝遊者，莫汝告也；彼所小言，盡人毒也；莫覺莫悟，何相孰也！」告、毒、孰爲韻，卽其例證。又高本漢以生、畜、長、育相間爲韻。

顧炎武唐韻正卷十四：「熟」，殊六切，去聲則殊溜反。老子：「故道生之畜之，長之育之，成之熟之，養之覆之。」又「育」，余六切，去聲則音柚。老子見上。

右景龍碑本七十二字，敦煌本注六十八字（實六十六字），河、王、傅本七十二字，范本七十一字。河上本題「養德第五十一」，王本題「五十一章」，范本題「道生之章第五十一」。

五十二章

天下有始，以爲天下母。

謙之案：傅奕本作「可以爲天下母」，諸本無「可」字，惟道藏王本此句下注：「善始之，則善養畜之矣，故天下有始，則可以爲天下母矣。」道藏宋張太守彙刻四家注與藏本同，殿本誤脱此二十二字。案注文「可以爲天下母」，與傅奕本同。

既知其母，又知其子。

嚴可均曰：「又知其子」，河上作「復知」，王弼、高翿作「以知」。

謙之案：「既知其母」，道藏王本同，諸王本、敦、遂本、王羲之本、傅、范本「知」作「得」，景福、廣明、河上、柰卷、室町、顧歡及文選思玄賦注引同此石。「又知其子」，室町「又」下有「以」字，敦、遂二本作「以知」，柰卷作「復知」。李道純曰：「『既得其母，以知其子』，或云『既知其母，復知其子』，二句皆非。」

既知□子，復守其母。没身不殆。

謙之案：「知」下「其」字已泐，當據他本補之。「復守其母」，景福本作「復知其母」，蓋涉上二「知」字而誤。又李道純本「守」作「歸」，邢玄、柰卷、傅、范本「没」作「殁」。又此章所云，即二十五章所謂「周行而不殆」之旨。「周行而不殆，可以爲天下母」，即此章「天下有始，以爲天下母」也。「既知其母，又知其子，既知其子，復守其母」，子母相承不絶，即不殆之義。不殆猶不止，説詳二十五章。

塞其兑，閉其門。終身不勤。

羅振玉曰：「兑」，釋文：「河上本作『鋭』。」景福本亦作「鋭」，下同。

武内義雄曰：敦本「勤」作「懃」。

謙之案：羅卷作「勤」。又「兑」，今諸河上本並作「兑」，淮南道應訓引上三句同。

俞樾曰：案「兑」當讀爲「穴」。文選風賦「空穴來風」，注引莊子「空閲來風」。「閲」從兑聲，可叚作「穴」，「兑」亦可叚爲「穴」也。「塞其穴」正與「閉其門」文義一律。

孫詒讓曰：案「兑」當讀爲「隧」，二字古通用。襄二十三年左傳「杞植、華還載甲夜入且于之隧」，禮記檀弓鄭注引之云：「隧或爲兑。」晏子春秋内篇問下篇又作「兹於兑」，是其證也。廣雅釋室云：「隧，道也。」左傳文元年杜注云：「隧，徑也。」「塞其兑」，亦謂塞其道徑也。

謙之案：俞説是也。「兑」者通之處，「兑」叚借爲「閱」，實爲穴爲竅，耳目鼻口是也。易説卦：「兑爲口。」老子「塞其兑」，河上注：「兑，目也。」莊子德充符「通而不失於兑」，亦指耳目而言。淮南道應訓「太公曰『塞民於兑』」，高誘注：「兑，耳目鼻口也。老子曰：『塞其兑。』」是也。

開其兑，濟其事，終身不救。

謙之案：「開其兑」，遂州本「兑」作「門」，景福本作「鋭」。「終身不救」與「終身不勤」二語相對成文，而用意相反。「勤」借爲「瘽」。説文曰：「瘽，病也。」（馬叙倫説）「救」借爲「逑」。説文曰：「逑，聚斂也。」（羅運賢説不逑卽無得之意）塞其兑，閉其門，夫唯病病，是以終身不病。開其兑，濟其事，咎莫大於欲得，而終身無得。

見小曰明，守柔曰强。

謙之案：羅卷「小」下有「是」字，誤。景福本、吴澄本「曰」並作「日」，柰卷、河上下句作「日」。吴曰：「日或作曰，傳寫之誤。」案文例與五十五章同應作「曰」，諸王本皆作「曰」，淮南道應訓引亦作「曰」，作「日」誤。武内義雄謂「見小曰明」之「小」字，爲「常」字之壞體，以五十五章「知常曰明」爲證。此説甚辨。惟淮南兵略云「見人之所不可見謂之明」，則「見小曰明」之説更爲可通。又「守柔曰强」，敦煌本「守」作「用」，又强本榮注引經文云：「用柔曰强。」蓋皆涉下文「用」字而誤。

用其光，復歸其明，

謙之案：淮南道應訓引二句上有「是故」二字，牟子理惑論引三句「用其光，復其明，無遺身殃」，無「歸」字。又「復歸其明」，高翿作「於明」。

無遺身殃，是謂習常。

嚴可均曰：「習常」，御注、高翿作「襲常」。

武内義雄曰：敦、遂二本作「襲常」，「習」、「襲」同音相通。

謙之案：景福、柰卷、顧歡、諸河上、王本均作「習常」。邢玄、樓正、磻溪、嚴、彭、傅、范、王羲之、趙孟頫作「襲常」，「襲」、「習」古通。文選任彥昇蕭公行狀注引尚書金縢「習」作「襲」，云：「習、襲通。」周禮地官胥師注云：「故書襲爲習。」皆其例證。又「常」，説文：「下帬也，从巾，尚聲，或从衣。」蓋「常」卽古「裳」字。釋名：「裳，障也；所以自障蔽也。」此云「襲常」，與二十七章「是謂襲明」，同有韜光匿明之意。「襲」，玉篇：「左衽袍也，入也，重衣也。」意卽重衣下帬，所以自障蔽也。又「習常」之「常」，葉夢得本正作「裳」。惟老子書中，「光」與「明」異義（大田晴軒説）。十六章「復命曰常，知常曰明」，五十五章「知和曰常，知常曰明」，三十三章「知人者智，自知者明」，五十二章「見小曰明」，二十二章「不自見故明」，二十四章「自見不明」，言「明」皆就内在之智慧而言。五十八章「光而不燿」，四章、五十六章「和其光」，五十二章「用其光，復歸其明」，言「光」皆就外表之智慧而言。蓋和光同塵，光而不燿，是韜藏其光，亦卽莊子齊物論所謂

「葆光」，此之謂「襲裳」也。不自見故明，明道若昧（四十一章），則是韜藏其明，「是謂微明」（三十六章），「是謂襲明」（二十七章）。蓋襲明之與襲常，似同而實異也。

【音韻】此章江氏韻讀：始、母、母、子、母、殆韻（之部），門、勤韻（文部），事、救韻（之、幽通韻，事叶士瘦反），明、强、光、明、殃、常韻（陽部）。謙之案：事，之部，救，幽部，之、幽通韻。奚侗同。奚曰：「母讀若每。事、救爲韻。鶡冠子世兵篇以、之韻游、郵，亦其例」。

顧炎武唐韻正卷十四十五厚：「母」，古音滿以反，引老子此章及「無名天地之始，有名萬物之母」。「忽兮若海，漂兮若無所止，衆人皆有以，而我獨頑以鄙，我獨異於人而貴食母」。「獨立而不改，周行而不殆，可以爲天下母」。「有國之母，可以長久」。

鄧廷楨曰：事、救爲韻。事爲之部之去聲，救爲幽部之去聲，非韻而以爲韻者，猶之詩絲衣以「俅」韻「紑」、「基」、「牛」、「鼒」也。

右景龍碑本七十二字，敦煌本、河上、王本同，傅本七十三字，范本七十二字。河上本題「歸元第五十二」，王本題「五十二章」，范本題「天下有始章第五十二」。

五十三章

使我介然有知，行於大道，唯施是畏。

丁仲祜曰：介，微也，一切經音義十五引易劉瓛注，列子楊朱篇「無介然之慮者」釋文。列子仲尼篇：「其有介然之有，唯然之音，雖遠在八荒之外，近在眉睫之內，來干我者，我必知之。」宋林希逸曰：「介然之有，言一介可見之微也。」又介然，堅固貌，荀子修身篇「善在身，介然必以自好也」注。張充與王儉書：「介然之志，峭聳霜崖，確乎之情，峯橫海岸。」

王念孫曰：王弼曰「唯施爲之是畏也」，河上公注略同。念孫案：二家以「施爲」釋「施」字，非也。「施」讀爲「迆」，迆，邪也。言行於大道之中，唯懼其入於邪道也。下文云「大道甚夷，而民好徑」，河上公注：「徑，邪不正也。」是其證矣。（案徑即上文所謂施也。邪道足以惑人，故曰唯施是畏。王注曰：「言大道蕩然正平，而民猶尚舍之而不由，好從邪徑，況復施爲以塞大道之中乎！」於正文之外，又增一義，非是。）説文「迆，衺行也」，引禹貢：「東迆北會于滙。」孟子離婁篇「施從良人之所之」，趙注曰：「施者，邪施而行。」丁公著音迆。淮南齊俗篇「去非者，非批邪施也」，高注曰：「施，微曲也。」要略篇「接徑直施」，高注曰：「施，邪也。」是「施」與「迆」通。史記賈生傳「庚子日施兮」，漢書「施」作「斜」，斜亦邪也。韓非解老篇釋此章之義曰：「所謂大道也者，端道也。所謂貌施也者，邪道也。所謂徑也者，佳麗也。佳麗也者，邪道之分也。」此尤其明證矣。

劉師培曰：案王説是。惟韓非子解老篇曰：「書之所謂大道也者，端道也。所謂貌施也者，邪道也。所謂徑大也者，佳麗也。佳麗也者，邪道之分也。」據此文觀之，則「唯施」古本作「貌施」，或「貌施」之上有「唯」字。國語晉語云：「夫貌，情之華也。」廣雅釋詁：「貌，巧也。」是「貌」

字之義與夸飾同，故與「施」同爲邪道。

大道甚夷，而人好徑。

嚴可均曰：「而人好徑」，御注、高翿作「民其好徑」，河上、王弼作「而民」。

羅振玉曰：「而」，敦煌本作「其」。

謙之案：「夷」，范本作「徳」。范曰：「徳，古本如此，説文云：『行平易也。』」又「徑」字，嚴本作「逕」，景龍、御注、宋刊河上本皆作「徑」。意林卷一引經「而民好徑」，注引河上公「徑，邪不平正也」，是馬總所見本作「徑」。玉篇人部：「『徑』，牛耕、牛燕二切，急也。」作「徑」恐非。「而人」，高翿、磻溪、樓正、范、趙均作「民甚」。

劉師培曰：「徑」字之下當有「大」字。四十一章「大笑之」，王念孫謂當作「大而笑之」。「大」與「迂」同，王以迂義解彼文「大」字，義雖稍曲，然此文「徑大」，大實訓迂。漢書郊祀志「怪迂」，顔注：「迂謂回遠也。」是「迂」與「徑」同，故此文「徑」、「大」並言。謙之案：劉説本韓非子，雖辨而曲。王先愼曰：「德經『大道甚夷，而民好徑』，河上公云：『徑，邪不平正也。』此『大』字衍。」

朝甚除，田甚蕪，倉甚虚，

馬叙倫曰：「朝甚除」，「除」借爲「污」，猶「杇」之作「塗」也，諸家以除治解之，非也。

武内義雄曰：敦、遂二本「蕪」作「苗」。

謙之案：法京敦丁本作「苗」，羅卷作「蕪」。説文：「苗，艸生于田者。」公羊傳桓四年注：

「苗，毛也。」此亦「蕪」之假借。「蕪」，説文：「薉也。」周語「田疇荒蕪」，注：「穢也。」「田甚蕪」，謂土地蕪穢不治也。又「除」，高本漢本一作「持」，誤。

服文綵，帶利劍，厭飲食，財貨有餘，

嚴可均曰：「服文綵」，御注、高翿作「彩」。「厭飲食」，御注作「猒」，高翿作「冐」。

羅振玉曰：「綵」，廣明本作「絲」。「厭」，敦煌本作「饜」。「財」，敦煌本作「資」。

武内義雄曰：敦、遂二本作「資貨」，與韓非喻老合。

謙之案：「綵」，嚴、彭、范、磻溪、樓正作「采」。「綵」與「采」同，説文：「从糸，采聲。」一切經音義引尚書云：「我五綵彰施於五色。」考工記云：「五綵備者謂之繡。」陳景元注引傅奕云：「采乃古文繡字。」宇惠曰：「『服文綵』，林本綵作采，韓非子同。一本作繡。」又「財貨」，傅、范作「貨財」，王羲之、趙、彭作「資財」，顧作「資貨」。「飲食」，殿本作「飫食」。

是謂盜夸。非道也哉！

嚴可均曰：王弼「盜夸」下復有「盜夸」二字，釋文引河上本同。

謙之案：道藏宋張太守彙刻四家注引弼注：「誇而不以其道得之，盜誇也；貴而不以其道得之，竊位也。故舉非道以明，非道則皆盜誇也。」知王本讀夸爲誇。武内敦乙本與羅卷均作「盜誇」，下復有「盜誇」二字，想王本亦同。惟武内敦乙本有「也哉」二字，羅卷無。又嚴、彭、王羲之、磻溪、樓正均作「盜誇」，范本作「盜夸」。

楊慎曰：「是謂盜誇」，諸本皆作「誇」。柳子厚詩亦押盜誇，蓋趂韻之故。今據韓非解老篇改作「竽」。非之解曰：「竽爲衆樂之倡，一竽唱而衆樂和。大盜倡而小盜和，故曰盜竽。」其説既有證，又與「餘」字韻叶，且韓去老不遠，當得其真，故宜從之，雖使老子復生，不能易此字也。又柳子厚押韻，林蕭翁、劉會孟解訓，皆作「誇」，蓋不考之過。河上公註亦作「誇」，豈有如此低神僊乎？

俞樾曰：按「夸」字無義。韓非子解老篇作「盜竽」，其解曰：「竽也者，五聲之長者也。故竽先則鍾瑟皆隨，竽唱則諸樂皆和。今大姦作則俗之民唱，俗之民唱則小盜必和。故服文采，帶利劍，厭飲食，而資貨有餘者，是之謂盜竽矣。」蓋古本如此，當從之。

顧炎武曰：「夸」，古音枯。老子「朝甚除」至「是謂盜夸」，説文：「夸，从大，于聲。」又洿、刳、誇、綺字皆从夸得聲。楊慎據韓非子改老子「盜夸」爲「盜竽」，恐非（唐韻正卷四）。又曰：「是謂盜夸」，楊慎改爲「盜竽」，謂本之韓非子，而不知古人讀夸爲刳，正與「除」爲韻也（答李子德書）。

于省吾曰：按「盜」應讀作「誕」，盜、誕雙聲，並定母字。敦煌本「夸」作「誇」，「盜誇」即「誕誇」。説文：「夸，从大，于聲。」景龍本「夸」作「夺」。韓非子解老作「盜竽」，「盜竽」即「誕迂」，「迂」「竽」並「夸」之借字，韓非子解竽爲樂器，誤矣。吕覽本生「非夸以名也」，注：「夸，虛也。」荀子榮辱「豈不迂乎哉」，注：「迂，失也。」失與虛義相因。漢書五行志「叔迂季伐」，注：「迂，夸誕也。」上言「朝甚除，田甚蕪，倉甚虚，服文綵，帶利劍，厭飲食，財貨有餘」，皆誕誇之事，上下文義，適相連接。「誕誇」、「誕迂」乃古人謰語，亦作「誇誕」、「迂誕」。荀子不苟：「夸誕生惑。」儒效：「夸誕則虚。」抱朴子祛惑：「淺薄之徒，率多誇誕。」史記孝武本紀：「事如迂誕。」漢書藝文志：「則誕欺怪迂之文，彌以益多。」語例並同。自讀「盗」如字，而「盗夸」二字遂不可解詁。

謙之案：作「盗夸」是也。夏竦古文四聲韻卷二引古老子作夸，與碑本合。御注、趙孟頫本同此。范本作「夰」，疑與「夰」字通。夰，説文：「所以驚人也，从大从羊。一曰：俗語以盗不止爲夰，讀若瓠。」

【音韻】此章江氏韻讀無韻。姚文田：除、蕪、虚、餘、竽韻（十二魚平聲）。鄧廷楨、奚侗「竽」作「夸」。高本漢：除、蕪、虚、餘、竽（一作「夸」）與采、食、哉相間爲韻。武内義雄：畏、夷、徑爲韻。謙之案：畏、夷皆脂部，「徑」字非韻。

江永古韻標準卷一九麻「夸」，引老子「朝甚除」至「是謂盗夸」。

右景龍碑本五十二字，敦煌本、王、范本同，河上本五十一字，傅本五十四字。河上本題「益證第五十三」，王本題「五十三章」，范本題「使我介然章第五十三」。

五十四章

善建者不拔，善抱者不脱，子孫祭祀不輟。

嚴可均曰：「子孫祭祀不輟」，王弼「子孫」下有「以」字，韓非子有是「以其」、「世世」四字。羅振玉曰：敦煌本無「者」字，景龍本、敦煌本無「以」字。「祀」，敦煌本作「祠」。謙之案：顧歡本第一句亦無「者」字。傅本「抱」作「褒」，范本「脱」作「挩」。嚴遵、河上、御注、磻溪、樓正、顧、趙、傅、范、高均無「以」字。又周易集解「屯」下虞翻引第一句同此石。淮南主術訓引「善建者不拔」，注：「言建之無形也。」王念孫云：「此六字乃正文，非注文也。『故善建者不拔』者，引老子語也。『言建之無形也』者，釋其義也。文子正作『故善建者不拔，言建之無形也』。」案老子古誼如此。

又韓非喻老「善建不拔，善抱不脱，子孫以其祭祀世世不輟」，顧廣圻曰：「德經無『以其』、『世世』四字。」又解老引「不拔」、「不脱」、「祭祀不絶」，則「輟」亦作「絶」，「輟」、「絶」義同。武内敦本作「餟」，羅卷作「餟」，均非。

脩之身，其德乃真；脩之家，其德有餘；脩之鄉，其德乃長；脩之於國，其德乃豐；脩之於天下，其德乃普。

嚴可均曰：「脩之身」，河上、王弼「脩之」下有「於」字，下「脩之家」、「脩之鄉」亦然。御注、高翿五句皆無「於」字。「其德有餘」，衆本作「乃餘」，御注作「其德能有餘」，韓非子與此同。「脩之於國」，韓非子作「於邦」，與豐叶韻，今沿漢避諱改也。

羅振玉曰：景福本無「之」字，下同。景龍、御注、敦煌三本均無「於」，下四句同。又敦煌本

「乃」作「能」，下四句「乃」字同。御注「真」作「貞」。「其德乃餘」，景龍、景福二本「乃」作「有」，敦煌本「餘」上有「有」字。武内義雄曰：敦、遂二本「乃」皆作「能」。

謙之案：彭、趙、傅、范、樓正、高翿亦無五「於」字，室町本「有」字上有「乃」字，無上四「於」字。嚴本無「其德乃真」句，「其德有餘」句與河上、柰卷同此石。又傅、范「國」作「邦」，傅「普」作「溥」。范曰：「『邦』字，韓非與古本同。」

顧廣圻曰：傅本「普」作「溥」，案「普」、「溥」同字也。

易順鼎曰：按周易集解虞氏注引老子曰：「修之身，德乃真。」詩序正義曰：「老子云：『修之家，其德乃餘；修之邦，其德乃豐。』」皆無「於」字。虞所引並無「其」字矣。

焦竑曰：「邦」，一作「國」，漢人避高帝諱改之，於韻不叶，今从韓非本。

洪頤煊曰：「脩之於國，其德乃豐」，案「國」當爲「邦」。上下文身、真、家、餘、鄉、長、下、普皆爲韻，此以邦、豐爲韻。韓非子解老篇「修之邦，其德乃豐」，又云「以邦觀邦」，字尚未改。

故以身觀身，以家觀家，以鄉觀鄉，以國觀國，以天下觀天下。吾何以知天下之然？以此。

嚴可均曰：「天下之然」，河上作「之然哉」，王弼作「然哉」，無「之」字。

羅振玉曰：景龍、御注、敦煌三本均作「吾何以知天下之然？以此」。

謙之案：景福、磻溪、樓正、室町、柰卷、顧、彭、傅、范、高「然」下均有「哉」字。嚴本「天下」二字作「其」，傅、范「何」作「奚」，韓非子解老引亦作「奚」。顧廣圻曰：「今德經『奚』作『何』，非。傅本作『奚』，與此合。」

【音韻】此章江氏韻讀：拔、脱、輟韻（祭部，拔音蹩，脱，他厥反）。身、真韻（真部），家、餘韻（魚部，家音姑），鄉、長韻（陽部），邦，豐韻（東部，邦，博工反，原作「修之國」，今從韓非子解老篇所引改）。下、普韻（魚部）。鄧廷楨：拔、脱、輟韻，云：「祭部之入聲也。」

顧炎武唐韻正四江：「邦」，古音博工反。引老子：「修之邦，其德乃豐。」又九麻「家」，古音姑，引老子：「修之家，其德乃餘。」

毛奇齡古今通韻曰：向疑老子「修之于鄉，其德乃長；修之于國，其德乃豐」，當是豐與鄉協，卽東、陽之通。既得易林功、國之協，始知鄉、長、豐、國各自爲協，乃轆轤押法，猶未敢遽信也。最後讀常武詩，則「父」與「士」協，「國」與「我」協，曠若發矇。蓋「國」隸職部，爲蒸之入聲，東、蒸本相通，故取爲叶。然則叶自有蹤跡，非偶然也（卷一）。謙之案：毛説非也。柴紹炳古韻通卷一東部旁通諸韻，引老子此章「國音公」，其誤竟同。蓋皆不知「邦」今爲「國」，乃漢避諱所改，韓非作「邦」，其明證也。

江永古韻標準入聲第六部曰：老子「修之於邦，其德乃豐」，別本「邦」作「國」，或是漢人避諱所改。易林「后稷農功，富利我國」，「國」亦是「邦」字。今人韻書引此叶國古紅切，誤甚。

孔廣森詩聲類（四）曰：案説文解字：「邦，从邑，丰聲。」釋名曰：「邦，封也，封有功于是也。」

邦音曰封明矣。老子「修之于國，其德乃豐」，韓非解老引作「修之邦」，故與「豐」合韻。今本承漢避高帝諱而改耳。毛氏古今通韻乃謂國有工音，疎謬至此，則其他支離之説，亦何足置辨！

江有誥曰：漢人往往避諱改古書，如老子「修之邦」與下「豐」韻，「邦」改爲「國」，避高帝諱也。史記「啓」字悉改爲「開」，避景帝諱也。然則古韻間有不合，未必非漢人所改（古韵總論）。

李賡芸曰：老子德經「修之於身，其德乃真」，此八句四易韻。「國」本「邦」字，與「豐」協。又管子牧民篇：「毋曰不同生，遠者不聽；毋曰不同鄉，遠者不行；毋曰不同國，遠者不從。」「國」亦「邦」字，與「從」協也。漢人避高祖諱，改爲「國」，後人不知更正，沿之至今。

鄧廷楨曰：「國」，一本作「邦」，按作「邦」者是也。邦之爲言封也。書序云「邦康叔，邦諸侯」，邦康叔者，封康叔也。論語云「且在邦域之中矣」，邦域者，封域也。古音東、冬、鍾、江同部，「邦」音薄工切，正與本句「豐」字爲韻。

右景龍碑本八十七字，敦煌本八十四字（字數照武内，羅卷無），河上本九十字，王本九十一字，傅、范本八十六字。河上本題「修觀第五十四」，王本題「五十四章」，范本題「善建者不拔章第五十四。」

五十五章

含德之厚，比於赤子。

赤，故曰赤子耳。」

謙之案：傅本「含德之厚者，比之於赤子也」，范本無「之」字，河上公、王弼無「者」、「之」、「也」三字。又列子天瑞篇張湛注引並同此石。此云「赤子」，案漢書賈誼傳劉奉世注曰：「嬰兒體色

毒虫不螫，

嚴可均曰：御注、河上、高翿作「毒蟲不螫」，王弼作「蜂蠆虺蛇不蟄」。按「虫」、「虺」兩通，作「蟲」者誤。謙之案：遂州、景福同此石。磻溪、樓正、柰卷、嚴、顧、彭、趙同御注，范同王弼。傅本作「蜂蠆不螫」。畢沅曰：依字「蠆」應作「蠆」，「蜂」應作「逢」。漢書「蝮蠚手則斬手，蠚足則斬足」，卽螫之謂也。説文解字「蠚」作「蛬」，云：「螫也。」知兩字聲義近矣。

謙之案：「虫」，玉篇：「一名蝮，此古文虺字。」「虺，今以注鳴者，亦爲蝮蟲也。」「蜂」當作「逢」。字林：「逢，飛蟲螫人者。」「螫，蟲行毒也。」「虺蛇」二字，在此無義，當从碑本。

俞樾曰：按河上公本作「毒蟲不螫」，注云：「蜂蠆蛇虺不螫。」是此六字乃河上公注也。王弼本亦當作「毒蟲不螫」，後人以河上注羼入之。

蔣錫昌曰：王注「赤子無求無欲，不犯衆物，故毒蟲之物，無犯於人也」，是王作「毒蟲」。顧本成疏「毒蟲，虺蛇類也」，强本榮注「是以毒蟲不得流其毒」，則成、榮並作「毒蟲」。「蜂蠆虺蛇」當改「毒蟲」，以復古本之真，俞説是也。

猛獸不據，玃鳥不搏。

武内義雄曰：此二句敦本作「攫鳥猛狩不搏」，遂本同敦本，唯「狩」字作「獸」。

謙之案：范本同遂本，惟「猛獸」在「攫鳥」前，均無「不據」二字。嚴遵本作「攫鳥不搏，猛獸不據」，二句顛倒。

馬叙倫曰：此文當作「猛獸不攫，鷙鳥不搏」。淮南齊俗訓曰「鳥窮則搏，獸窮則攫」，禮記儒行篇曰「鷙蟲攫搏」，並「搏」、「攫」連文，可證。「據」、「攫」形似而誤，又奪「鷙」字耳。成疏曰：「攫鳥，鷹鸇類也。」鷹鸇，正鷙鳥也。説苑修文篇曰「天地陰陽盛長之時，猛獸不攫，鷙鳥不搏，蝮蠆不螫」，疑本此文，亦「猛獸」、「鷙鳥」相對，「攫」、「搏」相對，尤可爲例證也。潘正作「猛獸不攫，鷙鳥不搏」。

謙之案：潘静觀本改「據」爲「攫」，與敦、遂、范本無「不據」二字，均非。案「攫」字，唐玄宗御注道德真經疏、李約、李道純、杜道堅、强思齊、宋刊河上本均作「玃」，乃「攫」之别構。傅本作「攫」是。説文：「攫，爪持也。」一切經音義引倉頡篇：「攫，搏也。」並引淮南子云：「獸窮則攫。」高誘注：「攫，撮也。」皆合爪持之義。攫鳥，鷹鸇之類，羅卷作「玃鳥」，遂州本作「鸜」，皆俗字。夏竦古文四聲韻卷五有「攫」字，引古老子作[illegible]；卷五有「據」字，引古老子作㨿。「據」字作兩虎相搹狀，是故書。按王念孫讀書雜志卷二：「戰國策楚策：『楚與秦構難，此所謂兩虎相搏者也。』引之曰：太平御覽兵部引此『搏』作『據』，『據』字是也。『據』讀若戟，謂兩虎相搹持也。……文選江淹雜詩『幽、并逢虎據』，李善注引此策『兩虎相據』，尤其明證矣。史記張儀傳載此文，當亦作『兩虎相據』，集解引徐廣『音戟』，正是『據』之音。……老子曰『猛獸不據，攫鳥不搏』，鹽鐵論擊之篇曰『虎兕相拒，而螻蟻得志』，皆其證也。今本史記作『兩虎相搏』，蓋後人多聞『搏』，少聞『據』，故改『據』爲『搏』。」知史記、戰國策可改「據」爲「搏」，則淮南、説苑亦可改「據」爲「攫」明矣。此宜從碑本，作「據」是也。

骨弱觔柔而握固。

謙之案：「觔」，當從各本作「筋」。説文：「筋，从力，象筋也。」田潛曰：「力，筋也，象人筋之形；竹爲物之多筋者，从力象其形。」今按「筋」，景龍、敦煌、景福三本作「觔」，御注、河上、王羲之、趙孟頫作「筋」，皆俗字。陸德明曰：「筋者俗。」九經字樣曰：「作『筋』譌俗，又作『觔』，誤。」

未知牝牡之合而□作，精之至。

嚴可均曰：「而峻作」，王弼作「而全作」。釋文引河上作「峻」，本一作「朘」。「精之至」，河上、王弼「至」下有「也」字，下句亦然。

魏稼孫曰：「而作」，「而」下原空一格，嚴臆增「峻」字，御注朘。

羅振玉曰：敦煌本、景福本亦作「峻」。「精之至也」，景龍、御注、敦煌三本均無「也」字，下「和之至也」同。

謙之案：遂州、磻溪、樓正、柰卷、嚴、顧、彭、王羲之、趙孟頫諸本並作「峻」，傅、范作「朘」，高翿作「屡」。范應元曰：「『朘』，傅奕與古本同，今諸本多作『峻』。玉篇『朘』字注亦作『峻』、

『屡』，係三字通用，並子雷切，赤子陰也。」

俞樾曰：按「而全作」，「全」字之義未詳。王注：「作，長也，無物損其身，故能全長也。」説殊未安。河上本「全」作「峻」，而其注曰：「赤子未知男女之合會，而陰作怒者，由精氣多之所致也。」是以「陰」字釋「峻」字。玉篇肉部：「朘，赤子陰也。」「峻」即「朘」也。疑王氏所據本作「全」者，乃「侌」字之誤。「侌」者，「陰」之本字。……老子古本，蓋從古文作「侌」，而隸書或爲「侌」，武梁祠堂畫象「陰」字左旁作「侌」是也。「侌」字闕壞，止存上半，則與「全」字相似，因誤爲「全」矣。是故作「侌」者老子之原文，作「全」者「侌」之誤字，作「峻」者其别本也。王氏據誤本作注，不能訂正，遂使老子原文不可復見，惜之。

易順鼎曰：按釋文云：「河上本一作朘。」又引説文：「朘，赤子陰也。」説文無「朘」字，據此則唐本有之。玉篇亦云「朘，赤子陰也」，即本説文之義。是説文本收「朘」字，蓋即出於老子。「朘」、「全」音近，故或假「全」爲之。王注之誤，在於望文生義，不知「全」爲「朘」之假借。

洪頤煊曰：按説文無「朘」字。玉篇：「朘，赤子陰也。亦作峻，聲類又作屡。」説文亦無「屡」字，「屡」疑「𡕒」字之譌。説文：「𡕒，匘蓋也，象皮包覆匘，下有兩臂，而夂在下，讀若范。」素問六節藏象論「諸髓者皆屬於腦」，與下文「精之至也」，義亦相合。

章炳麟曰：老子「未知牝牡之合而峻作」，釋文：「峻，赤子陰也，子垂反。」三州謂赤子陰曰「峻」（嶺外三州語）。

終日號而不嗄，和之至。

謙之案：「號而不嗄」，嚴可均曰：「高翿『而』下有『嗌』字。」案嚴、彭、傅、范、王羲之、趙孟頫、磻溪均有「嗌」字。「號」，嚴作「嗥」。「嗄」，河上、柰卷作「啞」，傅作「歎」，嚴作「嚘」。案莊子庚桑楚篇「兒子終日嗥而嗌不嗄，和之至也」，釋文：「『嗥』，本又作『號』。『嗄』，本又作『嚘』。」古鈔卷子本正作「兒子終日號而嗌不嚘」，疑出老子。「嗌」乃秦、晉方言，李頤曰：「嗌音厄，謂噎也。」揚雄方言六曰：「廝（音斯）、嗌（惡介反），噎也（皆謂咽痛也，音翳）。楚曰嘶，秦、晉或曰嗌，又曰噎。」老子楚人，當用楚語。

成玄英疏：「言赤子終日啼號而聲不斷嗄者，爲無心作聲，和氣不散也。」成所見本經文，疑作「終日號而嘶不嗄」。彭耜釋文曰：「嗌，咽也。黄茂材云：『古本無嗌字。而「嗌不嗄」，莊子之文也，後人乃增於老子之書，今不取。』」又「嗄」，本又作「噫」，或作「啞」。陸德明曰：「而聲不嗄，當作噫。」道藏張太守彙刻四家注曰：「弼本『嗄』作『噫』。」又引弼曰：「無争欲之心，故終日出聲而不噫也。」是王本作「噫」。噫與欭、噎、嚘均一聲之轉。嚴本作「嚘」，指歸「啼號不嚘，可謂志和」，玉篇亦引作「終日號而不嚘」。説文「嚘」字云：「語未定貌。」揚雄太玄夷：「次三柔，嬰兒于號，三日不嚘。」測曰：「嬰兒于號，中心和也。」語本老子。「嚘」，从口从憂，與「嗄」形近，與「噎」義近，蓋「嗄」爲本字。莊子庚桑楚篇司馬彪注：「楚人謂嗁極無聲曰嗄。」老子楚人，用楚方言，用之秦、晉則爲「嗌」，又爲「噎」。「噎」有憂義。劉端臨經傳小記曰：「噎，憂也。詩『中心如噎』，傳曰：『噎憂不能息也。』噎憂雙聲字。玉篇引『詩「中心如噎」，謂噎憂不能息也』，增一『謂』字，最得毛氏之意。『噎憂』卽『欭嚘』，氣逆也。説文『欭』字注：『憂也。』玉篇『嚘』字注：『老子曰：「終日號而不嚘。」嚘，氣逆也，亦作𣣦。』廣韻：『欭，憂歎也。』『𣣦，氣逆也。』噎、噫、欭、憂一聲之轉。」案端臨所見，王念孫方言疏證補（高郵王氏遺書本第三册）引之，謂「實貫通毛傳、方言之旨」是也。今據以訂正老子，知「號而嗄不嗄」，「嗄」是故書，其演變爲「嚘」，爲「𣣦」，因又轉爲「噫」，爲「啞」，蓋皆方言之變耳。易順鼎曰：「按莊子庚桑楚篇云『終日號而嗌不嗄』，正本老子之文，較之太玄、玉篇更爲近古可據。『嗄』卽史記刺客傳『吞炭爲啞』之『啞』，索隱謂：『啞，瘖病也。』此章以螫、據、搏、固、作、嗄爲韻，皆古音同部字，若作『嚘』則無韻矣。釋文：『嗄，一邁反，又於介反。』音並非。」章炳麟曰：「司馬彪曰：『楚人謂嗁極無聲曰嗄。』今通謂不能言者爲『嗄』，嗁極無聲亦曰『嗄』，通借『啞』字爲之。『啞』本訓笑，易言『笑言啞啞』，然史記刺客列傳已云『吞炭爲啞』，其假借久矣。」（新方言四）據此知「啞」爲假借字，本字實爲「嗄」。「嗄」、「啞」同字，故河上、柰卷作「啞」，然「啞」爲後起之字，欲復老子古本之真，則宜從碑本作「嗄」，作「嚘」、作「𣣦」、作「噫」、作「啞」皆非也。

知和曰常，知常曰明，益生曰祥，心使氣曰强。

嚴可均曰：「知常曰明」，河上作「日明」，下二句皆然。

武内義雄曰：「益生曰祥」之「祥」字，羅振玉所藏敦煌本作「詳」。案「祥」爲「䄷」之假借，與

「壯」同義，與下「物壯則老」之「壯」字相應。

謙之案：羅考異未及此。校羅卷確爲「詳」字，與遂州本同，羅失校。遂本無「知常曰明」句。「曰」字，景福、柰卷作「日」，下三句皆然；室町本下三句作「日」，首句作「曰」。「强」字，樓正、武内敦本作「彊」，傅奕「曰强」作「則彊」。又「益生曰祥」，李道純作「益生不祥」。道德會元序例云：「『益生不祥』，或云『日祥』，或云『曰祥』，皆非也。」李本據河上丈人章句白本，理長。莊子德充符篇：「常因自然而不益生。」蓋益生則老子所謂「生生之厚」，反於自然而動之，不祥是也。「不祥」二字，經文三見：三十一章「夫佳兵者不祥之器」，「兵者不祥之器」，七十八章「受國不祥」。惟此獨作「祥」字，似有可疑。蓋祥有妖祥之義。李奇曰：「内妖曰眚，外妖曰祥。」玉篇：「祥，妖怪也。」是祥卽不祥。道德經取善集引孫登曰：「生生之厚，動之妖祥。」是也。「曰祥」，説亦通。

易順鼎曰：按祥卽不祥。書序云「有祥桑穀共生於朝」，與此「祥」字同義。王注曰：「生不可益，益之則夭。」「夭」字當爲「妖」，蓋以「妖」解「祥」字。謙之案：道藏張太守彙刻四家注引王弼正作「妖」。

馬叙倫曰：河上注曰：「人能知道之常行，則日以明達於玄妙也。」是河上亦作「日明」。成疏曰：「多貪世利，厚益其生，所以煩惱障累，日日增廣。」又曰：「是以生死之業，日日强盛。」是成「曰祥」作「日祥」。……倫謂「日」爲「曰」誤，「曰」、「則」通用。

謙之案：作「曰」是也。淮南道應訓、文子下德篇引並作「曰」，當從之。劉文典三餘札記（卷一）謂「曰當爲日，形似而誤」，以河上本此章爲證，非是。

馬叙倫又曰：「氣」當作「气」，「彊」借爲「僵」。莊子則陽篇「推而彊之」，玉篇引作「僵」，是其例證。……老、莊「氣」字有視「心」字義爲勝者，如莊子人間世篇：「無聽之以耳，而聽之以心；無聽之以心，而聽之以氣。氣也者，虛而待物者也。」應帝王曰：「汝遊心於淡，合氣於漠。」本書「專氣致柔」，「沖氣以爲和」，皆是也。此「氣」字義亦然，故曰「心使氣曰僵」。

俞樾曰：按此下本有「是故用其光，復歸其明」二句，後人因已見於五十二章而删去之耳。淮南道應篇引老子曰：「知和曰常，知常曰明，益生曰祥，心使氣曰强，是故用其光，復歸其明也。」是古本有此二句之明證。且「用其光，復歸其明」，正見物不可終壯之意。故下文曰：「物壯則老，謂之不道，不道早已。」今脱此二句，則與下文之意不屬矣。文子下德篇曰「知和曰常，知常曰明，益生曰祥，心使氣曰强，是謂玄同，用其光，復歸其明」，亦有下二句。

物壯則老，謂之不道，不道早已。

嚴可均曰：「謂之不道」，御注、高翿作「是謂不道」。

羅振玉曰：兩「不」字，敦煌本並作「非」。

謙之案：作「不」是也。「早已」當作「早亡」，説見第三十章。遂州本、顧本「不」作「非」，嚴本上句作「非」，下句作「不」。樓正、磻溪、彭、傅、范、趙並同此石。王羲之「謂之」作「是謂」，河上

「物壯則老」作「物壯將老」，廣明「早已」作「早以」。又太素卷三引老子三句同此。

【音韻】此章江氏韻讀：螫、據、搏、固、作、嗄韻（魚部，螫音恕，搏音布，作音詛，嗄，疏去聲）。常、明、祥、强韻（陽部），老、道、已韻（之、幽通韻，老，盧叟反，已叶音酉）。謙之案：老、道，幽部，已，之部，此之、幽通韻。姚文田、鄧廷楨同，惟「嗄」作「啞」，「已」字無韻。高本漢：「螫」作「赦」，赦、搏、作與據、固相間爲韻，老、道、已韻。

顧炎武唐韻正二十二昔：「螫」去聲則音赦。十九鐸「搏」去聲則音甫，引老子此章，作音則故反，嗄音户。

江有誥唐韻四聲正二十二昔曰：「螫」，施隻切。按古有去聲，當與御部並收。老子玄符篇「毒蟲不螫」，與據、搏（音布）叶。

孔廣森詩聲類（九）魚類曰：古文去入通協者，老子：「猛獸不據，攫鳥不搏，骨弱筋柔而握固。」

鄧廷楨曰：螫、據、搏、固、作、嗄爲韻。按「搏」當作「搏」。說文「搏」字解云：「索持也。」周禮射人「貍首」注云：「貍善持者也，持卽搏也。」淮南子曰：「鳥窮則搏，獸窮則攫。」此其義也。周禮環人「搏諜賊」，經典釋文「搏，房布反」，爲御部字，此其音也。此節上下文皆用御韻，不應此句獨無，惟作「搏」則於韻正叶。又爾雅曰「攫父善顧」，郭注云：「能攫持人，善顧盼。」說文「攫」字解云：「大母猴也，善攫持人。」此節文義，蓋言毒蟲善螫而不螫，猛獸善據而不據，攫鳥善搏而不摶，則於義亦通矣。又「作」，古音讀若阼、胙。夏聲之字古音在御部，説文無「嗄」字。廣韻「嗄」字引老子「終日號而不嗄」，注云：「聲不變也。」莊子庚桑楚曰「終日嗥而嗌不嗄」，與此文同。是老子本作「嗄」，與螫、據、搏、固、作等字爲韻。傅奕校定老子，作「不敷」；玉篇「嚘」字引此句作「不嚘」，注云：「氣逆也。」皆緣不知「嗄」爲入韻之字，故致有異文耳。又老、道爲韻，老、道皆幽部之上聲也。「老」，古音在黝部，詩擊鼓與「手」韻，女曰雞鳴與「酒」韻，采芑與「鯈」、「猶」、「醜」韻，小弁與「首」韻，泮水與「茆」、「酒」、「道」、「醜」韻。

右景龍碑本七十七字，敦煌本七十五字，河上七十九字，王本八十一字，傅本八十三字，范本八十二字。河上題「玄符第五十五」，王本題「五十五章」，范本題「含德之厚章第五十五」。

五十六章

知者不言，言者不知。

謙之案：傅、范本「不言」、「不知」下並有「也」字。河上公、王弼諸本及理惑論、文選魏都賦、運命論兩注引均無二「也」字。輔行記三引同，惟「者」作「則」。莊子天道篇：「則知者不言，言者不知。」知北遊篇：「夫知者不言，言者不知。」語皆本此，亦無「也」字。

塞其兑，閉其門，挫其鋭，解其忿，和其光，同其塵，是謂玄同。

嚴可均曰：「解其忿」，河上作「紛」，王弼作「分」。

武内義雄曰：敦、景、遂三本作「忿」，蓋「紛」爲「忿」之借字。

謙之案：景福、嚴遵、高翿亦作「忿」，邢玄、磻溪、樓正、柰卷、顧、彭、傅、范、趙作「紛」。案呂覽慎大篇「紛紛分分」，注：「恐恨也。」疑「分」字爲「棼」字之省字。左隱四傳「猶治絲而棼之也」，釋文：「亂也。」王本「解其分」，卽解其紊亂也。敦、景、遂本作「忿」。按廣雅釋詁三：「忿，怒也。」易象傳：「君子以懲忿窒欲。」楚辭懷沙「懲改忿兮」，注：「恨也。」「改忿」亦卽「解其忿」，二說均通。

易順鼎曰：按此六句皆已見前，疑爲複出。「挫其鋭」四句，與上篇第四章同，乃上篇無注，而此皆有注，疑此注亦上篇第四章之注也。文選魏都賦、運命論兩注皆引老子「知者不言，言者不知，是謂玄同」，並無此六句，可證其爲衍文矣。

故不可得而親，不可得而踈；

嚴可均曰：「不可得而踈」，河上「不」上有「亦」字，下二句皆然。

羅振玉曰：景福本無「而」字，下五句同。

謙之案：敦、遂二本無六「而」字，嚴、彭、傅、范無「故」字，傅、范本有「亦」字，下同。

不可得而利，亦不可得而害；

畢沅曰：王弼無「亦」字，下同。又「害」作「劌」。蘇靈芝書作「穢」。説文解字：「劌，利傷也。」無「穢」字。

不可得而貴，亦不可得而賤。故爲天下貴。

嚴可均曰：諸本無「亦」字，河上有。

謙之案：「而疎」句，柰卷有「亦」字。「而害」、「而賤」句，柰卷、顧歡有「亦」字。「不可得而貴」，趙無此句。又莊子徐無鬼篇：「故無所甚親，無所甚疏，抱德煬和，以順天下，此謂真人。」語意同此。

【音韻】此章江氏韻讀：門、紛、塵韻（文部）。姚文田、奚侗同。高本漢以兑、鋭，門、紛、塵，光、同交錯爲韻。兑與鋭叶，門與紛、塵叶，光與同叶，此爲隔句押韻式。

右景龍碑本六十八字，敦煌本六十字，河上本六十九字，王本六十六字，傅、范本七十字。河上題「玄德第五十六」，王本題「五十六章」，范本題「知者不言章第五十六」。

五十七章

以正治國，

嚴可均曰：「以正」，御注作「以政」。

武内義雄曰：敦、遂二本作「政」。

謙之案：傅奕、邢玄、磻溪與文子上禮篇引均作「政」。柰卷作「以正之國」，顧歡作「以正理國」，河上公、王弼同此石。尹文子大道下引老子曰：「以政治國，以奇用兵，以無事取天下。政者，名法是也。」顧本成疏「政謂名教法律也」，與尹文子義同，蓋名法家言。案「正」、「政」古二字通用，唯此與「奇」對，當作「正」。四十五章「清靜爲天下正」，與此章「我好靜而民自正」，皆當用本字。

以奇用兵，

嚴可均曰：「以奇」，御注誤作「以其」。

劉師培曰：案「奇」與「正」對文，則奇義同邪。管子白心篇「奇身名廢」注云：「奇，邪不正也。」是奇卽不正，以奇用兵，卽不依正術用兵也。

以無事取天下。吾何以知其然？以此。

謙之案：取天下者，謂得民心也。四十八章：「所謂取天下者當以無事，及其有事，不足以取天下也。」證之以荀子王制篇曰：「成侯、嗣公，聚斂計數之君也，未及取民也。子產，取民者也，未及爲政者也。」楊倞注：「未及，謂其才未及也；取民，謂得民心。」蓋觀有事不足以得民心，卽知無事者之能得民心而取天下也。

嚴可均曰：「知其然」，河上、王弼、高翿「然」下有「哉」字。

武内義雄曰：敦、遂二本「其然」作「天下之然」。

羅振玉曰：景龍、御注、景福三本均無「哉」字。

謙之案：傅、范本「何」作「奚」，又「知」下有「天下」二字。磻溪、樓正、顧歡同。嚴、彭、高翿、吴勉學本無「以此」二字。

俞樾曰：自「以正治國」至此數句，當屬上章。如二十一章曰：「吾何以知衆甫之然哉？以此。」五十四章曰：「吾何以知天下之然哉？以此。」並用「以此」二字爲章末結句，是其例矣。下文「天下多忌諱，而人弥貧」，乃别爲一章，今誤合之。

天下多忌諱，而人彌貧；人多利器，國家滋昏；

嚴可均曰：各本「人」作「民」。

吴雲曰：傅本作「夫天下多忌諱」，諸本無「夫」字。

謙之案：彭、范、高同傅本，有「夫」字。「彌」，傅本作「镾」。説文：「镾，久長也，从長，爾聲；今字作彌。」小爾雅廣詁：「彌，久也。」又儀禮士冠禮「三加彌尊」，注：「猶益也。」晉語「讚言彌興」，東京賦「歷世彌光」，皆以「彌」假借爲「益」。「天下多忌諱」，王注：「所畏爲忌，所隱爲諱。」言天下忌諱愈多，而人乃益貧也。「多利器」句，河上公、王弼上並有「民」字，傅本無。此「民」字，遂州、磻溪、樓正、彭均作「人」。范「器」下有「而」字。范曰：「古本有『而』字。」

人多伎巧，奇物滋起；

謙之案：傅、范本「人」作「民」，河上公、王弼作「人」。傅、范「民多知慧而衺事滋起」，范曰：「王弼同古本，衺與邪同。」案弼注：「民多知慧則巧僞生，巧僞生則邪事起。」是王所見本正作「邪事」，與傅、范、陸希聲本同也。「伎巧」，司馬「伎」作「利」，御注、樓正作「技」。案「邪」、「奇」二字通假。賈子道術：「方直不曲謂之正，反正爲邪。」禮記祭義「雖有奇邪而不治者」，「奇邪」或作「奇衺」。周禮比長「有辠奇衺則相及」，注：「猶惡也。」宮正「與其奇衺之民」，注：「奇衺，譎觚。」內宰「禁其奇衺」，注：「若今媚道。」司救「衺惡過失」，注：「衺惡謂侮慢長老，言語無忌，而未麗於辠者。」此言人多伎巧而邪事滋起也。此章「伎巧」乃「知巧」之譌，王注以「知慧」與「巧僞」並列，强本成疏「知巧謂機心」也。又遂州本正作「知巧」，可證經文當作「人多知巧，衺事滋起」。古謂衺爲奇，謂事爲物，「奇物」所以釋「衺事」之義。然傅、范誼古而理勝，當從之。

法物滋彰，盜賊多有。

嚴可均曰：御注、王弼、高翿作「法令」。河上云：「法物，好物也。」

謙之案：景福、柰卷、河上並作「法物」，樓正、傅、范、王羲之並作「法令」。案作「法令」是也，「法物」無義。强本成疏「法物猶法令」，知「法令」義優。淮南道應訓、文子道原篇、史記酷吏列傳、後漢書東夷傳引並作「法令」。「物」字蓋涉上文「奇物」二字而誤。「法令滋彰」與「上食稅之多」，及「夫佳兵者不祥之器」，均可代表老子之政治主張，非僅反對珍好之物而已。又「彰」，傅、范作「章」，范下有「而」字，贅。

故聖人云：「我無爲，人自化；我好靜，人自正；我無事，人自富；我無欲，人自朴。」

嚴可均曰：「人自化」，各本「人」作「而民」，下三句亦然。「我無事，人自富」，御注此句在「我好静」之上。

畢沅曰：明道藏河上公本下又有「我無情而民自清」句，考諸本皆無之。

紀昀曰：案一本有「我無情而民自清」句。

羅振玉曰：景龍、敦煌、景福三本「樸」均作「朴」。又敦煌本有「我無情而民自清」句。

謙之案：嚴遵、邢玄、磻溪、樓正、遂州及文子道原篇、御覽七六、文選東京賦注「無事」句並在「好静」句上，與御注同。鹽鐵論周秦篇引老子「無欲」句在「無事」句上。又遂州「正」作「政」，傅「静」作「靖」，「自正」上有「天下」二字。

畢沅曰：「靖」，諸本作「静」，「天下」，諸本亦作「民」。莊子作「無爲而萬物化，淵静而百姓定」。又趙孟頫本亦有「我無情而民自清」句。漢書曹參傳顔注引「我無爲，民自化；我好静，民自正」，文同此石，唯「人」作「民」。案作「民」是也，碑本此章「人」字皆避唐諱而改。

【音韻】此章江氏韻讀：貧、昏韻（文部），起、有韻（之部），爲、化韻（歌部），静、正韻（耕部），事、富韻（之部），欲、樸韻（侯部）。姚文田、鄧廷楨、奚侗同。奚曰：「無爲、好静、無事、無欲，語異誼同，變文以叶韻耳。」高本漢以諱、器，貧、昏，隔句交錯爲韻，餘同。

姚鼐曰：清静爲天下正，故以正治國，無二術矣。奇者餘也，零餘之道，備而不施，以是用兵可也。世以奇譎解之，大謬。正、兵合韻。

顧炎武唐韻正五支：「爲」，古音譌。引老子：「道常無爲而無不爲，侯王若能守，萬物將自化。」「我無爲而民自化。」「是以聖人欲不欲，不貴難得之貨；學不學，復衆人之所過；以輔萬物之自然而不敢爲。」

右景龍碑本八十三字，敦煌本八十五字，河上、王本八十八字，傅本九十二字，范本九十四字。河上本題「淳風第五十七」，王本題「五十七章」，范本題「以正治國章第五十七」。

五十八章

其政悶悶，其人醇醇；

嚴可均曰：「其人醇醇」，各本作「其民」，御注、王弼、高翿作「淳淳」。

羅振玉曰：景龍、敦煌、景福三本均作「醕醕」。

武內義雄曰：敦、遂二本「醇醇」作「蠢蠢」。

謙之案：河上公作「醇醇」，意林引作「湻湻」。柰卷、顧歡同河上；樓正、彭、趙同王弼；王羲之與此石同。「醇」、「淳」古通用。馬叙倫曰：「莊子繕性篇『澆淳散樸』，釋文：『淳，本亦作醇。』是其證。」又敦、遂二本作「蠢蠢」。說文：「蠢，動也。」又重言，形況字。左昭廿二傳「今王室實蠢蠢焉」，注：「動擾貌。」說文引作「惷」。又傅、范本及嚴本作「偆偆」。春秋繁露：「偆偆者，喜樂之貌也。」說文：「偆，富也。」又淮南道應訓引作「純純」，純純卽焞焞，亦卽鈍鈍，要之皆愚而無知之貌也。又「悶悶」，傅、范作「閔閔」。范曰：「閔音門。」案「閔閔」、「悶悶」可通用，說見二十章。「悶」，説文：「懣也。」楚辭惜誦「中悶瞀之忳忳」，注：「煩也。」疑「悶悶」本或作「懣懣」。夏竦古文四聲韻引古老子有「懣」字，作[illegible]。易順鼎曰：按道德指歸論云：「不施不予，閔閔縵縵；萬民思軌，墨墨偆偆。」「閔閔」卽是「悶悶」之異文，「偆偆」卽「湻湻」之異文。傅奕本作「閔閔」、「偆偆」，卽本此也。

其政察察，其人⿰甚夬⿰甚夬。

羅振玉曰：敦煌本無「其政」二字。

謙之案：傅、范本「察察」作「詧詧」。又諸本「人」作「民」，遂州本作「人」。「⿰甚夬」，諸本作「缺」。説文：「缺，器破也。」朱駿聲曰：「按謂瓦器破。又按字亦作『⿰古夬』，因誤爲『⿰甚夬』。」

禍，福之所倚；福，禍之所伏。熟知其極？

嚴可均曰：御注作「禍兮福所倚，福兮禍所伏」。河上、王弼有兩「兮」字，無兩「之」字。

謙之案：景福、磻溪、樓正、彭、范、高、王羲之、趙孟頫並與河上、王弼同。遂州本二「兮」字並無。又「熟知其極」，諸本「熟」皆作「孰」。此言衆人不知禍福之所歸也。文子微明篇云：「利與害同門，禍與福同隣，非神聖莫之能分，故曰：『禍兮福所倚，福兮禍所伏，孰知其極？』」吕氏春秋制樂篇云：「故禍者福之所倚，福者禍之所伏。聖人所獨見，衆人焉知其極？」荀子正名篇云：「權不正則禍託於欲，而人以爲福；福託於惡，而人以爲禍。此亦人所以惑亂禍福也。」又大略篇云：「慶者在堂，弔者在閭。禍與福隣，莫知其門。」此與賈誼鵩賦所云：「夫禍之與福，何異糾纏；命不可測，孰知其極？」語皆出於老子。又韓非解老篇云：「故曰『禍兮福之所倚』，以成其功也。……故曰『福兮禍之所伏』……故諭人曰：『孰知其極？』」劉師培以所引於「禍兮」句下有「以成其功也」五字，疑此節多佚文。又御覽四百五十九説苑引老子曰：「得其所利，必慮其所害；樂其所樂，必顧其敗。人爲善者，天報以福；人爲不善者，天報以禍。故曰：『禍兮福所倚，福兮禍所伏。』」易順鼎以所引疑係此處逸文。實則老子語蓋只此三句，韓非「以成其功也」與説苑引「故曰」以上諸語，皆爲後人發揮老子之旨，非其本文，不可不辨。

其無正。政復爲奇，善復爲妖。

嚴可均曰：「其無正」，御注作「正邪」。「政復爲奇」，各本作「正復」。

羅振玉曰：「妖」，御注本作「祅」，敦煌、景福一本作「訞」。

畢沅曰：傅奕作「䄏」，河上公作「訞」，王弼作「妖」。案「妖」應作「媄」，古無「訞」字。

謙之案：傅、范皆作「䄏」，趙作「妭」，御注作「袄」，邢玄、顧、彭作「祅」，遂州本作「訞」。「祅」、「䄏」、「訞」並通。玉篇示部：「祅，於驕切。天反時爲災，地反物爲祅。説文作䄏。」又言部：「訞，災也。」黎本玉篇：「訞，於驕反，字書亦祅字也。」夏竦古文四聲韻引古老子作「訞」（[illegible]）。

又案：「其無正」，「正」讀爲「定」，言其無定也。玉篇：「正，長也，定也。」此作定解，言禍福倚伏，孰知其所極？其無定，卽莫知其所歸也。傅本「正」下有「衺」字，與「邪」同。又奚侗改「正」爲「止」，謂天下之一治一亂，其始卒若環，無止境。説雖可通，但嫌以意改字，奚於四十七章改

「不行而知」作「不知而行」，均無所根據，爲校勘家所不取。

人之迷，其日固久。

嚴可均曰：「人之迷」，御注、河上、高翿作「民之」。

謙之案：礄溪、樓正、顧、范、趙並同御注。彭作「民之迷也」。「其日固久」，御注作「其曰固久」，趙作「其曰固已久矣」，「曰」字誤。王羲之、范、彭作「其日固已久矣」，與易明夷王注引及法言卷十李軌注引並同。嚴、傅本「久」下亦有「矣」字，與范同。「人之迷」，案韓非解老曰：「凡失其所欲之路而妄行者之謂迷。」是也。

是以聖人方而不割，廉而不害，

嚴可均曰：「廉而不害」，御注作「不穢」，王弼作「不劌」。

羅振玉曰：釋文、河上作「害」，景龍、景福、敦煌三本均同。

謙之案：柰卷、室町、顧歡作「害」，遂州、礄溪、樓正及武内敦本作「穢」，韓非解老引此，乾道本作「穢」，道藏本作「劌」。顧廣圻云：「藏本乃以他本老子改耳，韓非自作穢。」王先慎云：「劌、穢聲近而誤，非韓子本作穢也。」今案作「劌」是也。傅、范本均作「劌」，淮南道應訓引亦作「劌」。景龍本作「害」，乃涉上文「割」字而誤。「劌」，莊子釋文：「居衛反，司馬云：傷也。」傷、害義同。「廉而不劌」與上文「方而不割」對文。方，方正也；廉，謂廉隅也：皆稜角傷刺之意。楊倞注荀子不苟篇「廉而不劌」曰：「廉，棱也。說文：『劌，利傷也。』但有廉隅，不至於刃傷也。」此於義爲長。「廉而不劌」一語，荀子中數見。法行云：「廉而不劌，行也。」榮辱云：「廉而不見貴者，劌也。」又禮聘義「廉而不劌」，疏：「廉，稜也。」皆與此同。

直而不肆，光而不曜。

嚴可均曰：「不曜」，御注作「耀」，王弼作「嬥」。

畢沅曰：王弼「燿」作「嬥」。「燿」俗作「耀」。

羅振玉曰：景龍、景福、敦煌三本作「曜」。

王先慎曰：説文無「耀」字，河上公作「曜」，傅本作「燿」。李約本作「方而不割，直而不肆，光而不燿，廉而不劌」，與各本全異，誤倒。

謙之案：「曜」、「燿」、「耀」古通用。今柰卷、室町作「曜」，磻溪、樓正、嚴、顧、彭、趙、傅、范作「耀」。釋名：「曜，耀也，光明照耀也。」玉篇：「曜，余照切，照也。亦作燿。」莊子刻意篇：「光矣而不耀。」漢書司馬遷傳曰：「光耀天下，復反無名。」釋文又作「嬥」。玉篇女部：「『嬥』，徒了、徒聊二切。嬥嬥，往來也。」義亦可通。

【音韻】此章江氏韻讀：悶、醇韻（文部，悶，平聲），察、缺韻（祭部，察音掣），禍、倚韻（歌部，倚音闓），福、伏、極韻（之部，福，方逼反，伏，扶逼反）。奚侗：伏、極、止爲韻，奇、妖爲韻。歌、宵相轉，如易大過過、弱爲韻之例。割、劌、肆、燿爲韻，以燿韻割、劌、肆，音轉，如寀音彌，敹從寀得聲，讀若尞。高本漢：悶（一作「閔」）、淳（一作「偆」）爲韻，妖、久爲韻，劌（一作「穢」，一作

「害」。）割爲韻。姚文田、奚侗、陳柱、高本漢皆未知此章之首尾韻。

顧炎武唐韻正卷八四紙：「倚」，古音於我反。老子「禍兮福所倚，福兮禍所伏」，禍與倚爲韻，福與伏爲韻。

江有誥古韻總論曰：古人有一句首尾爲韻者，如老子「禍兮福所倚」二句是也。

江永古韻標準入聲第三部：「缺」，苦穴切。老子：「其政察察，其民缺缺。」

右景龍碑本六十八字，敦煌本六十四字，河上、王本七十字，傅本七十三字，范本七十一字。

河上題「順化第五十八」，王本題「五十八章」，范本題「其政閔閔章第五十八」。

五十九章

治人事天，莫若嗇。

魏稼孫曰：「治人事天」，御注「人」作「民」。

武内義雄曰：敦、遂二本「嗇」作「式」，「式」爲「嗇」之借字。

謙之案：邢玄「人」亦作「民」。「若」字，嚴、顧、彭、趙作「如」，釋文出「如」字。「嗇」，敦、遂二本及趙志堅本作「式」，作「式」是也。顧本成疏：「『天』，自然也。『式』，法也。『莫若』，猶無過也。言上合天道，下化黎元者，無過用無爲之法也。」是成所見本作「式」。又强本榮注：「莫過以道用爲法式。」是李榮所見本亦作「式」。「式」卽法式，猶今語規律。說文：「式，法也。」周書謚法:「式,法也。」廣雅釋詁一:「式,灋也。」詩下武「下士之式」,傳:「法也。」經文二十二章「聖人抱一爲天下式」,易順鼎曰:「『式』卽『栻』字。廣雅:『栻,梮也。』梮有天地,所以推陰陽,占吉凶,以楓子棗心木爲之。漢書王莽傳『天文郎案栻於前』卽此,字亦作『式』。周禮『太史抱天時,與太師同車』,鄭司農云:『大出師,則太史主抱式以知天時,主吉凶。』……老子『式』字卽此義。」謙之案:易說甚辨。老子爲周柱下史,曾子問引鄭玄云:「老聃,周之太史。」則其曾抱式以知天時,或亦分内之事。惟此云「治人事天莫若式」,乃就法式而言。二十八章「爲天下式」,六十五章「兩者亦楷式,常知楷式」,「式」字均作法式解,而法式之觀念則固從觀察天文之現象來也。

夫唯嗇,是謂早服。

謙之案:「嗇」,敦、遂二本作「式」。「謂」,敦、遂本及嚴、彭、顧、傅、范作「以」。「早」,嚴本作「蚤」。「以」、「蚤」二字並與韓非子解老同。「早服」,敦、遂二本「服」作「伏」,彭、趙作「復」,傅、范同此石。范曰:「王弼、孫登及世本作『早服』。」

俞樾曰:按因學紀聞卷十引此文,兩「服」字皆作「復」,且引司馬公、朱文公説並云「不遠而復」。又曰:「王弼本作『早服』,而注云『早服常也』,亦當爲『復』。」今案韓非子解老篇曰:「夫能嗇也,是從於道而服於理者也。衆人離於患,陷於禍,猶未知退而不服從道理。聖人雖未見禍患之形,虚無服從於道理,以稱蚤服。」然則古本自是「服」字。王説非。

又案：韓非解老引「夫謂嗇，嗇是以蚤服」，盧文弨曰：「張本『謂』作『惟』，『以』作『謂』，凌本『服』作『復』，上下句皆同。王弼本作『復』，釋文：『復音服。』」顧廣圻曰：「傅本及今德經『謂』皆作『惟』。今德經『以』作『謂』，傅本與此合。」

王先慎曰：凌本作「復」者，用老子誤本改也。上文「從於道而服於理」，又言「不服從道理」，又云「虛無服從道理」，卽解老子「蚤服」之義。「服從」之服當作「服」，更無疑義。知韓子所見德經本作「服」，不作「復」也。困學紀聞十引老子「服」作「復」，並引司馬光、朱文公説云「不遠而復」，謂「王弼本作『早服』，而注云『早服常也』，亦當作『復』」。據此則王弼本仍作「服」，與本書合。宋儒據釋文爲訓，未檢韓子也。凌氏依誤本老子改本書，非是。

謙之案：作「蚤服」是也。范本引王本作「早復」，道藏宋張太守彙刻四家注引王注「早復常也」，「早復謂之重積德者也」，是范、張皆見王本亦有作「復」者。司馬光謂：「不遠而復，不離於德，可以修身。」朱熹謂：「能嗇則不遠而復，重積德者，先已有所積，後養以嗇，是又加積之也。」蓋皆以儒家之説解老，擅改「早服」爲「早復」，王先愼所云「誤本」者，殆卽此耳。

高亨曰：竊疑「服」下當有「道」字，「早服道」與「重積德」句法相同，辭意相因，「服道」卽二十三章所云「從事於道」之意也。韓非子引已無「道」字，蓋其挩也久矣。本章嗇、道、德、克、極、母、久、道爲韻。下句「早服」下亦挩「道」字。

謙之案：高説是也。河上公注「早服」句：「早，先也；服，得也。夫獨愛民財，愛精氣，則能先得天道也。」又注「重積德」句云：「先得天道，是謂重積德於己也。」知河上公二句皆有「道」字，今脱。

早服謂之重積德。

王先愼曰：河上「謂之」作「是謂」，與韓非解老文合。

謙之案：嚴遵本無此句。「早服」二字可從韓子注，「服」訓服從道理。虞書「五刑有服」，傳：「從也。」爾雅釋詁：「服，事也。」禮記孔子閒居「君子之服之也」，注：「猶習也。」服有從習之義，謂從於道而習於理也。又「德」借爲「悳」。廣雅釋詁三：「德，得也。」左襄廿四傳：「德，國家之基也。」家語入官：「德，政之始也。」吕覽精通：「德也者，萬民之宰也。」皆借「德」爲「悳」。言早服從道理，則積得深厚也。

重積德則無不剋，無不剋則莫知其極。

嚴可均曰：「則無不剋」，御注、王弼作「不克」，下句亦然。

謙之案：景福、嚴遵、河上、室町、柰卷均作「剋」，敦煌、傅、范作「克」，遂州誤作「充」。嚴無下「無不剋則」二句。案「克」、「剋」可通用。字林、爾雅釋言均訓「克」爲能。河上注：「克，勝也。」案字林「剋，能也」，是音義同。又「莫知其極」，爾雅釋詁：「極，至也。」吕覽制樂「樂人焉知其極」，注：「猶終也。」禮記大學「君子無所不用其極」，注：「盡也。」離騷「觀民之計極」，注：「窮也。」此「莫知其極」，卽莫知其所窮盡之義。

莫知其極，可以有國。有國之母，可以長久。

謙之案：敦、遂二本「莫」作「能」，嚴本「有」作「爲」，遂州本「長久」作「久長」。范本「極」下有「則」字。范曰：「『則』字，河上公、韓非同古本。」

是謂深根、固蔕、長生、久視之道。

畢沅曰：「柢」，河上公作「蔕」，韓非作「深其根，固其柢」，無「是謂」二字。蘇靈芝書亦爲「蔕」。

嚴可均曰：「固蔕」，御注作「故蔕」，王弼作「固柢」。

羅振玉曰：「柢」，釋文：「亦作『蔕』。」敦煌、御注、景福三本作「蔕」。

謙之案：遂州、邢玄、磻溪、樓正、室町、柰卷、嚴、顧、趙、高並作「蔕」，意林、御覽六百五十九引同。傅、范本作「柢」。范曰：「『柢』字，傅奕引古本云：『柢，木根也。』又引郭璞云：『柢謂根柢也。』河上公作『蔕』，非經義。夫『柢』亦是根。」謙之案：字林云：「蔕、柢音同。」夏竦古文四聲韻卷四引古老子亦作「蔕」（[illegible]），范說非。又「長生久視」爲當時通行語。荀子榮辱篇云：「是庶人之所以取煖衣飽食、長生久視以免於刑戮也。」呂氏春秋重己篇云「世之人主貴人，無賢不肖莫不欲長生久視」，高誘注：「視，活也。」老子義同此。

【音韻】此章江氏韻讀：嗇、嗇、復、德、德、克、克、極、國、母、久、道韻（之、幽通韻，嗇，史入聲，服叶房逼反，克，枯力反，國，古逼反，道叶徒以反）。謙之案：嗇、復、德、克、極、國、母，之部，久、道，之、幽並收，此之、幽通韻。姚文田分啻、啻，服、德、克、極、極、國爲一韻（一戠入聲），母、久爲一韻（四之上聲）。鄧廷楨同。鄧曰：「久字上與母韻，與詩韻同；下與道韻，與易象傳韻同。」奚侗分啻、啻、復、復、德、德、克、克、極、極、國爲一韻，復讀若服。母、久、道爲一韻。蓋皆未審「之」、「幽」諸字其初皆全相叶也。又「啻」，敦、遂本作「式」，「式」亦之部入聲。陳第屈宋古音義曰：「服音逼，詩、易及秦、漢古辭無有不讀逼者。」顧炎武唐韻正入聲一屋：「服」，古音蒲北反，引老子此章。旁證：楚辭離騷：「瞻前而顧後兮，相觀民之計極，夫孰非善而可服！」

右景龍碑本六十四字，敦煌本六十三字，河上、王、傅本六十四字，范本六十五字。河上本題「守道第五十九」，王本題「五十九章」，范本題「治人事天章第五十九」。

六十章

治大國若亨小鮮。

羅振玉曰：「亨」，王本作「烹」，與景福本同。釋文出「烹」，注：「不當加『火』。」則王本原作「亨」，今改正。景龍本、敦煌本均作「亨」，御注本、敦煌庚本作「享」。又「鮮」，敦煌辛本作「腥」，注：「河上作『鮮』。」

謙之案：遂州本作「厚小腥」，「厚」字誤。范本作「亨小鱗」，注：「小鱗，小魚也。治大國譬如亨小鱗。夫亨小鱗者不可擾，擾之則魚爛。治大國者當无爲，爲之則民傷。蓋天下神器不可爲也。」鱗、神爲韻，於義可通。又「腥」字，成玄英疏：「腥，魚也；河上公作鮮字，亦魚也。」唯腥有臭義。楚辭涉江「腥臊並御」，注：「臭也。」又「肉則麋腥」，疏：「生肉也，又爲鮏。」通俗文：「魚臭曰腥。」作「腥」義短，仍從碑本作「亨小鮮」爲是。孔廣森詩聲類三「亨」字下曰：「案『亨』、『烹』、『享』三字，後人所别，古人皆祇作『亨』字，而隨義用之，其讀似亦祇有亨音。」河上注：「烹小魚不去腸，不去鱗，不敢撓，恐其糜也。」淮南齊俗訓引老子曰：「治大國若烹小鮮，爲寬裕者，曰勿數撓，爲刻削者，曰致其鹹酸而已。」皆合老子古義。

洪頤煊曰：按韓非子解老篇：「事大衆而數摇之，則少成功；藏大器而數徙之，則多敗傷；烹小鮮而數撓之，則賊其澤；治大國而數變法，則民苦之。是以有道之君貴静，不重變法。故曰：『治大國者苦烹小鮮。』」「若」是「苦」字之譌。

易順鼎曰：舊注皆以烹小鮮爲烹小魚，然義頗難解。道德指歸論治大國篇云：「是以明王之治大國也，若亨小澌。」亨，通也。「澌」者，説文云：「水索也。」水索謂水將盡。亨小澌，謂通極小之水，若行所無事矣。「亨」讀如字，後人誤讀爲烹，「澌」與「鮮」古字亦通。詩「有兔斯首」，箋：「斯，白也。」今俗語「斯白」之字作「鮮」，是其證。小鮮卽小澌也。

謙之案：洪、易皆頗迂曲其説，惟以此知「若」字疑本或作「苦」，「鮮」字疑嚴本作「澌」，是也。又韓非解老引「國」下有「者」字，顧廣圻曰：「傅本及今德經皆無『者』字。」王先慎曰：「治要有

『者』字。」今案三國志卷四十四陳壽評，「治大國者若亨小鮮」，後漢書循吏傳注引「理大國者若亨小鮮也」，蜀志姜維傳評引「治大國者猶烹小鮮」，皆有「者」字。北堂書鈔二十七引「治國若烹小鮮」，後漢書逸民傳引「理大國若烹小鮮」，類聚五十二、淮南齊俗訓、文子道德篇引「治大國若烹小鮮」，均無「者」字，同此石。又馬其昶曰：「詩毛傳云：『烹魚煩則碎，治民煩則散，知烹魚則知治民。』義出老子。」

以道莅天下，其鬼不神。

顧廣圻曰：傅本「下」下有「者」字，與各本全異。

王先愼曰：治要引老子亦有「者」字，蓋唐人所見老子本有「者」字。

羅振玉曰：敦煌庚本、景福本均有「者」字。

謙之案：柰卷、室町、彭、趙亦有「者」字。

又「莅」，傅本作「涖」。畢沅曰：「古『涖』字作『竦』，亦通用位，俗作『涖』及『莅』，並非也。」陸德明曰：「莅，古無此字，説文作『竦』。」易順鼎曰：「按淮南俶真訓注云：『以道竦天下，其鬼不神。』『竦』乃『蒞』之正字，知高誘所見老子本作『竦』，作『蒞』與『涖』者非也。此與説文引老子書『盅』字，同爲古文之可寶貴者。」

謙之案：「竦」與「蒞」義同。「莅」，玉篇：「力致切。詩云：『方叔莅止。』蒞，臨也。」「竦」，玉篇：「力季、力至二切，臨也，從也。」此云「以道竦天下」者，卽以道臨天下也，與「莅」無二義。

「莅」字見詩經，説文未收，非古無此字。

謙之案：論衡知實篇曰：「故夫賢聖者，道德智能之號；神者，渺茫恍惚無形之實。」以「賢聖」與「神」對舉，其誼出於老子。又王道曰：「傳曰：『國將興，聽於人；國將亡，聽於神。』聖人以道臨天下，則公道昭明，人心純正，善惡禍福，悉聽於人；而妖誕之説，陰邪之氣，舉不得存乎其間，故其鬼不神。」

非其鬼不神，其神不傷人。

嚴可均曰：「御注作「傷民」，下二句亦然。

謙之案：慶陽、磻溪、樓正、彭、范、高並作「民」，傅本作「人」。韓非子引「非其鬼不神，其神不傷人也」，下有「也」字。惟乾道本「傷」下脱「人」字。

顧廣圻曰：傅本及今德經皆無上下兩「也」字。藏本「傷」下有「人」字，是也，傅本及今德經皆有。

非其神不傷人，聖人亦不傷人。夫兩不相傷，故得交歸。

嚴可均曰：「交歸」，各本作「交歸焉」。

魏稼孫曰：御注「故德交歸焉」，嚴舉「焉」字，失校「德」字。

羅振玉曰：景龍本、敦煌辛本均作「故得交歸」。

謙之案：慶陽、磻溪、樓正、彭、范、高「人」並作「民」。韓非子解老「故」作「則」，與范本同。又引「聖人亦不傷民」，顧廣圻曰：「傅本及今德經『民』皆作『人』。案韓子自作『民』。」王先慎曰：「上當有『非其神不傷』句，惟趙孟頫本無，疑刊本書者從誤本老子删之也。河上公、王弼、傅本並有。」又案「亦」字，諸本同，惟敦煌辛本作「之」，並云：「諸本皆作『亦』字，唯張係天（案强本成疏『天』作『師』）、陸先生本作『之』字。然『之』、『亦』二字形似，故寫者誤作『亦』字，今用『之』爲是。言非此鬼之不傷物，但爲人以道蒞天下，能制伏耶惡（顧本、强本成疏『耶』作『邪』），故鬼不復傷害於人，力在聖治（顧本成疏『治』作『理』），故云『聖人之不傷人』也。」

陶鴻慶曰：「非其」二字，蓋涉上文「非其鬼不神」而誤衍也。王注云：「道洽則神不傷人；神不傷人，則不知神之爲神。道洽則聖人亦不傷人；聖人不傷人，則不知聖之爲聖也。猶云不知神之爲神，亦不知聖人之爲聖也。」是其所見經文本作「神不傷人，聖人亦不傷人」。

【音韻】此章江氏韻讀無韻。姚文田：鮮、神、神、人韻（七真平聲）。高本漢同。奚侗：鮮、神、神、人、人、人韻。陳柱：鮮、神、神、人、人、人、焉韻。謙之案：鮮與神、人、焉爲韻是也。鮮，神、人，真部；焉，元部，此爲元、真通韻。

右景龍碑本不分章，四十七字，敦煌本、河上本同，王、范本四十八字，傅本四十九字。敦煌本題「治大國章」，河上題「居位第六十」，王本題「六十章」，范本題「治大國章第六十」。

六十一章

大國者下流，

高亨曰：此句當作「治大國若居下流」，轉寫挩「治」字「若」字，而「居」字又譌爲「者」字也。河上注：「治大國當如居下流。」是河上本原作「治大國若居下流」，其證一也。王注：「江海居大而處下，則百川流之；大國居大而處下，則天下流之。故曰『大國下流』也。」末句當作「故曰『治大國若居下流』也」，轉寫挩字。蓋王以江海之處下喻大國之處下，即釋經文「若」字，「處下」即釋「居下」，是王本原有「若」字「居」字無「者」字，明矣。其證二也。釋文「莅」字「牝」字之間出「治」字，云：「直吏反。」是陸所據王本原有「治」字，明矣。其證三也。「治大國若居下流」與上章「治大國若烹小鮮」句法一律，文有譌挩，遂不可讀矣。論語陽貨篇：「惡居下流而訕上者。」子張篇：「君子惡居下流。」可證「居下流」爲古代習用語。居下流者不敢自滿自傲，故老子取焉。

天下之交，天下之牝。牡常以靜勝牝，以靜爲下。

嚴可均曰：「天下之牝」，御注作「之交」，高翿作「之交牝」。「牡常以靜勝牝」，各本作「牝常以靜勝牡」。魏稼孫曰：嚴分「天下之牝」及「牡常以靜勝牝」爲二條。按各本作「牝常以靜勝牡」，當以六字爲句，如此刻則似「天下之牝牡」一句，「常以靜勝」一句，「牝以靜爲下」句。

謙之案：「天下之交」，敦煌辛本及遂州本「交」作「郊」，成玄英曰：「郊，郊外也。」又「天下之郊」重疊，成曰：「『天下之郊』牒前，又以生後句也，無上『牝』字。」嚴遵本作「大國者，天下之流，天下之所交」，無「常」字，下「以」上有「牝」字。范本作：「天下之下流，天下之所交也。天下之牲，牝常以静勝牡，以其静，故爲下也。」傅本末句同范本，「静」作「靖」。磻溪、樓正、顧歡、高翿作「天下之交牝」，敦、遂二本無「以静爲下」句。諸本紛異，碑本句讀從嚴可均，惟第三句當從諸河上本作「牝常以静常牡」。蓋「天下之牝」猶言天下之母也。二十五章「以爲天下母」，説文：「母，牧也。」段注：「牧者，養人者也。以譬人之乳子，引申之，凡能生以啓後者，皆曰母。」牝，畜母也，雌也，主生養人，故與「母」同義。下云「大國不過欲兼畜人」，兼畜人者，即善生養人，乃言牝也。吴澄注：「牝不先動以求牡，牡常先動以求牝。動求者招損，静俟者受益，故曰『以静勝牡』。動求者居上，静俟者居下，故曰『以静爲下』。」吴説得之。

又案：「静」字，敦煌辛本作「彭」，傅本作「靖」。「静」、「彭」、「靖」三字可通用。夏竦古文四聲韻卷三出「静」字，引古老子作□。又出「彭」字，引古老子作□、□、□，卷四出「浄」字，引古老子字與「彭」字下所引同，引籀韻作□，惟無「靖」字。蓋「靖」即「浄」字。四十五章「清静以爲天下正」，敦煌己本「静」作「浄」，知「静」、「浄」、「靖」三字互通。

又案：「交」字，即六十章「故得交歸」之「交」。吴澄曰：「交，會也。大國者，諸小國之交會，如水之下流，爲天下衆水之交會也。」可見遂州本以「交」爲「郊」，與磻溪、諸本以「交牝」連文，均誤。

故大國以下小國，則取小國；小國以下大國，則取大國。

嚴可均曰：「則取大國」，御注作「則聚」。

羅振玉曰：御注本、敦煌辛本均作「聚」，下「而取」同。

謙之案：遂州、顧歡、道藏河上本、趙至堅本亦作「聚」。成玄英疏：「小國自知卑下，守分雌柔，聚於大國之中，欽風慕義也。」又曰：「小國用柔，故聚於大國；大國用下，故取得萬國之歡心。用下則同，聚取斯別，故言或也。」知成疏下句下「取」亦作「聚」。又「取」下，傅本皆有「於」字。

勞健曰：「聚」字諸本多誤同上句，亦作「取」。開元本、敦煌唐寫本，周氏殘片與道藏龍興碑本、趙至堅本皆作「聚」，是也。聚者猶言附保，卽下章「不善，人所保」之義。諸作「取」者，當是「冣」之譌。説文：「冣，積也。」徐鍇曰：「古之人以聚物之聚爲冣。」按此字自漢以來，相承用爲「最」字，如蔡湛頌碑「三載勳冣」，卽其例。是必傳寫者不識「冣」字本義，乃妄去「冖」作「取」，注家多因而曲爲之説，實不可通也。

謙之案：「取」字卽聚義，上一「取」借爲「聚」。左昭二十傳「取人于萑苻之澤」，莊子天運篇「取弟子遊居寢卧其下」，皆聚義。易萃卦象「聚以正也」，釋文：「荀作取。」知「取」、「聚」字通，不必改字。下二「取」字爲「聚於」義，卽趣義。釋名釋言語：「取，趣也。」漢書王吉傳注：「取，進趣也。」按趣，向也。淮南原道「秉其要歸之趣」，卽向也。小國而下大國，則趣向於大國。

故或下以取，或下如取。

嚴可均曰：御注下句作「或下而聚」，河上、王弼、高翿作「而取」。

羅振玉曰：敦煌本「以」作「而」。下句景龍、景福、敦煌庚本均作「如」，辛本作「而」。

謙之案：傅本無「故」字。遂州、顧歡、道藏河上本、趙志堅本下「取」亦作「聚」。嚴遵本作「故或下而取，或下而取於人」。

俞樾曰：按古「以」字與「而」字通。周易同人象傳曰：「文明以健，中正而應。」繫辭傳曰：「蓍之德圓而神，卦之德方以知。」昭十一年左傳曰：「桀克有緡以喪其國，紂克東夷而隕其身。」孟子告子篇曰「秦、楚之王悅於利，以罷三軍之師」；「秦、楚之王悅於仁義，而罷三軍之師」。並「以」、「而」互用，是其義同也。「大國以下小國，則取小國，小國以下大國，則取大國」，猶曰大國而下小國，則取小國，小國而下大國，則取大國也。故「或下以取，或下而取」兩句文義無別，疑有奪誤。

大國不過欲兼畜人，小國不過欲入事人。此兩者各得其所欲，大者宜爲下。

嚴可均曰：「此兩者」，河上、王弼「此」作「夫」，高翿無「此」字。

羅振玉曰：景福本、敦煌庚本無「夫兩者」三字，御注本、敦煌辛本「大者」句首均有「故」字。

謙之案：邢玄、磻溪、樓正、彭、范、趙、高均無「此」字，有「故」字。范作「故大國者宜爲下」。又此章武内敦本與羅卷辛本同，與庚本異。

【音韻】此章江氏韻讀無韻，諸家並同。陳柱：四「國」字韻，兩「人」字韻。

右景龍碑本不分章，八十二字，敦煌辛本八十字，河上、王本八十二字，傅本八十九字，范本九十一字。河上本題「謙德第六十一」，王本題「六十一章」，范本題「大國者天下之下流章第六十一」。

六十二章

道者，万物之奧。

謙之案：羅卷、范本同上。彭、傅本下有「也」字，後漢書馮衍傳注引亦有「也」字。「奧」字，說文：「奧，宛也，室之西南隅。」夏竦古文四聲韻卷四出「奧」、「懊」、「墺」、「隩」四字，下三字均引古老子，惟「奧」字下無，疑古本「奧」字有偏旁。書堯典「厥民隩」，司馬遷作「其民燠」，馬融曰：「隩，煖也。」孫星衍疏曰：「史公『隩』作『燠』者，老子釋文：『奧，暖也。』」「隩」、「奧」通字，「燠」義同煖，是奧有煖義。但亦有藏義，廣雅釋詁：「奧，藏也。」河上注：「奧，藏也。道爲萬物之藏，無所不容也。」

彭耜釋文曰：「『奧』，李烏報切。言道體無外而萬物資給於奧中。」隋書經籍志曰「道者，蓋爲萬物之奧」，卽本此。合此二義，則道爲萬物之奧，卽爲萬物之溫煖處也。高亨說：「奧，藏穀也，从廾，奉米內穴中。」此則非是。案字鑑曰：「奧，於到切，深也，从宀从釆。音辨从廾，音拱，今作大，俗。中从米粟字，誤。」

善，人之寶；不善，人之所不保。

嚴可均曰：「不善，人之所不保」，各本作「所保」。

羅振玉曰：敦煌辛本「所」下有「不」字。

武内義雄曰：敦、景、遂三本作「所不保」，「不」字恐衍。

謙之案：嚴遵亦作「所不保」，趙志堅同，但「保」作「寶」。尹文子大道篇引「不善人之所寶」，傅、范本有「所」字，無「不」字。今案此文當以「善」、「不善」斷句，道既含有萬物庇蔭之義，則「善」、「不善」均在奥中。惟人則不能無所選擇，善爲人之寶，故「寶而持之」，持之猶固執之也。「不善，人之所不保」，以不善則爲人所不附，莊子列禦寇篇「人將保汝矣」，司馬云：「保，附也。」不保猶言人將不親附之也。

美言可以市尊，行可以加人。

謙之案：傅本作「美言可以於市，尊言可以加於人」，范同，惟「言」作「行」，注云：「『於市』上疑脱一字。」蓋此文傳寫多誤，傅、范本亦然。淮南子人間訓、道應訓引並作「美言可以市尊，美行可以加人」，可據改正。

俞樾曰：按淮南子道應訓、人間訓引此文，是今本脱一「美」字是也。惟人間訓引「君子曰」，王念孫云：「『君子』本作『老子』，此淺學人改之也。」今老子作「美言可以市，尊行可以加人」，無下「美」字，而以「市」字絶句，「尊」字下屬爲句。道應篇引老子亦有下「美」字，則所見本異也。

謙之案：此文以「美言」與「美行」對文，又「尊」、「人」二字，尊，文部，人，真部，此文、真通韻，宜從淮南。

人之不善，何弃之有？

羅振玉曰：敦煌辛本「何」作「奚」。「棄」，景龍本、敦煌庚本均作「弃」。謙之案：遂州、顧歡、趙志堅本均作「奚」，顧本成疏：「奚，何也。」意林諸本引並作「何」。美言美行既見重於人，則不善者可以善者爲師，而進至於善，故曰「何弃之有」。

故立天子，置三公，雖有拱辟以先駟馬，不如坐進此道。

武内義雄曰：「拱璧」，敦本作「供之璧」，「之」字恐衍。又「駟馬」作「四馬」。

謙之案：左傳襄十九年正義引老子曰：「雖有拱抱之璧以先駟馬。」「拱抱之璧」即王注所云「拱抱寶璧」也。易順鼎非之，謂：「左傳襄三十一年『叔仲帶竊其拱璧』，杜注：『拱璧，公大璧。』玉篇：『珙，大璧也。』『拱璧』卽『珙璧』。」今案：范本正作「珙璧」。

古之所以貴此道者何？不曰求以得，有罪以勉，故爲天下貴。

嚴可均曰：「不日求以得」，河上、王弼「求」字在「以」字下，高翿「日」作「曰」。「有罪以勉」，諸本作「以免邪」，高翿作「不免邪」。

羅振玉曰：敦煌庚本無「何」字，辛、壬本有之。景龍、御注、敦煌庚、辛本均作「求以得」，王本、景福本作「以求得」。庚本「得」下有「之」字。又景龍本、敦煌辛本均無「也」字。

畢沅曰：河上公作「日」，王弼作「不曰以求得」。

陳碧虛曰：古本作「不曰求以得」，嚴君平本作「不求而自得」。

謙之案：論碑文，「曰」亦作「日」，嚴校誤。羅卷、傅、范、彭、王羲之、趙孟頫均作「曰」，御注、磻溪、景福、樓正、室町、柰卷、顧歡作「日」，作「日」譌。

俞樾曰：唐景龍碑及傅奕本並作「求以得」，正與「有罪以免」相對成文，當從之。「古之所以貴此道者何」九字爲句，乃設爲問辭以曉人也。「不曰求以得，有罪以免邪」，言人能修道則所求者可以得，有罪者可以免也。「不曰」字「邪」字相應，猶言豈不以此邪，謙不敢質言也。下云「故爲天下貴」，則自問還自答也。河上公本「不曰」誤作「不日」，因曲爲之説曰「不日日遠行求索，近待於身」，失其義矣。

謙之又案：此文「貴」字有二義。説文：「貴，物不賤也。」此可訓上一「貴」字。老子「不貴難得之貨」，王注「隆之稱也」是也。下一「貴」字，從聲訓爲歸。初學記引説文：「汝、穎言『貴』聲如『歸』。」又釋名釋言語：「貴，歸也，物所歸仰也。汝、穎言貴聲如『歸往』之歸也。」此言「爲天下貴」，卽爲天下所歸往也。舊解作「尊貴」之貴，非。

【音韻】此章江氏韻讀：奥、寶、保韻（幽部，奥，胡叟反，寶音褓）。鄧廷楨同。奚侗、陳柱、高本漢增尊、人爲韻。奚曰：「各本挩下『美』字，而斷『美言可以市』爲句，『尊行可以加人』爲句，大謬。茲從淮南道應訓、人間訓引訂正；二句蓋偶語亦韻語也。」又勞健曰：「『坐進此道』，案『道』字與上文『有』字、『馬』字韻。」謙之案：馬，古音姥。尊、人爲文、真通韻。『尊』，廣韻誤入霰韻，謂讀若鎮。

右景龍碑本不分章，八十一字，敦煌本八十一字，河、王本八十字，傅本八十五字，范本八十三字。河上題「爲道第六十二」，王本題「六十二章」，范本題「道者萬物之奥章第六十二」。

六十三章

爲無爲，事無事，味無味。

謙之案：成玄英莊子逍遥遊篇疏、後漢書荀爽傳引首二句並同，文子道原篇引首二句同，第三句作「知不知也」，疑「味」字乃「知」字倒植而誤。知無知，卽七十一章「知不知上」之旨。

大小多少，報怨以德。

姚鼐曰：「大小多少」下有脱字，不可强解。

謙之案：「大小多少」，卽下文「天下難事必作於易，大事必作於細」之説，詎非不可解。六十四章「九層之臺，起於累土；千里之行，起於足下」，亦卽本此。此謂大由於小，多出於少。韓非曰：「有形之類，大必起於小；行久之物，族必起於少。」

又案：劉向新序雜事四引「報怨以德」句。論語憲問篇：「或曰：『以德報怨何如？』子曰：『何以報德？以直報怨，以德報德。』」康有爲孔子改制考曰：「以德報怨，其學出於老子。」

啚難於易，爲大於細。

嚴可均曰：各本「於」下皆有「其」字。

羅振玉曰：景龍本、敦煌辛本均無「其」字。

謙之案：韓非喻老及難三篇，又續漢書五行志引馬融集，並有「其」字，傅、范本「於其」上並有「乎」字，遂州、嚴遵、顧歡、强本成疏、榮注及意林引並無「其」字。

天下難事，必作於易；天下大事，必作於細。

武内義雄曰：敦、遂二本「細」作「小」。

羅振玉曰：敦煌辛本無「天下」二字。

謙之案：據貞松堂藏西陲秘籍叢殘校敦煌壬本有「天下」二字，遂州本無。又彭、趙、傅、范及韓非喻老篇於「難事」、「大事」上，均有「之」字。嚴本二句「難事作於易，大事作於細」，高翿「細」均作「紗」。

是以聖人終不爲大，故能成其大。

武内義雄曰：敦、遂二本無此二句。

謙之案：敦煌壬本有此二句。

奚侗曰：二句乃三十四章文，複出於此。

夫輕諾必寡信，多易必多難，是以聖人猶難之，故終無難。

嚴可均曰：「故終無難」，王弼作「無難矣」。

魏稼孫曰：「猶難」，御注「猶」作「由」。

羅振玉曰：景龍、御注、景福及敦煌庚、辛、壬諸本均無「矣」字。

謙之案：嚴遵本無「夫」字，二「必」上均有「者」字，與傅、范同。遂州、磻溪、樓正、嚴、顧、河上、柰卷、王羲之、高翿亦均無「矣」字，同此石。

【音韻】此章江氏韻讀無韻。奚侗：爲、味韻，易、細、易、細、大、大韻。案爲、味實際非韻。

右景龍碑本七十六字，敦煌本七十一字，河上本七十八字，王本七十九字，傅本八十五字，范本八十四字。河上題「恩始第六十三」，王本題「六十三章」，范本題「爲无爲章第六十三」。

六十四章

其安易持，其未兆易謀，其脆易破，其微易散。

嚴可均曰：「其脆易破」，河上作「其膬」，王弼作「易泮」。

羅振玉曰：「易泮」，景龍、御注、景福、敦煌庚、辛、壬諸本均作「破」。

武内義雄曰：敦、遂二本「脆」作「毳」。

謙之案：范本「脆」作「脃」，「破」與傅本作「判」。范曰：「判，分也。王弼、司馬公同古本。」是范所見王本作「判」。「泮」、「判」字通。遂州、邢玄、磻溪、樓正、柰卷、河上、嚴、顧、趙及治要引均作「破」。又「脆」字，敦、遂二本作「毳」。釋文曰：「河上本作膬。」又七十六章「萬物草木之生也柔脆」，遂本作「柔毳」。「脆」卽説文「脃」字。一切經音義卷十四引説文「脃」作「小耎易斷也」，卷三十二引作「少肉耎易斷也」，與二徐本及玉篇引均合。惟卷三引有「或作膬」三字，田潛説文箋卷四以爲是「膬」爲「脃」之或體。二徐本「膬」訓「耎易破也」，别爲一字。周禮釋文謂字書無「脃」字，但有「膬」字。李善於魏都、七發分引此二字，固可證有「脃」字。慧琳引「或作膬」，尤足證「脃」、「膬」爲一字。玉篇「脃」、「膬」音訓相同，亦是一證。惟「脆」當從范本作「脃」，作「脆」俗。「毳」，當從古文作「膬」。夏竦古文四聲韻卷五引古老子正作「脃」。

爲之於未有，治之於未乱。

羅振玉曰：敦煌庚本「於」下有「其」字。

謙之案：賈誼新書審微篇引老聃同此石。傅、范本兩「於」字並作「乎」，史記蘇秦傳引「於」並作「其」，下並有「也」字。吴志孫策傳引同敦本。嚴遵本二「於」字並無。

又大田晴軒曰：「尚書周官：『制治於未亂，保邦於未危。』王西莊後案以爲用此章之語。」

又案：景龍、羅卷、柰卷「亂」均作「乱」，俗字。案字鑑四：「亂，説文从乙从𤔔。俗作乱。」

合抱之木，生於毫末；九層之臺，起於累土；

羅振玉曰：「層」，敦煌庚本作「成」，辛本作「重」，壬本作「曾」。

謙之案：類聚八八引首二句，六二引下二句，均同。「毫」，慶陽、羅卷、柰卷、高翿、傅、范均作「豪」。傅「抱」作「袌」。又「層」，傅、范作「成」，遂州、嚴遵作「重」。説文：「層，重屋也。」吕覽音初篇「有娀氏有二佚女，爲之九成之臺」，高注：「成猶重也。」又爾雅以丘一重、再重爲一成。楚辭九問：「璜臺十成。」十成卽十重也。成、層、重義同。

高亨曰：「累」當讀爲蔂，土籠也。起於累土，猶言起於蕢土也。淮南子説山篇「針成幕，蔂成城，事之成敗，必由小生」，高注：「蔂，土籠也。」字亦作「虆」。孟子滕文公篇「虆梩而掩之」，劉熙注：「虆，盛土籠也。」（音義「虆」或作「蔂」）字又作「螺」。越絶書：「越人使干戈人一堁土以葬之。」司馬貞曰：「堁，小竹籠以盛土也。」又或作「欙」。管子山國軌篇「梩籠欙箕」（據王念孫讀書雜志校），是也。「欙」卽「累」之正字。

千里之行，始於足下。

羅振玉曰：敦煌辛本「千里之行」作「而百刃之高」，「始」作「起」。

謙之案：遂州本、趙志堅本作「百刃之高」，「始」作「起」。嚴遵本「刃」作「仞」。成玄英曰：「河上本作『千里』，此言『百仞』，七尺曰仞。」是成與嚴同。

馬叙倫曰：言遠亦得稱仞。然古書言仞，皆屬於高。疑上「九層」句，蓋有作「百仞」者，傳寫乃以誤易「千里」耳。

謙之案：荀子勸學篇云：「蹞步而不休，跛鼈千里；累土而不輟，丘山崇成。」蓋本此文。足證「千里之行」是故書。

爲者敗之，執者失之。是以聖人無爲，故無敗；無執，故無失。

嚴可均曰：河上無「是以」。

羅振玉曰：景福、敦煌庚、壬三本均無「是以」二字。又敦煌壬本「無執」上有「聖人」二字。

謙之案：柰卷與敦煌壬本同，嚴本「是以」作「故」，下二「故」字作「則」。又碑本「埶」字乃「執」之別構。

奚侗曰：四句與上下文誼不相屬。此第二十九章中文，彼章捝下二句，誤羼於此。

民之從事，常於幾成而敗之。慎終如始，則無敗事。

謙之案：彭本「民」上有「故」字，傅、范本「於」下有「其」字，遂州本「民」作「人」，彭、傅本「事」下有「矣」字。

按韓詩外傳云：「官怠於有成，病加於小愈，禍生於懈惰，孝衰於妻子，察此四者，慎終如始。」蓋亦本此。

是以聖人欲不欲，不貴難得之貨；學不學，復衆人之所過。

嚴可均曰：「復衆人」，御注作「衆民」。

羅振玉曰：「復」，敦煌辛本作「備」。

謙之案：羅卷壬本作「復」，遂州作「備」，諸王本、宋河上本、傅、范本均作「復」。傅本「復」上有「以」字，論王注亦有「以」字。

劉師培曰：韓非喻老篇述此義曰：「故知者不以言談教，而慧者不以書藏篋，此世之所過也，而王壽復之，是學不學也。故曰：『學不學，復歸衆人之所過也。』」據此，則古本「復」下有「歸」字，與十四章「復歸於無物」、二十八章「復歸於嬰兒」、「復歸於無極」、「復歸於樸」一律。

謙之案：劉説非也。「復歸」之「歸」字無義，敦煌一本作「備」，成玄英曰：「復，河上作備。」「備」亦無義。復也者，猶復補也。莊子德充符篇：「夫無趾，兀者也，猶務學以復補前行之惡。」此復之本義。韓非喻老篇引「復歸衆人之所過也」，顧廣圻曰：「傅本及德經無『歸』字、『也』字。」王先慎曰：「王弼注：『學不學，以復衆人之過。』歸字疑衍。」

以輔万物之自然而不敢爲。

羅振玉曰：景福本、敦煌壬本「爲」下有「焉」字。

謙之案：傅、范本下有「也」字，柰卷及治要引有「焉」字。廣明本與此石同。

又案焦竑考異曰：「『以恃萬物之自然而不敢爲』，『恃』舊作『輔』，非。」今案作「輔」是也。韓非喻老篇引「恃萬物之自然而不敢爲」，劉師培謂「『恃』蓋『待』字之訛，義『輔』字爲長」。廣雅釋詁二：「輔，助也。」易象傳：「輔相天地之宜。」論衡自然篇曰：「然雖自然，一須有爲輔助之也。」此卽老子「以輔萬物自然」之旨。

【音韻】此章江氏韻讀：持、謀韻（之部，謀，明丕反），散、亂、末韻（祭、元通韻，散音綫，亂音戀，末音蔑）。土、下韻（魚部），貨、過爲韻（歌部，貨，平聲）。案散、亂，元部，末，祭部，此祭、元通韻。鄧廷楨：持、謀韻，云：「謀，古音在之、咍部，凡詩五見，皆與蚩、絲、丘、期、媒、姬、思、騏、時等字爲韻。」又散、亂韻，木、末韻，土、下韻，始、事韻，貨、過爲韻。高本漢：持、謀、有與泮、散、亂相間爲韻，木、末韻，土、下韻，欲、學與貨、過、爲相間爲韻。

顧炎武唐韻正卷六十八尤：「謀」，古音媒，引老子此章。「不兆而自來，繟然而善謀。」旁證：莊子知北遊篇：「形若槁骸，心若死灰，真其實知，不以故自持，媒媒晦晦，無心而不可與謀。」

吴棫韻補十月：「脆」，昌説切，易斷也。老子：「其脆易判。」案「判」，河上本及碑本作「破」，「破」字無韻，從傅本作「判」。

又木、末爲韻。李賡芸曰：「按末、土、下皆韻也。末字當讀上聲如姆，而廣韻十姥不收。」鄧廷楨曰：「木爲侯部之入聲，末爲祭部之入聲，非韻而以爲韻者，乃古人文字雙聲爲韻之例。詩車攻『弓矢既調，射夫既同』爲韻。思齊『小子有造，譽髦斯士』，造、士爲韻。載芟『匪且有且』，且讀若苴，『振古如兹』，且、兹爲韻。是其證也。」夏燮述韵（卷八）曰：「古貨與化通，詳唐韻正，亦古平音。老子『不貴難得之貨』，與過爲韻。」

右景龍碑本一百二十五字，敦煌本、王本同，河上本一百二十三字，傅本一百三十一字，范本一百二十九字。河上本題「守微第六十四」，王本題「六十四章」，范本題「其安易持章第六十四」。

六十五章

古之善爲道者，非以明人，將以愚之。

嚴可均曰：「非以明人」，各本作「明民」。

羅振玉曰：敦煌辛、壬本「之」均作「民」。武内義雄曰：敦、遂二本「愚」作「娱」。謙之案：遂州、趙志堅本「明」亦作「人」，羅卷壬本「愚」作「遇」，又下「民」字重，考異未及。又强本成疏：「爲道猶修道也。言古者善修道之士，實智内明，無幽不燭，外若愚昧，不曜於人，閉智塞聰，韜光晦迹也。」是成所見本亦作「明人」。又「愚」字，武内敦本作「娱」。説文：「娱，樂也。」詩出其東門：「聊可與娱。」張景陽詠史詩：「朝野多歡娱。」「娱」字義長。又壬本作「遇」，「愚」、「遇」古可通用。吕氏春秋勿躬篇「幽詭愚險之言」，經義述聞以爲愚卽遇也，惟此作「遇」，無義。又案「愚」與「智」對，愚之謂使人之心純純，純純卽沌沌也。二十章「我愚人之心，純純」，蓋老子所謂古之善爲道者，乃率民相安於悶悶湻湻之天，先自全其愚人之心，乃推以自全者全人耳。

高延第曰：「道，理也，謂理天下。愚之，謂反樸還淳，革去澆漓之習，卽爲天下渾其心之義，與秦人燔詩、書，愚黔首不同。」

民之難治，以其多智。

嚴可均曰：「以其多智」，各本作「智多」。

羅振玉曰：景龍本、敦煌辛本均作「多智」。

武内義雄曰：敦、遂二本「智多」作「智故」。

謙之案：傅本作「多知」，范本作「知多」。易順鼎曰：「王注：『多智，巧詐。』下文又注云：『以其多智也。』是王本亦作『多智』。」

以智治國，國之賊；不以智治國，國之福。

嚴可均曰：御注、王弼、高翿作「故以」。

羅振玉曰：景龍、景福、敦煌庚、壬諸本均無「故」字，敦煌辛本「福」作「德」。

謙之案：嚴、河上、遂州及釋文、治要、書鈔引均無「故」字，傅、范本有，磻溪作「是故」，韓非難三篇、後漢紀靈帝紀引「賊」下有「也」字，傅本同。敦煌壬本「治國」誤作「知國」，遂州本「福」亦作「德」。

易順鼎曰：文子道原篇引「不以智治國，國之德」，或後人不知此「賊」與「福」爲韻而改之。

謙之案：易說是也。此宜作「福」。荀子大略篇：「天子卽位，上卿進曰：『如之何憂之長也！能除患則爲福，不能除患則爲賊。』」亦「福」、「賊」並舉爲韻。敦煌二本「福」作「德」，「福」、「德」義可通。禮記哀公問「百姓之德也」，注：「猶福也。」晉語：「夫德，福之基也。」「德」或爲「福」之注文。

知此兩者，亦揩式。常知揩式，是謂玄德。

嚴可均曰：「亦揩式」，河上作「楷」，王弼作「稽」，下句亦然。

羅振玉曰：釋文：「嚴、河上作『楷式』。」景龍、御注、景福、敦煌庚、辛、壬諸本亦作「楷式」，下同。

謙之案：遂州、磻溪、柰卷、顧、彭、王羲之本均作「楷式」，傅、范、高作「稽式」。「常知」，范作「知此」，傅、趙、高作「能知」。范曰：「傅奕、王弼同古本。稽，古兮反，考也，同也，如尚書『稽古』之『稽』。傅奕云：『稽式，今古之所同式也。』」今案道藏宋張太守彙刻四家注引弼注：「楷，同也。今古之所同，則不可廢，能知楷式，是謂玄德。」是張太守所見王本亦作「楷式」，與此石同。雖「稽」、「楷」古混，莊子大宗師篇「狐不偕」，韓非子說疑作「狐不稽」，「稽式」亦卽「楷式」，但「楷」爲本字。「稽」，字林：「留也，止也。」玉篇：「留也，治也，考也，合也，計當也。」在此皆無義。玉篇：「楷，式也。」禮記曰：「今世之行，後世以爲楷。」廣雅釋詁：「楷，法也。」是「楷式」卽「法式」，義長。碑文「楷」作「揩」，案字林：「揩，摩也。」廣雅釋詁三：「揩，磨也。」與「楷」字逈別，當從六朝寫本與諸唐本作「楷」。

馬其昶曰：「楷式」，承「古之善爲道者」而言。蓋以智治國、不以智治國兩者，古皆有知之矣，亦各有楷式可以師法。能知與物反而實大順者之楷式，乃可謂之玄德。

玄德深遠，與物反，然後乃至大順。

嚴可均曰：「深遠與物反」，各本作「深矣遠矣，與物反矣」。

羅振玉曰：景龍本、敦煌辛本作「深遠」，庚本作「深矣遠」。又「與物反矣」，景龍本、敦煌辛本無「矣」字，庚本無此句。「然後」二字，景龍本、敦煌庚、壬二本無。「乃至」下，敦煌庚本有「於」

字。

東條一堂曰：按一本無「然後」二字。孫鑛考正亦云：「今本無『然後』二字。」今案嵇康養生論注「老子曰『與物反矣，乃至大順』」，亦無「然後」二字。

謙之案：嚴遵、河上、景福、柰卷、王羲之、傅、范均無「然後」二字，傅、范「至」上有「復」字，下有「於」字。文子自然篇引「與」上有「其」字，遂州、顧、趙至堅本首二句同此石。

【音韻】此章江氏韻讀：國、賊、國、福、式、式、德韻（之部，賊，徂力反），遠、反韻（元部）。鄧廷楨：賊、福、式、德韻，遠、反韻。奚侗：賊、福、式、式、德韻，遠、反、順韻。

江永古韻標準入聲第六部：「福」，筆力切。旁證引老子此章。顧炎武唐韻正入聲一屋：「福」，古音方墨反。引老子此章，曰「案此福與賊、式、德爲韻」。旁證：詩經既醉首章：「既醉以酒，既飽以德，君子萬年，介爾景福。」管子白心篇：「小取焉則小得福，大取焉則大得福，盡行之而天下服；殊無取焉，則民反，其身不免於賊。」又荀子大略篇：「能除患則爲福，不能除患則爲賊。」

右景龍碑本六十五字，敦煌本同，河上本六十七字，王本六十九字，傅本七十四字，范本七十一字。河上題「淳德第六十五」，王本題「六十五章」，范本題「古之善爲道章第六十五」。

六十六章

江海所以能爲百谷王，以其善下之，故能爲百谷王。

嚴可均曰：「百谷王」，各本「王」下有「者」字。「以其善下之」，河上無「其」字。謙之案：治要引無「者」字，御覽地部引有。又傅、趙本「之」下有「也」字，御覽地部、皇王部引同。唯地部引無「之」字，高翿本同。柰卷作「以其善下之故」。丁仲祐曰：「水注谿曰谷」，見公羊僖三年傳「無障谷」注，及爾雅釋水李注，楚辭招魂「川谷徑復」注。謙之案：「王」，往也。「百谷王」，謂爲百川之所歸往，故能爲百谷長也。

是以聖人欲上人，必以言下之；欲先人，必以身後之。

嚴可均曰：王弼無「聖人」，河上、王弼作「上民」。「必以言下之」，御注作「以其言」。羅振玉曰：景龍、御注、景福、敦煌庚、辛、壬諸本均有「聖人」二字。「上民」，景龍、御注、敦煌庚、辛諸本「民」均作「人」。「必以」，御注本、敦煌辛本均作「以其」。下同。謙之案：遂州、磻溪、樓正、顧、彭、傅、范、趙、高、柰卷均有「聖人」二字，道藏王本亦有。嚴遵有「聖人其」三字。又「必以」，杭州、高翿、磻溪、顧、彭、趙並作「以其」，傅、范作「必以其」。嚴本無二「必」字，二「欲」上均有「其」字，「人」並作「民」。御覽皇王部引同此石，惟二「人」下均有「也」字。金人銘曰：「君子知天下之不可上也，故下之；知衆人之不可先也，故後之。」淮南説山訓曰：「江海所以能長百谷者，能下之也；夫唯能下，是以能上之。」語意同此。

是以聖人處上而人不重，處前而人不害，是以天下樂推而不厭。

魏稼孫曰：御注無「聖人」二字。「樂推而不厭」，此句「厭」字及後「無厭其所生，夫唯不厭」，御注作「猒」。前「厭飲食，是以不厭」，御注作「猒」。

畢沅曰：河上公作「處民上而不重，處民前而不害」。王弼作「處上而民不重，處前而民不害」。明皇同弼，「民」作「人」。

羅振玉曰：敦煌辛本無「聖人」二字。

謙之案：景福、河上、顧、彭、高、趙、傅、范均有「聖人」二字，遂州、磻溪、樓正本無。文子道德篇引作「居上而民不重，居前而衆不害，天下樂推而不厭」。嚴遵本作「故在上而民不重，居民之前而民不害，天下樂推而上之而不知厭」。傅奕本作「是以聖人處之上而民弗重，處之前而民不害也，是以天下樂推而不厭」。范本同，惟下「不」作「弗」，無「也」字。

高亨曰：民戴其君，若有重負，以爲大累，即此文所謂重。故重猶累也。而民不重，言民不以爲累也。詩無將大車「無思百憂，祇自重兮」，鄭箋：「重猶累也。」漢書荆燕吳王傳「事發相重」，顔注：「重猶累也。」此重有累義之證。淮南子原道篇：「處上而民弗重，居前而民弗害。」主術訓：「百姓載之，上弗重也；錯之，前弗害也。」蓋皆本於老子。

以其不争，故天下莫與之争。

羅振玉曰：敦煌庚本「争」下有「也」字，辛本「不」作「無」，壬本作「非以其不争」。

謙之案：王本、河上本作「莫能與之争」，傅本首句上有「不」字，范本「以其不」作「不以其」，嚴本作「非以」。又强本成疏及榮注引經文，與敦煌辛本同。

【音韻】此章江氏韻讀無韻。高本漢：下、後韻。陳柱增二「争」字韻。

右景龍碑本七十七字，敦煌本七十六字，河上本七十八字，王本七十六字，傅本八十五字，范本八十二字。河上本題「後己第六十六」，王本題「六十六章」，范本題「江海爲百谷王章第六十六」。

六十七章

天下皆謂我大，不肖。

嚴可均曰：「我大」，王弼作「我道大」。「不肖」，各本上有「似」字，下「故不肖」亦然。

羅振玉曰：敦煌辛本「謂」作「以」。景龍、御注、景福、敦煌庚、辛、壬諸本均無「道」字。「不肖」，敦煌辛本「肖」作「笑」，下二「肖」字同。義疏河上本作「肖」字。

武内義雄曰：敦、景、遂三本均無「似」字。敦、遂二本「肖」作「笑」。

謙之案：傅、范本「我」作「吾」，「大」下有「似」字。范曰：「『吾大』，傅奕與西晉本同古本。」柰卷「大」下有「似傾」二字，「傾」字衍。成玄英曰：「河上本作『肖』，諸家云『笑』。笑者，言老君體道自然，妙果圓極，故天下蒼生莫不尊之爲大聖也。何意得如此耶？只爲接物謙和，不矜誇嗤笑於物，故致然也。」案成説紆曲難通。「笑」與「肖」本聲韻相同。于省吾荀子新證引非相篇：「今夫狌狌形笑，亦二足而毛也。」謂「形笑」卽「形肖」，則知此「不笑」亦卽「不肖」耳。然碑本作

「肖」乃本字，作「笑」者通假，若羅卷「笑」作「咲」，則俗字耳。作「肖」，乃老子書中用楚方言。揚雄方言七：「肖、類，法也。齊曰類，西楚、梁、益之間曰肖。……西南、梁、益之間凡言相類者，亦謂之肖。」郭璞注：「肖者似也。」小爾雅廣訓：「不肖，不似也。」論誼，「不肖」上不應再有「似」字。

夫唯大，故不肖。若肖，久矣其細！

嚴可均曰：「其細」，御注、王弼作「其細也夫」，高翿作「其紗也夫」，河上「其細」絶，以「夫」字屬下句。羅振玉曰：「夫唯大，故似」，景龍本、敦煌本均無「似」字。「不肖」，敦煌辛本作「故不笑」。「其細也夫」，景龍本無「也夫」二字，景福本無「也」字，敦煌壬本無「夫」字，辛本作「若笑救其小」，殆有誤字。

武内義雄曰：敦、遂二本「細」作「小」。

謙之案：遂州作「夫唯大，故不笑，若笑，久其小」。嚴遵本作「若肖，久其小矣」。柰卷作「若肖，久矣，久其細也」。案作「小」義通。説文：「小，物之微也。」與肖爲韻。説文聲類：小、肖皆宵部小聲。

我有三寶，持而寶之：

嚴可均曰：「持而寶之」，御注作「保而持之」，高翿同。河上、王弼作「持而保之」。

羅振玉曰：持而保之」，景龍本、敦煌庚、壬本「保」作「寶」，辛本作「寶而持之」。

謙之案：遂州、王羲之、顧、彭與敦煌辛本同，傅、范與碑本同。范曰：「韓非、王弼、傅奕同古本。」是范所見王本亦與碑本同。又「我有三寶」，傅「我」作「吾」，柰卷上有「夫」字。案作「持而寶之」是也。

蔣錫昌曰：「持而寶之」與九章「持而盈之」文法一律。廣雅釋詁：「寶，道也。」檀弓「喪人無寶，仁親以爲寶」，鄭注：「寶謂善道可守者。」六十二章「道者……善人之寶」，是老子以寶爲道。六十九章「輕敵幾喪吾寶」，謂幾喪吾道也。此言我有三道，持而寶之也。

勞健曰：按「寶」、「保」二字，古文近同，互通。二「寶」字爲韻，「寶」字宜在下。

一曰慈，二曰儉，三曰不敢爲天下先。

羅振玉曰：敦煌辛本無「敢」字。

謙之案：文中子中説魏相篇仇璋説「三有」曰：「有慈，有儉，有不爲天下先。」實卽本此，亦無「敢」字。

夫慈，故能勇；儉，故能廣；不敢爲天下先，故能成器長。

嚴可均曰：河上、王弼無「夫」字。

羅振玉曰：景龍、御注、敦煌辛諸本句首均有「夫」字。「成器長」，敦煌壬本「成」上有「爲民」二字。

紀昀曰：案「器」，韓非子作「事」。

謙之案：顧、彭、傅、范、高、趙、樓正諸本均有「夫」字。韓非解老及治要引均作「慈故能勇」。范本「成器」上有「爲」字，案有「爲」字是也。

俞樾曰：韓子解老篇作「不敢爲天下先，故能爲成事長」。「事」、「器」異文，或相傳之本異，或彼涉上文「事無不事」句而誤，皆不可知。至「故能」下有「爲」字，則當從之，蓋「成器」二字相連爲文。襄十四年左傳「成國不過半天子之軍」，杜注曰：「成國，大國。」昭五年傳「皆成縣也」，成縣亦謂大縣。然則成器者大器也。二十九章「天下神器不可爲也」，爾雅釋詁：「神，重也。」「神器」爲重器，「成器」爲大器，二者並以天下言，質言之，則止是不敢爲天下先，故能爲天下長耳。

劉師培曰：古本「成器長」上有「爲」字。成器長，大官也；爲者，居也。蓋古代「工」、「官」通用，故大官亦名「成器長」。今本脱「爲」字，誼不可通。

楊椿曰：易之坤卦曰「坤至柔而動也剛」，則得乎仁者有勇之説，故曰：「慈故能勇。」節卦曰「節以制度，不傷財，不害民」，則得乎儉以足用之説，故曰：「儉故能廣。」謙卦曰「謙尊而光，卑而不可踰」，則得乎一謙而四益具之説，故曰：「不敢爲天下先，故能成器長。」大易、老氏之書，若合符節。

今捨慈且勇，捨儉且廣，捨後且先，死矣。

嚴可均曰：「今捨慈且勇」，御注、高翿「捨」下有「其」字，下二句亦然。「且先」，御注誤作「先且」。

羅振玉曰：「舍」，御注作「捨」。御注本、敦煌辛本此三句「舍」下均有「其」字。御注本「且先」二字顛倒。

謙之案：「捨」字，嚴遵本並作「釋」，敦煌壬本第一「捨」字作「釋」。廣陽、磻溪、樓正、顧、彭、傅、趙、高翿、邢玄、河上並作「捨」，王弼、范應元作「舍」。「死矣」，嚴本作「則死矣」，御注作「且死矣」，傅、范作「是謂入死門」。

夫慈，以戰則勝，以守則固。天將救之，以慈衛之。

羅振玉曰：王本作「戰」，與景龍、御注、景福、敦煌壬本同。釋文出「以陳」二字，知王本作「陳」，今據改。又敦煌庚、辛二本亦作「陳」。「天將救之」，景福本、敦煌壬本「之」下有「以善」二字。

武内義雄曰：敦、遂二本作「以陳則政」。

謙之案：論遂州本作「以陳則止」，「止」字「正」之誤。傅、范本作「以陳則正」。畢沅曰：「河上公、王弼作『慈以戰則勝』，韓非作『慈於戰則勝』，依義當作陳字。」又論王弼注「夫慈以陳則勝，以守則固，故能勇也」，又「相慜而不避於難，故勝也」。「勝」字，道藏王本作「正」，知王本原亦作「以陳則正」也。

【音韻】此章江氏韻讀：勇、廣、長韻（陽、東通韻，勇叶音枉）。案勇，東部，廣、長，陽部，此陽、東通韻。奚侗同。姚文田、鄧廷楨：廣、長韻。「久矣其細」，嚴本「細」作「小」，肖、肖、肖、小韻。

吴棫韻補三十六養：「勇」，羽兩切，健也。老子：「慈故能勇，儉故能廣，不敢爲天下先，故能成器長。」長，上聲。

右景龍碑本九十五字，敦煌本九十七字，河上本同，王本九十九字，傅本一百五字，范本一百六字。河上本題「三寶第六十七」，王本題「六十七章」，范本題「天下皆謂章第六十七」。

六十八章

古之善爲士者不武，

嚴可均曰：「古之善爲士者」，各本無「古之」。

羅振玉曰：景龍本、敦煌辛本句首均有「古之」二字。

武内義雄曰：敦、遂、景三本句首有「古之」二字，王弼本亦然。

謙之案：諸王本均無「古之」二字，惟明和刻老子王注冠以考異云：「古本作『古之善爲士者不武也』」。此蓋指傅奕古本而言。武内誤校。又顧、范本亦有「古之」二字。

善戰者不怒，善勝敵者不争，善用仁者爲下。

嚴可均曰：「不争」，河上、王弼作「不與」。「善用仁者爲下」，各本「仁」作「人」，御注、王弼作「爲之下」。

羅振玉曰：「善戰者」，敦煌辛本無「者」字，下三句同。「不與」，景龍、御注、敦煌庚、辛諸本

「與」均作「争」，敦煌壬本作「與」。「善用人者爲之下」，景龍本「人」作「仁」，無「之」字。景福本、敦煌辛本亦無「之」字。

武内義雄曰：敦、遂、景三本「與」作「争」，按此「争」字與下「不争之德」相對，作「争」是也。

謙之案：邢玄、磻溪、樓正、顧、彭、傅、范、趙、高均作「不争」。遂州、邢玄、顧、趙、河上亦無「之」字。又磻溪，「怒」作「恕」，敦煌壬本「之」作「天」皆誤。

劉師培曰：王注「不與争也」，案「與」當作「舉」，「舉」卽舉兵，猶古籍「大舉」之省「兵」字也。

陶鴻慶曰：王注「不與争」，而但云「不與」，不辭甚矣。「與」卽「争」也。墨子非儒下篇云「若皆仁人也，則無説而相與」，與下文「若雨暴交争」云云文義相對，是「相與」卽「相争」也。王氏引之經義述聞謂「古者相當、相敵，皆謂之與」，疏證最詳。「當」與「敵」並與「争」義近。疑注文本作「與争也」。後人不達其義，肊增「不」字耳。

謙之案：陶説是也。經義述聞引漢書高帝紀「吾知與之矣」，與猶敵也。又史記燕世家曰：「龐煖易與耳。」白起傳曰：「廉頗易與。」淮陰侯傳曰：「吾生平知韓信爲人易與耳。」古謂對敵爲與。左傳襄公二十五年：「一與一，誰能懼我？」是與卽争也。勞健、高亨引證所見亦同。今道藏河上本作「不與争」，義重。「與」與武、怒、下爲韻，作「争」則無韻。

是謂不争之德，是以用人之力，是謂配天古之極。

羅振玉曰：景福本、敦煌庚本、壬本「極」下有「也」字。

武内義雄曰：「配天古之極」，「古」字衍文，俞樾老子平議有考證。

謙之案：首句「是謂」，顧作「是以」。第二句「是以」，嚴本無，各本均作「是謂」。又傅、范、柰卷、顧「極」下有「也」字。

俞樾曰：此章每句有韻。前四句，以「武」、「怒」、「與」、「下」爲韻；後三句，以「德」、「力」、「極」爲韻。若以「是謂配天」爲句，則不韻矣，疑「古」字衍文也。「是謂配天之極」六字爲句，與上文「是謂不争之德，是謂用人之力」，文法一律。其衍「古」字者，「古」卽「天」也。周書周祝篇曰：「天爲古。」尚書堯典曰「若稽古帝堯」，鄭注：「古，天也。」是「古」與「天」同義。此經「配天之極」，他本或有作「配古之極」者，後人傳寫誤合之耳。

謙之案：俞説又見古書疑義舉例五「兩字義同而衍例」，其説甚是。案爾雅釋詁「極，至也。」詩崧高「駿極于天」，傳：「至也。」禮記樂記「極乎天而蟠于地」，注：「至也。」「配天之極」與「駿極于天」、「極乎天」之義略同。配，合也。莊子天地篇「堯問於許由曰：『齧缺可以配天乎？』」成疏：「配，合也。堯云齧缺之賢者有合天位之德。」荀子大略篇：「天子卽位……中卿進曰：『配天而有下土者，先事處事，先患慮患。』」所謂「配天之極」，卽與天合德之至。「古」字疑屬下章，錯入於此。「古用兵有言」，與二十二章「古之所謂曲則全者」，同爲執古之道以語今之有。于省吾謂：「『配天』二字，應有重文，本作『是謂配＝天＝古之極』。讀作『是謂配天』句，『配天古之極』句。」此可備一説。

【音韻】此章江氏韻讀：武、怒、與、下韻（魚部，怒，上聲），德、力、極韻（之部）。諸家並同。武內義雄「與」作「争」，謂「此『争』字與下『不争之德』相對，作『争』是」。故惟武、怒、下韻，「争」字無韻。謙之案：作「争」非，説見前文。

右景龍碑本四十四字，敦煌本四十一字，河上本四十二字，王本四十三字，傅本四十七字，范本四十八字。河上本題「配天第六十八」，王本題「六十八章」，范本題「古之善爲士者不武章第六十八」。

六十九章

用兵有言：「吾不敢爲主而爲客，不敢進寸而退尺。」

羅振玉曰：「敢」字，敦煌壬本作「能」。

謙之案：范本「兵」下有「者」字，傅、范本「言」下有「曰」字，遂州本「敢」下有「求」字。又焦竑曰：「『用兵有言』，古兵家有此言也。」知「用兵」上應有「古」字。

是謂行无行，攘无臂，仍无敵，執无兵。

嚴可均曰：「行无行」，各本「无」作「無」，下皆倣此。「仍無敵」，王弼作「扔」。

羅振玉曰：景龍、景福、敦煌庚、辛、壬諸本「扔」均作「仍」。「執無兵」，敦煌辛、壬本此句在「扔無敵」前。

武内義雄曰：敦、遂二本作「執无兵，仍无敵」。按此是上二句隔句押韻，敦、遂二本似優。

謙之案：邢玄、磻溪、樓正、嚴、顧、彭、傅、趙、柰卷、河上諸本均作「仍」，同此石。嚴、傅、顧及陸希聲本亦「執無兵」句在「仍無敵」前。諭諸王本注：「用戰猶行無行，攘無臂，執無兵，扔無敵也。言無有與之抗也。」是王所見本應同敦、遂。

禍莫大於輕敵，輕敵幾𠷔吾寶。

羅振玉曰：敦煌庚、壬本「輕敵」作「誣敵」，下句同。辛本作「侮敵則幾亡吾寶」。

武内義雄曰：敦、遂二本「輕」作「侮」，「幾」上有「則」字。

謙之案：「輕敵」，傅本作「無敵」，敦、遂本作「侮敵」。强本成疏引經文作「侮」，顧本成疏「輕，凌侮也」，是亦作「侮」。又「幾喪吾寶」，傅、范、磻溪、樓正、高翿、顧、趙均上有「則」字。「喪」，碑本作「𠷔」，王羲之本作「𠷔」，傅、范、遂州、柰卷、顧均作「亡」。王弼注：「寶，三寶也，故曰『幾亡吾寶』。」「喪」、「亡」古通用。

故抗兵相加，則哀者勝。

嚴可均曰：各本作「哀者勝矣」，無「則」字。

羅振玉曰：敦煌辛本「加」作「若」，壬本作「如」。景龍本、敦煌辛本均作「則哀者勝」。

武内義雄曰：敦本「加」作「若」，又一本作「争」，遂本「加」、「若」二字兩存。又敦、遂二本作「哀者勝」。

謙之案：諸王本注：「抗，舉也。加，當也。」道藏宋張太守彙刻四家注引作「抗，舉也。若，當也」。是王本亦「加」、「若」二字兩存。羅卷作「亢兵相若」。顧本成疏：「若，當也。哀，慈也。抗，舉也。」强本榮注：「兩邊舉衆，名曰抗兵；多少均齊，故云相若。」均作「若」，與傅奕本同。惟趙孟頫本作「故抗兵加」，脱一「相」字。敦煌壬本「敵」作「敵」，「哀」作「衰」，誤字頗多，但此作「抗兵相如」，「如」字義長，「加」疑形似「如」字而譌。

勞健曰：「抗兵相如」，敦煌唐寫本如此。范與開元、河上、諸王本皆譌作「相加」。王弼注：「抗，舉也。加，當也。」按戰國策「夫宋之不如梁也」，高注：「如，當也。」證王注「加」字同是「如」之形誤。禮記曾子問「如爵弁而用布」，又「如有兄弟」，釋文並云：「如，本作加。」蓋二字自古常互譌。……「加」字形誤所由，當作「如」。今注家多循譌文，解成相交之義，失其旨矣。

俞樾曰：案「哀」字無義，疑「襄」字之誤。史記：「梁惠卒，襄王立，襄王卒，哀王立。」據竹書紀年無哀王，顧氏日知録謂「哀」、「襄」字近，史記誤分爲二人。又按秦哀公、陳哀公，史記十二諸侯年表皆作「襄公」，是二字之相混久矣。「襄」者「讓」之叚字。周官保氏職鄭注「襄尺」，釋文：「襄音讓，本作讓。」是古「襄」、「讓」通用。上文曰「吾不敢爲主而爲客，吾不敢進寸而退尺」，即所謂讓也。故曰：「抗兵相加，讓者勝矣。」因叚「襄」爲「讓」，又誤「襄」爲「哀」，故學者失其解耳。

謙之案：俞説迂曲，且改字解經，而武内義雄從之。易順鼎曰：「『哀』即『愛』，古字通。詩序：『哀窈窕而不淫其色。』『哀』亦當讀爲愛。『抗兵相加，哀者勝』即上章『慈，以戰則勝也』。」蔣錫昌曰：「説文：『哀，閔也。』閔者，卽六十七章所謂『慈』也。此言兩方舉兵相當，其結果必慈者勝。六十七章所謂『慈，以戰則勝』也。」二説誼優。證之以三十一章「殺人衆多，以悲哀泣之，戰勝，以哀禮處之」，皆古用兵精言，知「哀」字並不誤也。

【音韻】此章江氏韻讀：客、尺韻（魚部，尺，杵入聲），行、兵韻（陽部），臂、敵韻（支部），並據韻移「執無兵」句於「仍無敵」之上。案江説是矣。惟敦、遂二本作「執无兵，仍无敵」，嚴本亦然。此行、兵、臂、敵相間爲韻，江氏移韻爲「行無行，執無兵，攘無臂，扔無敵」，似尚未得間韻之妙。姚文田依舊本，以行、兵爲韻，謂「中二句臂、敵自諧」，則又遜江説一籌矣。又「行」，上如字，下音杭。

鄧廷楨曰：客、尺爲韻，魚、虞部之入聲也。客，各聲，古音在御部。詩楚茨與「莫」、「庶」、「度」、「錯」等字爲韻。尺，古音在御部，詩閟宮與「柏」、「度」等字爲韻。

江有誥唐韻四聲正二十三錫：「敵」，徒歷切。按古有去聲，當與寘部並收。老子玄用篇「仍」與「敵」與「臂」叶。

右景龍碑本五十四字，敦煌本五十五字，河上、王本五十四字，傅本五十七字，范本五十八字。河上本題「玄用第六十九」，王本題「六十九章」，范本題「用兵者有言章第六十九」。

七十章

吾言甚易知，甚易行。天下莫能知，莫能行。

謙之案：「天下」二句，嚴本「天」上有「而」字。傅、范本作「而人莫之能知，莫之能行」。

言有宗，事有君。

謙之案：淮南道應訓引二句同。文子精誠篇作「事有本」，微明篇作「事有君」，所引分歧。傅、范「君」作「主」。范云：「『主』字從古本。」

夫唯无知，是以不我知。

羅振玉曰：敦煌本「我」作「吾」。

謙之案：傅、范、嚴、彭及淮南道應訓引並作「吾」。嚴本「夫唯无知」作「唯無我知」。遂州「不」作「莫」，傅、范、彭、趙第二「知」下有「也」字，淮南子同。

知我者希，則我者貴。

嚴可均曰：御注脱「我者希則」四字，而注中有之。

羅振玉曰：景福本「則」作「明」，敦煌庚、壬二本作「則我貴矣」。

李翹曰：漢書揚雄傳解難云：「老聃有遺言：『貴知我者希。』」顔注下句作「則我貴矣」。金樓子自序引同此，下有「矣」字。

謙之案：傅、彭「希」作「稀」。嚴、彭、傅、范、趙、柰卷及治要引均下有「矣」字，無「者」字。

是以聖人被褐懷玉。

謙之案：范本「被」作「披」，傅本「褐」誤作「禍」。傅、范「褐」下均有「而」字，敦煌壬本同。案「褐」乃老子書中用楚方言。淮南子齊俗訓注：「楚人謂袍爲短褐大衣。」又褐爲麤衣，又爲短衣。宋綿初釋服曰：「詩『無衣無褐』，箋：『褐，毛布也。』孟子『許子衣褐』，注：『褐以毳織之，若今馬衣也。』或曰：褐，編枲衣也。一曰粗布衣。說文：『褐，編枲韤，一曰粗衣。』急就編注：『褐毛爲衣，或曰麤衣也。』」（清經解續編卷二百二十五）任大椿深衣釋例三（同上卷百九十三）引：「晏子諫上篇：『百姓老弱凍寒，不得短褐。』墨子公輸篇、戰國策宋策並云：『舍其文繡，隣有短褐而欲竊之。』荀子大略篇『衣則豎褐不完』，注『豎褐，童豎之褐』，亦短褐也。淮南子齊俗訓：『必有菅蹻跐踦短褐不完者。』覽冥訓：『霜雪亟集，短褐不完。』新序：『無鹽乃拂短褐，自請宣王。』史記秦始皇紀『夫寒者利短褐』，索隱曰：『謂褐布，豎裁爲勞役之衣，短而且狹，故謂之短褐，亦曰豎褐。』凡此言褐者，必曰短褐。」又案孔子家語三恕篇：「子路問於孔子曰：『有人於此，被褐而懷玉，何如？』孔子曰：『國無道，隱之可也；國有道，則袞冕而執玉。』」語亦出此。

【音韻】此章江氏韻讀無韻。高本漢：希、貴韻。陳柱：知、知韻，行、行韻，知、知韻。又武內義雄：褐、玉韻。勞健：君、宗韻。謙之案：褐、玉，君、宗，皆非韻。

右景龍碑本四十七字，敦煌本注同，實四十八字。河上、王本四十七字，傅、范本五十一字。河上本題「知難第七十」，王本題「七十章」，范本題「吾言甚易知章第七十」。

七十一章

知不知，上。不知知，病。

謙之案：淮南道應訓引：「知而不知，尚矣；不知而知，病也。」傅、范本同，唯無二「而」字，「也」作「矣」。文子符言篇引：「知不知，上也；不知知，病也。」李道純曰：『知不知上』，或云知不知，尚矣，非。」

是以聖人不病。以其病病，是以不病。

嚴可均曰：「是以聖人不病」，御注作「夫唯病病，是以不病，聖人不病」。河上、王弼、高翿「夫唯病」下復有「病」字。

羅振玉曰：「夫唯病病」，景龍本、敦煌辛本均無此四字，壬本無下「病」字。「是以不病」，敦煌庚本無「不」字，敦煌壬本無此四字，景龍本、敦煌辛本無「不病」二字。

謙之案：韓非喻老篇引「聖人之不病，以其不病，是以無病也」，傅、范本作「夫唯病病，是以不病；聖人之不病，以其病病，是以不吾病」。遂州本無「夫唯病病，是以不病」二句，同此石。今案廣雅釋詁三：「病，難也。」論語「堯、舜其猶病諸」，孔注：「猶難也。」「聖人不病，以其病病，是以不病」，與六十三章「是以聖人猶難之，故終無難」義同。六十三章以事言，此則以知言。莊子讓王「學而不能行謂之病」，亦以知言，卽此章「病」之本義。諸本文贅，既云「夫唯病病，是以不病」，又云「以其病病，是以不病」。傅、范本更贅，決非老子古本之舊。錢大昕曰：「『夫唯病病，是以不病；聖人不病，以其病病，是以不病』，石本但云『是以聖人不病，以其病病，是以不病』。此類皆遠勝他本。」是也。

【音韻】此章江氏韻讀、姚文田無韻。高本漢：上、病韻。奚侗「上」作「尚」。陳柱：六「病」字韻。

顧炎武唐韻正四十三映：「病」，古音平漾反，引老子此章。江有誥唐韻四聲正四十一漾：「上」，時亮、時雨二切。按古有平聲，當與陽部並收。此字惟周書引諺「民惡其上」與「綱」叶，讀上聲。老子玄用篇（謙之案：知病篇之誤）「知不知上」與病叶，讀去聲，餘無讀上去者。

右景龍碑本二十二字，敦煌本同，河上、王本二十八字，傅、范本三十二字。河上本題「知病第七十一」，王本題「七十一章」，范本題「知不知章七十一」。

七十二章

民不畏威，大威至。

嚴可均曰：「大威至」，御注、王弼、高翿句上有「則」字。河上無「則」字，末有「矣」字。

魏稼孫曰：御注「民」作「人」。

羅振玉曰：敦煌庚本作「大畏至矣」，壬本、景福本均作「大威至矣」。

武内義雄曰：敦、遂二本第二句首有「則」字，句末無「矣」字。

謙之案：廣明本「則大威至矣」，彭、傅、范同。柰卷作「大威至矣」，羅卷作「不畏威，民不畏威」。古「畏」、「威」通用。

高亨曰：「至」者礙止之義。言民不畏威，則君主威權礙止而不能通行也，正所以爲人君用威者警。下文云「無狹其所居，無厭其所生」，卽明告以勿用威權矣。

无狹其所居，无厭其所生。

嚴可均曰：「无狹」，王弼作「無狎」。

羅振玉曰：景龍、御注、景福、敦煌庚、辛、壬諸本「狎」均作「狹」。

謙之案：邢玄、廣明、慶陽、磻溪、樓正、柰卷、河上、高翿、嚴、顧、彭、趙並作「狹」（蔣錫昌校嚴本作「挾」，案怡蘭堂本嚴亦作「狹」），傅、范本作「狎」，作「狹」是也。道藏宋張太守彙刻四家注引王弼注：「無狹其所居，無厭其所生，言威力不可任也。」又「自愛不自貴」句，引王注：「自貴則物狹厭居生。」疑王本亦作「狹」。又畢沅疑説文解字無「狹」字。奚侗曰：「『狹』卽説文『陜』字，隘也。隘有迫誼。『厭』，説文：『笮也。』此言治天下者無狹迫人民之居處，使不得安舒；無厭笮人民之生活，使不能順適。」

夫唯不厭，是以不厭。

謙之案：二「不」字，傅、范本並作「无」。又「厭」字，御注、范、夏竦古文四聲韻並作「猒」。下一字是，上二字非。蓋古厭飫、厭憎作「猒」，迫逼作「厭」（參照鄧廷楨雙硯齋筆記卷四）。此章下一字作「猒」，上二字皆作「厭」。經文五十三章「厭飲食」，六十六章「是以天下樂推而不厭」，亦作「猒」。又吳澄本上「厭」作「狎」，亦非。吳曰：「『不狎』，舊本作『不厭』。廬陵劉氏云：『上句「不厭」當作「不狎」。』今從之。夫惟不狎其所居而畏所畏，是以不厭其所生，而大可畏者不至矣。」案其説蓋不明「厭」之二義，而妄改經文也。上「厭」字與下「厭」字，今字形雖同，而音義尚異。上「厭」，壓也；下「厭」，惡也。蓋「厭」字四聲轉用，最爲分明（參照顧炎武唐韻正二十九葉）。「夫唯不厭」，「厭」，益涉切，則入聲也。「是以不厭」，「厭」，於艷切，則去聲也。釋文出「厭」字：「於艷反。」是知有下「厭」而不知上二「厭」字，遂使老義爲之不明。説文：「厭，笮也，从厂，猒聲。」徐曰：「笮，鎮也，壓也。」左傳昭公二十六年：「將以厭衆。」後漢杜鄴傳：「折衝厭難。」前五行志：「地震隴西，厭四百餘家。」禮記檀弓：「畏、厭、溺。」荀子彊國：「如牆厭之。」又解蔽：「厭目而視者，視一以爲兩。」集韻或作「猒」，亦作「壓」。此云「夫唯不厭」，即「夫唯不壓」也。下一「厭」字，於艷切，當如論語「學而不厭」之「厭」，周禮大司徒注疏「有嫌厭」之「厭」，淮南主術篇「是以君臣彌久而不相猒」之「厭」。「是以不厭」，即「是以不惡」也。夫唯爲上者無壓笮之政，是以人民亦不厭惡之也。

是以聖人自知不自見，自愛不自貴。故去彼取此。

羅振玉曰：「是以」，敦煌辛本作「故」。傅、范本「不」上均有「而」字。又「去彼取此」句見十三章、三十八章，淮南道應訓引同此。

謙之案：遂州本亦作「故」。

【音韻】此章江氏韻讀無韻。高本漢：威、至韻。武内義雄：增知、愛、貴韻。謙之案：嚴可均説文聲類脂部收「至聲」、「威聲」。王念孫古韻譜威、愛與貴同入脂部，至，並入脂部、至部。又知，入支部，則不但威、至爲韻，威、至、知、愛、貴實支、脂合韻也。

右景龍碑本四十四字，敦煌本同，河上、王本四十五字，傅、范本四十八字。河上題「愛己第七十二」，王本題「七十二章」，范本題「民不畏威章第七十二」。

七十三章

勇於敢則殺，勇於不敢則活，知此兩者或利或害。天之所惡，孰知其故？

嚴可均曰：「知此兩者」，河上、王弼無「知」字。「孰知其故」，此句下各本有「是以聖人猶難之」。

羅振玉曰：景龍、御注、景福三本均作「知此兩者」，敦煌庚、壬二本作「常知此兩者」。「是以聖人猶難之」，景龍本、敦煌辛本無此句。

謙之案：嚴遵、遂州亦無此句。景福、敦煌壬本「殺」作「煞」。磻溪、樓正、高翿、柰卷作「知此兩者」，嚴遵、景福作「常知此兩者」。淮南道應訓引第二句同，人間訓：「能勇於敢，而未能勇於不敢也。」又列子力命篇：「老聃語關尹曰：『天之所惡，孰知其故？』言迎天意，揣利害，不如其已。」語皆出於此章。又各本有「是以」一句，當從碑本删去。馬叙倫曰：「『是以』一句，乃六十三章錯簡複出者，易州無此句，可證也。」

天之道，不争而善勝，不言而善應，不召而自來，□然而善謀。

嚴可均曰：「不召而自來，然而善謀」，「來」下一字未刻。御注、王弼、高翿作「繟」，釋文引梁王尚、鍾會、孫登、張嗣作「繟坦」二字，引河上作「墠」。

羅振玉曰：釋文：「墠，梁王尚、鍾會、孫登、張嗣本作『坦』。」敦煌庚本亦作「坦」，辛、壬本作「不言」。謙之案：此文「繟」、「坦」竝出，碑文空一格，何字不明。嚴、彭、王羲之本作「坦」，柰卷作「繟」。方以智曰：「『繟然』與『坦然』、『嘽然』互通。焦氏翼曰：『繟音闡，王作坦，嚴作默，不如作繟爲長。』智按王輔嗣注作『坦然』者亦通。蓋『單』與『亶』古通，猶『嬗』之于『禪』，『僤』之于『嘽』也。『嘽』音單音善，緩也，其音嘽以緩，故唐人用『嘽然。』」（通雅卷八）盧文弨曰：「繟、坦、墠三字音相近，得通用。」大田晴軒曰：「『坦然』，平貌。言天道平易，似無謀者，而歙、張、與、奪、善謀而不失也。『坦然』或作『繟然』，繟音闡，舒緩貌，亦通。」今案嚴本作「默」，誼古。或作

「繟」作「坦」，皆非。傅、范本亦作「默」。范曰：「『默』字，傅奕同古本，河上公並開元御注本作『繟』，王弼、梁王尚、孫登、張嗣作『坦』，今依古本。」又王充論衡初禀篇曰：「人徒不召而至，瑞物不招而來，黯然諧合，自然道也。」即本老子此章，但「坦然」作「黯然」。此字景龍碑未刻，敦、遂本作「不言」，「不言」亦即「黯然」也。傅、范本作「默然」，與「黯然」形義相近，必有一是，當從之。

天網恢恢，踈而不漏。

嚴可均曰：「踈而不漏」，各本作「不失」。

畢沅曰：河上「不」作「勿」。

謙之案：作「不漏」是也。孫鑛古今本攷正曰：「『踈而不失』，『失』一作『漏』。」後漢書杜林傳注、魏書景穆十二傳均引「失」作「漏」。群書治要亦作「漏」。「漏」，玉篇「力豆切，漏泄也。」淮南泰族「朱弦漏越」，注「穿也。」不漏即不泄不穿，亦即不失也。

【音韻】此章江氏韻讀：殺、活、害韻（祭部，殺音設，活，胡厥反，害，胡折反）。惡、故韻（魚部），勝、應韻（蒸部），來、謀韻（之部）。姚文田同。奚侗：殺、活爲韻，未及「害」字。陳柱：來、謀、恢、失韻。按「害」，古讀割，釋名：「害，割也，如割削物也。」又通「曷」，孟子：「時日害喪？」經文三十五章「害」，去聲，叶太。此「害」入聲，叶殺、活。

江有誥唐韻四聲正十四泰：「害」，胡蓋切。按古有入聲，當與曷部並收。老子任爲篇「此兩者或利或害」，與殺、活叶。

鄧廷楨曰：殺、活、害爲韻。害在祭部，殺、活則祭部之入聲。詩蓼莪五章烈、發、害爲韻，是其證也。

右景龍碑本五十八字，敦煌本五十七字，河上、王、傅、范本均六十四字。河上題「任爲第七十三」，王本題「七十三章」，范本題「勇於敢章第七十三」。

七十四章

民不畏死，奈何以死懼之？若使常畏死，而爲奇者，吾執得而殺之，孰敢？

嚴可均曰：「民不畏死」，高翿「民」下有「情」字。「若使常畏死」，御注、高翿「使」下有「人」字，河上、王弼有「民」字。「殺之」，各本作「殺之」，下倣此。

羅振玉曰：「若使民」，景龍本、敦煌辛本無「民」字。「常畏死」，敦煌辛本「畏」上有「不」字。「吾得執」，景龍本、敦煌辛本「得執」均作「執得」。「孰敢」，敦煌辛本「敢」下有「矣」字。

武内義雄曰：「民不畏死」，敦、遂二本「民」下有「常」字，景本無。「懼之」句末，敦一本有「哉」字，諸本無。「若使民」，敦、遂二本無「民」字，「常」下有「不」字。「吾得執而殺之」，敦本「得執而」作「誠得而」，遂本作「試得而」，景本作「執得而」。

謙之案：磻溪、樓正、顧、彭、傅、范、趙、高翿首「民」下均有「常」字，磻溪、柰卷、遂州、趙「使」

下均有「人」字。傅無「執」字，「敢」下有「也」字。嚴「孰」上有「夫」字，下有「矣」字。又尹文子大道下、慎子外篇均引老子曰：「民不畏死，如何以死懼之？」與傅、范本作「如之何」略同。

易順鼎曰：畢氏考異傅奕本作「民常不畏死」。按下云「若使民常畏死」，則此亦當有「常」字矣。容齋續筆卷五、卷十兩引皆有「常」字。……「而」皆作「則」，「奇」一作「惡」。

謙之案：「殺」作「煞」，俗。「殺」字據一切經音義卷六引説文：「戮也，法也。」二徐本無「法也」二字。「殺」之古訓不明，遂使慘礉寡恩者本老子而歸於刑名矣。

常有司煞者煞。夫代司煞者，是謂代大匠斲。

羅振玉曰：「常有司殺者殺」，敦煌庚本、景福本均無「殺」字。「夫代司殺者殺」，景龍、御注、景福、敦煌庚、辛諸本均無「殺」字。「是謂」，敦煌庚本作「謂」，辛本作「是」。「代大匠」，御注本無「大」字，「匠」作近，卽「匠」之別構。

孫鑛古今本考正曰：「夫司殺者」，今本「夫」下多「代」字，「者」字下多「殺」字。

馬叙倫曰：文子上仁篇、廣弘明集五、孫盛老子非大賢論引無「謂」字。

謙之案：遂州本無「常」字，河上、柰卷無首句下「殺」字，遂州、慶陽、河上、柰卷、顧無次句下「殺」字。遂州、嚴、彭、傅、范、高翿無「謂」字。「大匠斲」，「斲」字，遂州本作「斵」，諸河、王本均作「斵」。「斵」爲「斲」之別構。玉篇：「斲，斫也。」易繫辭下傳：「斲木爲耜。」「斵」疑爲「斮」字之誤。字林：「斮，斬也。」玉篇：「斮，側略切，斬也，斷也，削也。」

夫代大匠斲，希有不傷其手。

嚴可均曰：御注無「夫」字。「其手」，御注、王弼作「其手矣」，河上作「其手者矣」。

羅振玉曰：「夫代大匠斲者」，景龍、御注、景福、敦煌庚、辛諸本均無「者」字。「希有不傷其手矣」，景龍本、敦煌辛本均無「矣」字，敦煌庚、辛本均無「有」字。

謙之案：遂州、慶陽、磻溪、樓正、嚴、顧、彭、趙均無「者」字。遂州、嚴、傅均無「有」字。傅「希」作「稀」，「不」下有「自」字。又淮南道應訓引二句有「者」字，亦無「有」字「矣」字。畢沅曰：「本皆異，唯陸希聲同奕。道德書，河上公多與王弼同，奕多與希聲同也。」

【音韻】此章江氏韻讀無韻，諸家並同。謙之案：此章斲、手爲韻。

李賡芸曰：「斲」在廣韻入聲四覺，竹角切。按「斲」从斤，𠁁聲，今本無「聲」字，必徐鼎臣所删也。説文：「⿰金𠁁，酒器也，象酒器形。」此卽毛詩「酌以大斗」之「斗」。「斗」爲借字，「𠁁」爲正字。既是象形，「𠁁」字當爲建首。「⿰金𠁁」字「金」旁，後儒所加，宜爲重文也。説文如「鬭」字从鬥，斲聲，「⿰𠁁見」字从見，「𠁁聲，讀若兜」，皆一例。老子「制惑」章「夫代司殺者，是謂代大匠斲；夫代大匠斲者，希有不傷其手矣」，斲與手韻。呂氏春秋貴可篇：「故曰大匠不斲，大庖不豆，大勇不鬭，大兵不寇。」淮南説林訓略同。是「斲」之本音當與「鬭」同，竹角切者，其轉音也。

右景龍碑本五十五字，敦煌本五十四字，河上本五十六字，王本五十九字，傅本六十一字，范本六十字。河上題「制惑第七十四」，王本題「七十四章」，范本題「民常不畏死章第七十四」。

七十五章

民之飢，以其上食稅之多，是以飢。

嚴可均曰：「民之飢」，御注作「人之」。

羅振玉曰：御注本、敦煌辛本諸「民」字均作「人」。「饑」，諸本均作「飢」，下同。

謙之案：景福、慶陽、樓正、柰卷、河上、顧、趙、諸王本均作「民」，遂州、邢玄、嚴及後漢書郎顗傳引並作「人」，傅、范本「飢」下有「者」字。畢沅曰：「『飢』，河上公、王弼諸本皆作『饑』。案古『饑饉』字作『饑』，『飢餓』字作『飢』，此應作『飢』。」今案：畢說是也。字林：「飢，餓也。」「饑，穀不熟。」「民之飢」正作飢餓解，宜作「飢」，不作「饑」。御注、景福、邢玄、慶陽、樓正、柰卷、河上、顧、嚴、傅、范、趙、群書治要、後漢書郎顗傳引並作「飢」。又道藏王本二「饑」字亦並作「飢」。

民之難治，以其上有爲，是以難治。

嚴可均曰：「上有爲」，河上、王弼、高翿作「上之有爲」。

羅振玉曰：「民」，敦煌辛本作「百姓」。「上之」，景龍本、敦煌辛本均無「之」字。

謙之案：嚴本作「百姓難治，以上有爲，是以不治」。傅、范本作「民之難治者，以其上之有爲也，是以難治」，與諸本稍異。

彭耜曰：「五注無此十五字。」又道藏宋張太守彙刻四家注引王弼注：「言民之所以僻，治之所以亂，皆由上不由其下也，民從上也。」下云：「疑此非老子之所作。」

人之輕死，以其生生之厚，是以輕死。

嚴可均曰：「生生之厚」，各本作「求生」。

羅振玉曰：「求生」，景龍本、敦煌辛本作「生生」。謙之案：遂州、彭、范作「生生」，柰卷、王羲之、趙孟頫作「求生」，高翿作「生求」，傅作「求生生」。嚴無「以其」二字，傅、范、彭、柰卷「厚」下有「也」字。案作「生生之厚」是也。

易順鼎曰：按「求生之厚」當作「生生之厚」。文選魏都賦「生生之所常厚」，張載注引老子曰：「人之輕死，以其生生之厚也。」謂通生生之情以自厚也。足證古本原作「生生」。淮南精神訓、文選鵩鵩賦注、容齋隨筆並引作「生生之厚」，皆其證。五十章云「夫何故？以其生生之厚」，又其證之見於本書者矣。

夫唯无以生爲者，是賢於貴生。

吴雲曰：傅本作「無以生爲貴者，是賢於貴生也」，王弼無第一「貴」字。

羅振玉曰：敦煌辛本「爲」下更有「生」字。「貴生」，景福本「生」下有「也」字。

謙之案：首句廣明、景福、王羲之、趙孟頫同此石。邢玄同敦煌辛本。「貴生」下，柰卷、彭、傅、范及治要引均有「也」字，淮南道應訓引有「焉」字。又案淮南精神訓：「夫人之所以不能終其壽命而中道夭於刑戮者，何也？以其生生之厚。夫惟能無以生爲者，則所以脩得生也。」語亦本此。惟淮南以父諱長，故變「長」言「脩」。俞樾曰：「『脩得生』，本作『得脩生』，『得脩生』即得長生也」。文子十守篇正作「夫唯無以生爲者，卽所以得長生」。疑老子古本在「賢於貴生」上本有此一句。七章「以其不自生，故能長生」，五十九章「長生久視之道」，「長生」一語，得此而三。又此章每段三句，「是賢於貴生」與上文「是以輕死」爲對句。

【音韻】此章江氏韻讀無韻。姚文田、鄧廷楨、奚侗同。陳柱：饑、饑韻，治、治韻，死、死韻。謙之案：「饑」當作「飢」，說見前。又敦煌辛本「生爲」下更有「生」字。「賢於貴生」上據文子十守篇有「卽所以得長生」一句，是生、生亦韻也。

右景龍碑本不分章，五十二字，敦煌本注五十三字（實五十四字），河上、王本五十三字，傅本六十三字，范本六十字。河上本題「貪損第七十五」，王本題「七十五章」，范本題「民之飢章第七十五」。

七十六章

人生之柔弱，其死堅强。

嚴可均曰：「人生之」，衆本作「人之生也」，高翿作「民之生也」。「其死」，各本作「其死也」。

羅振玉曰：景龍本、敦煌辛本均無兩「也」字，下二句同。敦煌辛本「堅」作「剛」。

謙之案：諸河、王本、傅本均有兩「也」字。范本同，但「堅强」作「剛彊」。説苑敬慎篇亦引「堅」作「剛」，下同。此蓋真類與陽類通假，易繫「剛柔相摩」，音義引作「堅柔」，卽其例證。又文選座右銘引無「之」字，遂州、嚴亦無二「也」字。此章以人生之肌膚柔軟而活動，可以屈伸，以示柔弱之可貴，則作「人生」二字是也。

万物草木生之柔脆，其死枯槁。

嚴可均曰：「生之」，御注作「生也」，衆本作「之生也」。「其死」，各本作「其死也」。

武内義雄曰：敦本「生之柔毳」，景本同敦本，但「毳」作「脆」。

羅振玉曰：景龍、御注、敦煌辛諸本均作「生之」，敦煌庚本無「也」字、「枯」字。

謙之案：御注作「生也」，羅校誤。慶陽、磻溪、樓正同。嚴、彭、傅、趙、無「万物」二字。遂州本「脆」作「毳」，蓋卽「脆」之或體。又文選廬陵王墓下作詩注引莊子逸文：「其生也柔脆者，死者枯槁。」

故堅强者死之徒，柔弱者生之徒。

羅振玉曰：敦煌庚本作「故曰」。

蔣錫昌曰：淮南原道訓作「柔弱者生之榦也，而堅强者死之徒也」。文子道原篇作「柔弱者生之榦，堅强者死之徒」。説苑敬慎篇作「柔弱者生之徒也，剛强者死之徒也」。列子黄帝篇作「柔弱者生之徒，堅彊者死之徒」。御覽木部作「柔弱生之徒，剛强死之徒」。皆「堅强」句在「柔弱」

句下，疑老子古本如此。

是以兵强則不勝，木强則共。

謙之案：「木强則共」，御注、景福、邢玄、磻溪、樓正、高翿、柰卷、河上、王羲之、顧、范、彭、敦煌庚、辛諸本均同。諸王本作「兵」，道藏王本作「共」；經訓堂傅本作「兵」，道藏傅本作「共」。「共」字未詳。强本成疏曰：「譬樹木分强，故枝條共壓其上；亦猶梁棟宏壯，故椽瓦共壓其上也。」知成所見本亦作「共」，故繳繞穿鑿其辭。丁仲祐曰：「集韻『共』爲『拱』之省文。穀梁僖三十三年傳『子之冢木已拱矣』，注：『拱，合抱也。』又公羊傳注：『拱，可以手對抱。』」説雖可通，但以較「木强則兵」，所謂直木先伐，猶覺後義勝也。黄茂材曰：「列子載老聃之言曰：『兵强則滅，木强則折。』列子之書，大抵祖述老子之意，且其世相去不遠。『木强則折』，其文爲順。今作『共』，又讀爲『拱』，其説不通，當以列子之書爲正。」謙之案：黄説是也。滅、折爲韻。「折」，篆文作[illegible]，説文在艸部。陳柱曰：「古文『折』或有作[illegible]者，以『兵』字篆文作[illegible]，形極近。」高亨亦謂「古『折』亦作[illegible]，上『斤』下『艸』，與『兵』形似，故譌爲『兵』耳」。

俞樾曰：案「木强則兵」，於義難通，河上公本作「木强則共」，更無義矣。老子原文作「木强則折」，因「折」字闕壞，止存右旁之「斤」，又涉上句「兵强則不勝」，而誤爲「兵」耳，「共」字則又「兵」字之誤也。列子黄帝篇引老聃曰「兵强則滅，木强則折」，即此章之文，可據以訂正。

易順鼎曰：俞氏平議據列子引老子作「兵强則滅，木强則折」是矣。鼎又按文子道原篇作「兵强卽滅，木强卽折」，淮南原道訓亦作「兵强則滅，木强則折」，皆與列子相同。王注「木强則兵」，云「物所加也」，四字疑非原本。

奚侗曰：「折」以殘缺誤爲「兵」，復以形似誤爲「共」耳。兹據列子黄帝篇、文子道原篇、淮南原道訓引改。但文子、淮南於「木彊則折」下，有「革彊則裂，齒堅於舌而先敝」，皆韻語，或老子原本有之，而今挩去。

故堅强處下，柔弱處上。

嚴可均曰：各本作「强大處下」，無「故」字。

羅振玉曰：敦煌辛本作「故堅强居下」，庚本作「故强大處下」。

謙之案：遂州、彭上「處」作「居」，范作「取」，高本漢二「處」並作「居」。嚴「柔」作「小」。「堅强處下」，彭、傅、趙同此石。蓋卽草木爲喻，以明根幹堅强處下，枝葉柔弱處上也。

【音韻】此章江氏韻讀無韻。姚文田、鄧廷楨同。奚侗：滅、折韻。陳柱增徒、徒韻。又高本漢：勝、兵韻，下、上韻。謙之案：勝、兵、下、上皆非韻，高説誤。武内義雄曰：「兵强則滅，木强則折」，列子黄帝篇引老聃語。老子第七十六章亦載此語，文不同。滅、折韻。

右景龍碑本五十四字，敦煌本同，河上、王本五十七字，傅本五十九字，范本五十八字。河上題「戒强第七十六」，王本題「七十六章」，范本題「人之生章第七十六」。

七十七章

天之道，其猶張弓！

嚴可均曰：「張弓」，御注、河上作「張弓乎」，王弼作「張弓與」。

羅振玉曰：景龍本、敦煌辛本均無「與」字。御注、景福、敦煌庚本「與」作「乎」。

謙之案：遂州、嚴本亦無「與」字。傅、范本「弓」下作「者歟」。邢玄、慶陽、磻溪、樓正、柰卷、高翿、顧、彭並作「張弓乎」，類聚七十四引同。

高者抑之，下者舉之，有餘者損之，不足者與之。

嚴可均曰：「不足者與之」，王弼作「補之」。

羅振玉曰：敦煌庚本、景福本均無「者」字，下句同。又景龍、御注、景福、敦煌庚、辛本「補」均作「與」。

謙之案：嚴本「抑」作「案」，李道純本「下」作「低」。邢玄、慶陽、磻溪、樓正、河上、柰卷、遂州、顧、彭均作「與之」，同此石。

又謙之案：嚴遵曰：「夫弓人之爲弓也，既煞既生，既翕既張，制以規矩，督以準繩。弦高急者，寬而緩之；弦馳下者，攝而上之；其有餘者，削而損之；其不足者，補而益之。」據此，知四句皆以張弓明消息盈虛自然之理。焦竑曰「『抑之』、『舉之』二句言張弓，『有餘』、『不足』二句言天道」，非也。

天之道，損有餘而補不足；人道則不然，損不足，奉有餘。

嚴可均曰：「而補不足」，御注無「而」字。「人道」，各本作「人之道」。「損不足」，各本「足」下有「以」字。

羅振玉曰：御注、景福、敦煌庚、辛本均無「而」字。景龍、景福、敦煌辛本均無「以」字，敦煌庚本「以」作「而」。

謙之案：遂州、邢玄、慶陽、磻溪、高翿、嚴、顧、彭均無「而」字。遂州、嚴、顧亦無「以」字。

易佩紳曰：道在天下均而已，均而後適於用。此有餘則彼不足，此不足而彼有餘，皆不可用矣。抑其高者，損有餘也；舉其下者，補不足也。天之道如是，故其用不窮也。

沈一貫曰：人之道則不然。裒聚窮賤之財，以媚尊貴者之心；下則箠楚流血，取之盡錙銖；上則多藏而不盡用，或用之如泥沙：損不足以奉有餘，與天道異矣。

孰能有餘以奉天下？其唯有道者。

嚴可均曰：御注「以」字在「能」字下。「其唯有道者」，各本無「其」字。

羅振玉曰：御注、景福、廣明、敦煌庚本「能」下均有「以」字。「有餘以」，御注、景福二本均無「以」字。謙之案：傅本作「孰能損有餘而奉不足於天下者，其惟道者乎」！嚴、彭、范亦作「損」字，彭有「不足於」三字。李道純曰：「『孰能以有餘奉天下』，其中加『不足』二字者非。」諭義，有道者不以有餘自奉，而以奉天下，於義已足，傅本「不足」二字贅。

是以聖人爲而不恃，功成不處，斯不見賢。

嚴可均曰：「爲而不恃」，御注無「而」字。「功成不處」，河上、王弼「成」下有「而」字。「斯不見賢」，各本作「其不欲見賢」，高翿句末有「邪」字。

羅振玉曰：「功成而不處」，敦煌庚、辛本「功成」作「成功」，景龍、御注、敦煌辛本均無「而」字。「其不欲見賢」，敦煌庚本「賢」下有「也」字，辛本「則其欲退賢」。

武内義雄曰：敦本「見」作「示」。

謙之案：河上注：「不欲示人知己之賢。」是河上「見」亦作「示」，顧歡同。遂州本「見」作「貴」。「斯不見賢」，「斯」即「廝」字。「斯」、「廝」古今字。左傳哀二年「人臣隸圉免」，杜注：「去廝役。」釋文：「廝字又作斯。」新序雜事四、潛夫論叙録「廝役」均作「斯役」。此云「斯不見賢」，案詩毛傳：「賢，勞也。」聖人能損有餘，補不足，裒多以益寡，抑高而舉下，豈勞煩廝役者耶？傅本「賢」下有「邪」字。高亨曰：「『賢』下當有『邪』字。本章全是韻文，無『邪』字則失韻，是其證。」

【音韻】此章江氏韻讀無韻。鄧廷楨：舉、與韻，云：「『與』，一本作『補』，舉、補亦韻也。」奚侗：舉、補韻。陳柱同，增餘、下韻。高本漢同。武内義雄：恃、處韻。謙之案：諸説均不全。此章與、舉、與（補）、餘、下、者、處、邪皆魚部，實通篇一韻。恃、處非韻，武内説誤。

右景龍碑本七十五字，敦煌本七十四字，河上、王本七十九字，傅本七十七字，范本八十三字。河上本題「天道第七十七」，王本題「七十七章」，范本題「天之道章第七十七」。

七十八章

天下柔弱莫過於水，而攻堅；强莫之能先。

嚴可均曰：「天下柔弱莫過於水」，王弼作「天下莫柔弱於水」。御注、王弼「强」下有「者」字，「先」作「勝」。河上亦有「者」字，作「莫之能勝」，高翿作「莫之能爽」。

羅振玉曰：釋文：「河上本作『天下柔弱莫過於水』。」御注、敦煌辛本、景福諸本並同。「攻」，敦煌辛本作「功」。「强者」，景龍本、敦煌辛本均無「者」字，敦煌庚本此句上有「言水柔弱」四字。又景龍本、敦煌辛本「勝」均作「先」。

武内義雄曰：敦、遂、景三本「勝」作「先」。

李道純曰：「天下柔弱莫過於水」，或云「莫柔弱於水」，非也。

謙之案：世德堂河上公本作「莫知能勝」，「知」字誤。又「而攻堅」句，與四十二章「天下之至柔，馳騁天下之至堅」語意正同。堅與先叶。水能懷山襄陵，磨鐵銷銅，故曰攻堅也。舊説「堅强」二字連，則無韻。又「强」下從各本有「者」字。「先」字，嚴、彭、傅、范同此石。

其无以易之。

羅振玉曰：敦煌庚本作「无易之」，景福本作「以其无能易之」。

焦竑曰：「以其無以易之也」，一無「以也」。

謙之案：嚴本下有「矣」字，傅、范本下有「也」字。

故弱勝强，柔勝剛，天下莫能知，莫能行。

嚴可均曰：御注、高翿作「故柔勝剛，弱勝强」，河上、王弼無「故」字，作「弱之勝强，柔之勝剛」。「莫能知」，各本「能」作「不」。

羅振玉曰：「柔之勝剛」，景福本「勝」作「能」，敦煌庚本與景龍本同，而無「故」字；御注本、敦煌辛本作「故柔勝剛，弱勝强」。又「不」均作「能」。

謙之案：淮南道應訓引老子曰：「柔之勝剛也，弱之勝强也，天下莫不知，而莫之能行。」與傅奕本同。唯傅本無二「也」字。

故聖人云：

嚴可均曰：御注作「是以聖人言」，王弼作「是以聖人云」。

羅振玉曰：敦煌辛本無「云」字，御注本「云」作「言」。景龍本作「故聖人云」，景福本、敦煌庚本作「故聖人言云」。

謙之案：柰卷、河上作「云」，邢玄、慶陽、磻溪、樓正、高、顧、彭、范、趙均作「言」。傅本「人」下有「之言」二字。案作「言」是也。「言」、「云」義重，「云」字衍。

「受國之垢，是謂社稷主；受國不祥，是謂天下王。」

嚴可均曰：「受國不祥」，河上、高翿「國」下有「之」字。

孫鑛考正曰：「受國不祥」，今本「受國」下多「之」字。

劉師培曰：案淮南道應訓引老子「受國」上均有「能」字，「不祥」上又有「之」字，當爲古本。

謙之案：「垢」有垢污之義。按莊子天下篇引老聃曰：「知其雄，守其雌，爲天下谿。知其白，守其辱，爲天下谷。人皆取先，己獨取後。曰受天下之垢。」郭象注：「雌、辱、後、下之類，皆物之所謂垢。」宣十五年左傳「伯宗曰『川澤納汙，山藪藏疾，瑾瑜匿瑕，國君含垢，天之道也』」，杜注：「忍垢恥。」蓋退身處後，推物在先，處衆人之所惡，故幾於道，此「垢」之本義。又「王」字，説文：「天下所歸往也。」穀梁莊三傳曰：「其曰王者，民之所歸往也。」訓「王」爲「往」，人所歸落，此「王」之本義。

正言若反。

高延第曰：此語並發明上下篇玄言之旨。凡篇中所謂「曲則全，枉則直，窪則盈，敝則新」，「柔弱勝强堅」，不益生則久生，無爲則有爲，不争莫與争，「知不言，言不知」，損而益，益而損，言相反而理相成，皆正言也。

吴澄曰：「正言若反」，舊本以此爲上章末句。今案上章「聖人云」四句作結，語意已完，不應又綴一句于末，他章並無此格。「絶學無憂」章、「希言自然」章皆以四字居首，爲一章之綱，下乃詳言之，此章亦然。又「反」、「怨」、「善」三字叶韻，故知此一句當爲起語也。

謙之案：吳説是也。「正言若反」，碑本、嚴本均不分章，亦其證。

【音韻】此章江氏韻讀：强、剛、行韻（陽部），垢、主韻（侯部，主，朱掫反），祥、王韻（陽部），言、反韻（元部，反，平聲）。姚文田、鄧廷楨均同，唯未及「言」、「反」。高本漢：言、反韻。武內義雄：祥、王、反韻，蓋誤。謙之案：「言」、「反」屬下章，反、怨、善，江晉三廿一部諧聲表入元部聲，姚文田古音諧入九寒去聲，三字叶韻。又「而攻堅」爲句，堅、先爲韻，説見前。顧炎武唐韻正卷十四十五厚：「垢」，古音古。老子：「受國之垢，是爲社稷主。」

鄧廷楨曰：「主」，古音在侯部，易豐六二、九四與「蔀」、「斗」爲韻，詩行葦與「醹」、「斗」、「耉」，卷阿與「厚」爲韻，是其證也。老子「受國之垢，是謂社稷主」，垢、主爲韻。

右景龍碑本不分章，六十二字，河上本六十五字，王本六十四字，傅本七十三字，范本七十一字。河上題「任言第七十八」，王本題「七十八章」，范本題「天下莫柔弱於水章第七十八」。

七十九章

和大怨，必有餘怨，安可以爲善？

謙之案：廣明本「和」作「知」，彭本「怨」下有「者」字。葉夢得本無「必」字。文子微明篇引上二句同，第三句作「奈何其爲不善也」，文意同。

是以聖人執左契，不責於人。

嚴可均曰：「不責於人」，御注作「而不責於民」，河上、王弼有「而」字。

羅振玉曰：景龍本、敦煌辛本均無「而」字。

謙之案：遂州、嚴亦無「而」字，嚴有「以」字。

馬叙倫曰：「契」當作「栔」。說文曰：「刻木也。」今通用「契」。

朱駿聲曰：契，説文：「大約也。」今言合同。易繫辭「後世聖人易之以書契」，鄭注：「以書書木邊言其事，刻其木謂之書契。」周禮質人「掌稽市之書契」，注：「取予市物之券也。其券之象，書兩札刻其側。」禮記曲禮「獻粟者執右契」，疏謂「兩書一札，同而别之」。又韓策「操右契」，注：「左契待合而已，右契可以責取。」

章炳麟曰：「死生契闊」，本又作「挈」。韓詩説曰：「契闊，約束也。」然則因時約劑暫爲事瀝者謂之契。老子曰：「聖人執左契，而不責於人。」（小斆答問）

故有德司契，无德司徹。

嚴可均曰：「故有德」，河上、王弼無「故」字。

羅振玉曰：景龍、御注、敦煌辛本首句均有「故」字。

武内義雄曰：敦、遂、景三本句首有「故」字。「徹」，敦本作「撤」，遂本作「轍」。

謙之案：嚴本亦作「轍」。「徹」、「轍」古雖通用，但此宜作「徹」。俞樾曰：「按古字『徹』與

『轍』通。二十七章『善行無轍迹』，釋文作『徹』，引梁注曰：『徹應車邊，今作彳者，古字少也。』然則此文『徹』字，亦與彼同矣。『有德司契，無德司轍』，言有德之君但執左契、合符信而已，無德之君則皇皇然司察其轍迹也。河上公解『善行無轍迹』曰：『善行道者求之於身，不下堂，不出門，故無轍迹。』此卽可説『無德司徹』之義。」謙之案：俞説非也。「徹」當訓爲剥。「車」邊之「轍」，於義難通。大田晴軒曰：「『徹』字，諸家或爲通，或爲明，或爲徹法之徹，要皆不悟此一章之言爲何所指，故紛紜謬説，如一閧之市耳。按徹，剥取也。豳風鴟鴞曰『徹彼桑土，綢繆牖户』，毛傳：『徹，剥也。』小雅十月之交曰『徹我牆屋，田卒汙萊』是也。有德但以合人心爲主，故不取於民，無德不以民情之向背爲意，故唯浚而剥之爲務。」一説「徹」疑當爲「殺」。高亨曰：「篆文『徹』作『[illegible]』，説文『殺』古文作『[illegible]』，形相近。老子此字作『[illegible]』，後人不識，誤以爲『徹』也。七十四章曰：『常有司殺者殺，夫代司殺者殺，是謂代大匠斲。』此云『司殺』，其義正同。有德之君仁而多施，故曰司契；無德之君暴而多刑，故曰司殺。司契者，善人，天之所福；司殺者，不善人，天之所禍。故下文云『天道無親，常與善人』，以戒人君勿司殺而司契也。古韻契在泰部，徹在脂部，契、徹是爲通諧。殺亦在泰部，契、殺是謂同韻。」

天道无親，常與善人。

謙之案：此二句爲古語，見説苑敬慎篇引黄帝金人銘，又後漢書袁紹傳注引作太公金匱語。又郎顗傳顗引易曰：「天道無親，常與善人。」

【音韻】此章江氏韻讀：怨、怨、善韻（元部），契、徹韻（祭部，契音挈），親、人韻（真部）。姚文田、奚侗同。武内義雄、陳柱：怨、怨、善、人韻。案怨、怨、善，元部，人，真部，此元、真通韻。顧炎武唐韻正卷十七十七薛：「轍」，去聲則直例反。老子「有德司契，無德司轍」，一本作「徹」。

李賡芸炳燭編卷三曰：老子「任契」章：「有德司契，無德司徹。」按契、徹韻也。契當讀入聲，如挈。廣韻「契」在十六屑，「徹」在十七薛，屑、薛通也。

江有誥唐韻四聲正二十八獮：「善」，常演切。按古有平聲，當與仙部並收。老子信契篇「安可以爲善」，與怨（音宛）叶。

右景龍碑本分章不明（「无德司徹」句下空一格，似分章），四十字，敦煌本、河、王本同，傅、范本四十一字。河上本題「任契第七十九」，王本題「七十九章」，范本題「和大怨章第七十九」。

八十章

小國寡人，使有什佰之器而不用，

嚴可均曰：「小國寡人」，各本作「寡民」。「什伯之器」，河上「伯」下有「人」字。

羅振玉曰：「小國寡民」，景龍本「民」作「人」。「使有什伯之器」，敦煌辛本作「使民有什伯之器」，庚本作「使人有仟伯人之器」。

謙之案：「小國寡人」，遂州本同。柰卷「寡」作「寮」。下句嚴、彭、傅、范、趙「使」下有「民」字，景福、柰卷、王羲之「伯」下有「人」字，顧下有「民」字，傅、范「用」下有「也」字。李道純曰：「『使有什伯之器而不用』，或云『令器』，或云『不用』，皆非也。」

俞樾曰：按「什伯之器」，乃兵器也。後漢書宣秉傳注曰：「軍法，五人爲伍，二五爲什，則共其器物，故通謂生生之具爲什物。」然則什伯之器猶言什物矣。其兼言伯者，古軍法以百人爲佰。周書武順篇：「五五二十五曰元卒，四卒成衞曰伯。」是其證也。什伯皆士卒部曲之名。禮記祭義篇曰：「軍旅什伍。」彼言「什伍」，此言「什伯」，所稱有大小，而無異義。徐鍇説文繫傳於人部「伯」下引「老子曰『有什伯之器』，每什伯共用器，謂兵革之屬」，得其解矣。「使有什伯之器而不用，使民重死而不遠徙」，兩句一律。下文云「雖有舟轝，無所乘之，雖有甲兵，無所陳之」，「舟轝」句蒙「重死而不遠徙」而言，「甲兵」句蒙「什伯之器不用」而言，文義甚明。河上公本「什伯」下誤衍「人」字，遂以「使有什伯」四字爲句，失之矣。

奚侗曰：史記五帝紀「作什器于壽邱」，索隱曰：「什器，什，數也。蓋人家常用之器非一，故以十爲數，猶今言什物也。」此云「什伯」，絫言之耳。國小民寡，生事簡約，故雖有什伯之器，亦無所用之也。各本多無「民」字，兹從傅奕本增。河上本作「使有什伯人之器而不用」，而斷「使有什伯」爲句，誼不可通。蓋古本「民」或作「人」，因誤到「什伯」之下，河上遂彊爲句讀耳。

謙之案：二説皆可通。文子符言篇曰：「天下雖大，好用兵者亡；國家雖安，好戰者危。故小國寡民，雖有什伯之器而勿用。」是以什伯之器爲兵器也。漢書「詔天下吏舍無得置什器」，顔師古注：「五人爲伍，十人爲什，則共器物。」是以什伯之器爲什物，爲十人百人所共之器也。一説：什伯人之器，則材堪什夫、伯夫之長者也。此説蘇轍唱之，大田晴軒和之，引「列子説符篇伯樂稱九方臯曰：『是乃所以千萬臣而無數者也。』呂氏春秋至忠篇：『子培賢者也，又爲王百倍之臣。』孟子『或相倍蓰，或相什伯，或相千萬』（滕文公上），以物言也；『或相倍蓰而無筭者』（告子上），以人言也。然則什伯千萬亦皆可以人言也。『器』，利器，器長之器，什伯之器，爲特異之材明矣。」謙之案：此説較迂曲，併存可也。

使人重死而不遠徙。雖有舟轝，无所乘之；雖有甲兵，无所陳之。使民復結繩而用之。

嚴可均曰：「使人重死」，河上、王弼作「使民」。

羅振玉曰：「使民」，景龍本、敦煌庚本「民」作「人」。「而不遠徙」，庚本無「而」字，「雖有」作「其」，下「雖」字無。

謙之案：「使人」句，遂州本亦作「人」。「使民」句，御注、邢玄、景福、慶陽、磻溪、樓正、高翿、柰卷、河上、敦煌庚本、顧、彭、傅、范、趙皆作「民」，同此石。畢沅曰：「『民』，王弼作『人』。改『民』爲『人』，皆唐本也。」又「陳」字，遂州本作「陣」。案玉篇：「陣，直鎮切，師旅也，本作陳。」是

「陳」、「陣」古通。「轝」，釋文：「河上曰車。」御注、王弼作「輿」，遂州、宋河上、柰卷作「轝」，趙作「車」。案作「轝」是也。「轝」卽「輿」之古文。夏竦古文四聲韻卷四引古老子作「轝」（[illegible]）。

甘其食，美其服，安其居，樂其俗，隣國相望，鷄狗之聲相聞，民至老死，不相往來。

嚴可均曰：「雞狗之聲」，御注、高翿作「雞犬之音」，王弼作「鷄犬之聲」。

羅振玉曰：景龍、景福、廣明、敦煌庚、辛諸本均作「狗」，敦煌庚本無「死」字，辛本作「使民至老」。

謙之案：傅、范本「甘其食」上有「至治之極民各」六字。又傅、范、彭「居」作「俗」，「俗」作「業」，「民」上有「使」字。嚴本「安其居」在「樂其俗」句下，河上、顧無「死」字，傅、彭「相」下有「與」字。治要引「美其服」作「美其衣」。又「隣」字，廣明、羅卷、顧同此。案說文：「五家爲鄰，从邑，粦聲。」古作[illegible]。九經字樣云：「作『隣』者譌，宜作『鄰』。」

又案：莊子胠篋篇論「至德之世」，馬蹄篇言「民有常性，織而衣，耕而食」，語意皆本此。胠篋所引九句，惟「安其居，樂其俗」二句倒置。又淮南齊俗訓：「是故鄰國相望，雞狗之音相聞，而足迹不接諸侯之境，車軌不結千里之外者，皆得其所。」論衡說日篇：「古者質朴，鄰國接境，鷄犬之聲相聞，終身不相往來。」皆本老子此章。又史記貨殖傳亦有「至治之極」四字，碑本雖無此句，可據傅、范本與莊子、史記所引補之。

【音韻】此章江氏韻讀無韻。姚文田、鄧廷楨同。高本漢本作「至治之極，民各甘其食，美其服，安其俗，樂其業」，極、食、服、俗、業韻，「俗」字實際非韻。又「隣國相望」至「老死不相往來」，高本漢改「往來」爲「來往」，以叶「望」字，大誤。

右景龍碑本七十五字，敦煌本七十三字，河上、王本七十五字，傅、范本八十五字。河上本題「獨立第八十」，王本題「八十章」，范本題「小國寡民章第八十」。

八十一章

信言不美，美言不信。善者不辯，辯者不善。知者不博，博者不知。

羅振玉曰：敦煌辛本「知」作「智」。

武内義雄曰：「善者不辯」二句，敦、遂二本在「知者不博」二句之後。

謙之案：嚴、顧二句與敦、遂本同。傅、范「善者不辯」二句「者」並作「言」。

俞樾曰：按此當作「信者不美，美者不信」，與下文「善者不辯，辯者不善；知者不博，博者不知」文法一律。河上公於「信者不美」注云：「信者，如其實。不美者，朴且質也。」是可證古本正作「信者不美」，無「言」字也。

陶鴻慶曰：案俞氏據河上注，知經文兩「言」字皆當作「者」，與下文一律者也。今按王注云：「實在質也，本在朴也。」但釋「信」與「美」之義，而不及「言」，以其所見本亦作「者」也。

謙之案：俞、陶之説非也。文心雕龍情采篇曰：「老子疾僞，故稱『美言不信』。」是劉勰所見老子本作「言」字。河上於此句注云：「滋美之言者，孳孳華詞。不信者，飾僞多空虚也。」又成玄英開題序訣義疏題此章爲「信言」章。疏云：「信，實也。美，浮艷也。言上德之人……所説言教，實而不華，……浮艷之言，……既乖至理，所以不信。故莊云『犬不以善吠爲良，人不以善言爲賢』也。」可證河上本與碑本同。王注六十二章「美言可以市」句云：「美言之，則可以奪衆貨之賈，故曰『美言可以市』也。」此章注：「實在質也，本在樸也。」義亦正同。雖未及「言」，而言在其中，何由證其所見本必作「者」乎？又「善者不辯」二句，焦竑考異曰：「古本作『善言不辯，辯言不善』。」又莊子齊物論「大辯不言」，語亦同此。知北遊篇「不知深矣，知之淺矣」，與「知者不博」二句語意亦似。

聖人不積，既以爲人己愈有，既以與人己愈多。

嚴可均曰：「既以爲人」，御注作「與人」。

羅振玉曰：御注、景福二本「爲」作「與」。

謙之案：邢玄、慶陽、磻溪、樓正均作「與」。二「愈」字，邢玄作「逾」，范作「俞」。「俞」古字，作「逾」誤。碑本五章「愈」亦作「俞」。又「聖人不積」，嚴、彭、傅、趙、高並作「無積」，范作「无積」，河上公、王弼作「不積」。作「无積」是也。戰國策魏策一引老子曰「聖人無積，盡以爲人己愈有，既以與人己愈多」，「不積」亦作「無積」。「既以與人」句，莊子田子方篇引同。「既以爲人」句，「既」字可據魏策改爲「盡」字，與「既」字爲對文。又「積」有藏義，楚語「無一日之積」，注：「積，儲也。」莊子天道「運而無所積」，釋文：「謂積滯不通。」天下篇稱老聃「以有積爲不足……無藏也故有餘」，無積卽無藏也。

天之道，利而不害。聖人之道，爲而不争。

羅振玉曰：敦煌辛本無下「之」字。

謙之案：趙本作「人之道」，無「聖」字。「人」與「天」對，文勝，然非老子本誼。

【音韻】此章江氏韻讀無韻，諸家並同。惟高本漢以信、善爲韻，武内義雄以積、有、多爲韻，皆誤。此章實以信信、善善、知知各首尾爲韻。又知、積、多韻，知、積，支部，多，歌部，此歌、支通韻。

右景龍碑本五十七字，敦煌本、河、王、傅、范本同，河上題「顯質第八十一」，王本題「八十一章」，范本題「信言不美章第八十一」。

附録

老子韻例

昔孔廣森作詩聲分例，其言曰：「今之詩主乎文，古詩主歌。歌有疾徐之節，清濁之和，或長言之，咏嘆之，紊數句而無以韻爲；或繁音促節，至於句有韻，字有韻，而莫厭其多。」余以爲道德五千言，古之哲學詩也。既曰詩，卽必可以歌，可以誦；其疾徐之節，清濁之和，雖不必盡同於三百篇，而或韻或否，則固有合於詩之例焉爲無疑。然在宋代吴棫韻補，已嘆「老子道德經，周柱下史老聃所作，多韻語，今往往失其讀」，然則發凡起例，其可少乎？作老子韻例。

〔其一〕世異音殊，一代自有一代之音，古韻不可合於唐，唐韻不可合於今，閻百詩所謂「古今之音繫乎時」者，豈不然哉！五千言以今音讀之，覺其扞格不合，而以古音繩之，則合者多，而不合者或出於傳寫之譌。昔鄧廷楨鈎稽五千言之用韻，與易、詩合，如「辯德」章富、志、久爲一韻，久韻富、志，既與詩同，下句又韻壽，乃與易同。實則五千言與詩或異或同，與易則幾無不同。且以楚人書楚語，作楚音，是又爲騷韻開其端也。試舉其與易同者：

（一）五章：「多言數窮，不如守中。」窮、中爲韻。易需彖傳窮、中、功韻。蹇彖傳中、窮、功、邦韻。困彖傳中、窮韻。井彖傳窮、中、功、凶韻。漸彖傳功、邦、中、窮韻。涣彖傳窮、同、中、功韻。節彖傳中、窮通韻。既濟彖傳中、窮韻。坤象傳中、窮、終韻。隨象傳凶、功、中、窮韻。大壯象傳窮、中韻。節象傳中、窮韻。巽象傳中、窮、中、功、中、窮、凶韻。

（二）二十四章：「企者不久，跨者不行，自見者不明，自是者不彰，自伐者無功，自矜者不長。」行、明、彰、功、長韻。又七十八章：「弱之勝强，柔之勝剛，天下莫不知，莫能行。」强、剛、行韻。易大有彖傳明、行、亨韻。謙彖傳亨、明、行韻。噬嗑彖傳亨、明、章、行韻。復彖傳亨、行、行、長韻。遯彖傳亨、行、長韻。晉彖傳上、明、行韻。睽彖傳上、行、明、行、剛韻。益彖傳疆、光、慶、行、疆、方、行韻。姤彖傳剛、長、章、行韻。鼎彖傳明、行、剛、亨韻。艮彖傳行、明韻。旅彖傳亨、剛、明韻。巽彖傳行、剛韻。屯象傳明、光、長韻。訟象傳長、明韻。履象傳明、行、當、剛、行、當、慶韻。否象傳當、行、當、長韻。同人象傳剛、行韻。豫象傳當、行、剛、亡、長韻。噬嗑象傳行、剛、當、光、當、明韻。睽象傳當、剛、行、慶、亡韻。夬象傳當、明、光、長韻。震象傳剛、當、光、行、喪韻。歸妹象傳常、當、行、良、行、筐韻。豐象傳當、明、行、慶、翔、藏韻。繫辭下傳「君子知微知彰」三句彰、剛、望韻。乾文言藏、明、行韻。坤文言剛、方、常、光、行韻。説卦傳陽、剛、亨韻。雜卦傳剛、行韻。

（三）二章：生、成、形、傾韻。十五章：清、生、盈、盈、成韻。二十五章：成、生韻。三十九章：清、寧、靈、盈、生、貞韻。易乾彖傳元、天、形、成、天、命、貞、寧韻。屯彖傳生、貞、盈、寧韻。繫辭下傳「日往則月來」九句生、成、生韻。序卦傳盈、生韻。

（四）二十六章：「魚不可脱於淵，國之利器不可以示人。」淵、人韻。六十章：「其鬼不神，非其鬼不神，其神不傷人。」神、人韻。易乾九二、九四、九五田、人、淵、天、人韻。豐彖傳人、神韻。乾文言人、神韻。

（五）四十四章：「知止不殆，可以長久。」止、久韻。十六章：道、久、殆韻。易臨彖傳道、久韻。離彖傳咎、道、久韻。雜卦傳久、止韻。

（六）六十八章：武、怒、與、下韻。六十四章：土、下韻。易困彖傳下、與韻。井彖傳下、舍、與韻。恒彖傳下、與韻。咸彖傳下、與、女韻。剥彖傳下、與、下韻。隨彖傳與、下韻。離彖傳土、下韻。

（七）五十九章：嗇、服、德、克、極、國韻。八十章：食、服韻。易謙彖傳牧、得、服、則、服、得、國韻。同人彖傳克、則、直、克、得韻。節彖傳塞、極韻。乾文言傳：革、德、極、則韻。

（八）九章：之、已、之、保、守、咎、道韻。易復彖傳咎、道、復韻。小畜初九、隨九四道、咎韻。乾彖傳道、咎、久、造、久、首韻。同人彖傳、睽彖傳、節彖傳、既濟彖傳咎、道韻。夬彖傳咎、道、咎韻。漸彖傳咎、飽、醜、道、保韻。

次舉其與騷韻同者，如五章窮、中韻。楚辭雲中君降、中、窮、爞韻；涉江中、窮韻。八章治、能、時、尤韻。楚辭惜往日時、疑、治、之、否、欺、思、之、尤、之韻。四十四章止、殆、久韻。楚辭天問止、殆韻；招魂止、里、久韻。十章離、兒、疵、知、雌、知韻。楚辭少司命離、知韻。七章先、存韻。楚辭遠遊存、先、門韻；大招存、先韻。十七章言、然韻。楚辭惜誦言、然韻。二十五章、六十五章遠、反韻，楚辭離騷、國殤、哀郢同。二章生、成、形、傾韻。楚辭天問營、成、傾韻。三十七章靜、定韻，楚辭大招同。三十七章、五十七章爲、化韻，楚辭天問、思美人同。六十八章武、怒、與、下韻。楚辭離騷武、怒韻。六十四章土、下韻。楚辭以下、與、女、所、舞、予等字爲韻。二章居（處）、去韻。楚辭悲回風處、慮、曙、去韻。九章保、守、咎、道韻。楚辭惜誦保、道韻。二十四章行、明、彰、長、行韻。楚辭天問長、彰韻。二十二章明、彰、長韻。楚辭懷沙章、明韻。五十九章嗇、服、德、克、極、國韻。楚辭離騷極、服韻；天問、哀郢極、得韻；橘頌服、國韻。六十五章賊、福、式、德韻。楚辭招魂食、得、極、賊韻。十五章客、釋韻。楚辭哀郢蹠、客、薄、釋韻。

由上所述，五千言與易韻同，與騷韻亦同。知聲音之道，與時轉移，而如易如騷，以時考之，皆與老子相去不遠。五千言者蓋與易經同爲中國古代之二大哲學詩，老子爲楚人，故又與楚聲合。尚論世次，屈在老後。經文中「兮」字數見，與騷韻殆無二致，五千言其楚聲之元祖乎！

〔其二〕老子古韻之研究，宋吴棫已開其端，清顧炎武、江慎修以後，其卓然成家者，以江晉三之老子韻讀，姚文田之古音諧，鄧廷楨之雙硯齋筆記爲最著。鄧書惟於虞、侯二部之界限，分隸諸部之入聲，有所發明；而於古韻之綜合研究，未遑及焉。江晉三以廿一部諧聲表，姚文田以古韻廿八部，於五千言之中，句求字索，使韻理日明，雖不無遺漏之處，而乖舛則甚少。尤以江氏韻讀，其分部與王念孫古韻譜同，學者取資焉。今試排比之如下（表中數目字爲老子章次）：

江有誥廿一部	姚文田廿八部	唐韻
一之	四之	
始母①事教辭有恃②（之、宵合韻）治能尤⑧已保守咎道⑨（之、幽通韻）有始紀⑭道久殆⑯（之、幽通韻）倍慈有⑲熙臺孩⑳海止以鄙母⑳得惑式㉑改殆母道㉕（之、幽通韻）黑式式忒極㉘有止殆母㉜富志㉝右辭㉞餌止㉟止殆久㊹有恃宰(51)始母母子母殆(52)事救(52)（之、幽通韻）起有(57)事福(57)福伏極(58)持謀(64)國賊國福式式德(65)德力極(68)來謀(73)	始母①上有恃②上治能時尤⑧平有時宰⑩上始紀⑭上倍慈有⑲上哉熙臺⑳平海止以鄙母⑳上改殆母㉕上有之之殆海㉜上富志㉝去餌止㉟上止殆久㊹上始母母子子母殆(52)上起有(57)上事富(57)去母長(59)上持謀(64)平始事(64)上來謀(73)平	之（灰、咍）（案江氏廿一部入聲之分配與姚氏廿八部異，如之轉入聲職、德。幽轉入聲屋、沃。宵轉入聲覺、藥。侯轉入聲屋、燭。魚轉入聲陌、麥、昔。支轉入聲錫。脂、祭轉入聲質、術、櫛、物、迄、月、没、曷、末、黠、鎋、屑、薛。）

二幽	道道①腹目⑫首侯⑭（幽、侯合韻）	十四	道道①上保守咎道⑨上首後道	[尤][侯]幽（蕭）
	篤復⑯久壽㉝（之、幽通韻）笑道㊶	茲	有⑭上久壽㉝上牖道㊼上老道	
	（幽、宵通韻）牖道㊼畜育熟覆(51)老		(55)上	
	道已(55)（之、幽通韻）嗇嗇服德德克克			
	極國母久道(59)（之、幽通韻）奧寶保(62)			
三宵	妙徼①	十五	妙徼①上	[蕭]宵、肴、豪
		爻		
四侯	樸谷濁⑮譽侮⑰（侯、魚通韻）足屬	十三	偷渝隅㊵平垢主(78)上	侯（虞）
	樸欲⑲主下㉖（侯、魚通韻）辱谷谷	侯		
	足朴㉘朴朴欲㊲琭玉㊴谷辱足偷渝			
	隅㊶足辱㊹欲朴(57)垢主(78)			
五魚	居居去②平客釋⑮惡若⑳去甫㉑惡	十二	居去②去去甫㉑下惡處㉔去主下	魚、虞、模
	處㉔居主㉞（侯、魚通韻）落石㊴户	魚	㉖上（與侯通）户下㊼上除蕪蕪	
	下㊼家餘(54)下普(54)盤據搏固嗄(55)土		餘竿(53)平家餘(54)平下普(54)平盤據	
	下(64)武怒與下(68)惡故(73)		搏固作啞(55)去土下(64)上武怒與	
			下(68)上惡故(73)去	

六歌	和隨②阿何⑳隨吹羸隳㉙平爲爲化㊲貨多㊹爲化(57)禍倚(58)貨過爲(64)	十一麻	和隨②平義僞⑱去阿何⑳平隨吹羸墮㉙平爲化㊲平爲化(57)平貨過爲(64)去	歌、戈、麻
七支	離兒疵爲雌知⑩（歌、支通韻）迹謫策解㉗雌谿谿離兒㉘（歌、支通韻）	六支	離兒疵兒雌知⑩平雌谿谿離兒㉘平	支〔齊〕
八脂	屈出⑤入死牝⑥夷希微詰一皦味物⑭畏畏⑳物惚㉑惚物㉑師資師資迷㉗味見既㉟（脂、元合韻）昧退類㊶愛費㊹屈拙訥熱㊺（脂、祭通韻）	五齊	死牝⑥上夷希微⑭平孩歸遺⑳平大逝㉕去師資師資迷㉗平害太㉟去味既㉟去昧退類㊶去察缺(58)去	脂、微、齊、佳、皆
九祭	害太㉟裂發歇竭滅蹷㊴缺敝㊺拔脱輟(54)察缺(58)散亂末(64)（祭、元通韻）殺活害(73)契徹(79)			
十元	言然⑰大逝遠反㉕觀然㉖還焉年㉚（元、真通韻）遠反(65)言反(78)平怨怨善(79)	九寒	言然⑰平遠返㉕上還焉年㉚平（年與真通）散亂(64)去遠反(65)上怨怨善(79)去	之、寒、桓、删、山

章	江有誥韻部	韻字	韻部	韻字	韻部
十一	文	玄門①（文、真通韻）紛塵存先④門根存勤⑥川鄰⑮（文、真通韻）芸根⑯歸遺昏悶⑳根君㉖臣君㉖（文、真通韻）門勤(52)門紛塵(56)貧昏(57)悶醇(58)	八文	玄門①平紛塵存先④平門根存勤⑥平先存⑦平川隣⑮平芸根⑯平沌昏悶⑳平根君㉖平門勤(52)平門塵(56)平貧昏(57)悶醇(58)平	諄、文、欣、魂、痕
十二	真	淵信⑧真信㉑平盈新直㉒（真、耕通韻。謙之案：此章江韻有誤，說見本文。）淵人㊱身親㊹身真(54)親人(79)	七真	淵仁信⑧平真信㉑平臣賓均㉜平淵人㊱平身真(54)平鮮神神人(60)平親人(79)平	真、臻
十三	耕	名名①生成形傾②清生盈盈成⑮靜命⑯冥精㉑爭爭㉒成生㉕名臣賓均名㉜（耕、真通韻）靜正㊲清寧靈盈生貞㊴成聲形名成㊶靜正㊺靜正(57)	十青	名名①平生成形傾②平清生盈盈成⑮平靜命⑯上冥精㉑平成生㉕平靜定㊲上清寧靈盈生正㊴平成聲形名成㊶平靜正㊺去名成㊼平生形成(51)平靜正(57)去	耕、清、青

十四 陽	盲聾爽狂妨⑫(陽、東通韻)狀象恍⑭去常明常凶容公王⑯(陽、東通韻)恍象㉑明彰功長㉒(陽、東通韻)行明彰功長行㉕(陽、東通韻)行重㉖(陽、東通韻)明强㉝象往㉟明剛强㊱行亡㊶亡病㊹藏亡㊹明强光明殃常52鄉長54常明祥强55勇廣長67(陽、東通韻)强剛行78祥王79	十六 庚	盲聾爽狂妨⑫平狀象恍⑭去常明⑯平恍象㉑去明彰長㉒平行明彰功長行㉔平明强㉜平象往㉟上張强㊱平明强光明殃常52平鄉長54平常明祥强55平勇廣長64上行兵69平强剛行78平祥王78平	陽、唐、庚
十五 東	通容⑮容從㉑邦豐54	一東	窮中⑤平凶容公⑯平容從㉑平冲窮㊺平邦豐54平	東、冬、鍾、江
十六 中	窮中⑤冲窮㊺			
十七 蒸	勝應73	三登	勝應73去	蒸、登
十八 侵		二侵		侵、覃、鹽

韻部	韻例	韻目
十九 談		
十七 炎		談、添［咸］、銜、嚴 ［凡］
入聲 一 戠	直得惑式㉒黑式式忒極㉘伏極 (58)嗇嗇服德克極極國(59)賊福式 式德(65)德力極(68)	職、德
二 月	屈出⑤昧物⑭物惚㉑惚物㉑裂 發歇竭滅蹷㊴缺弊㊺屈拙訥熱 ㊺拔脱輟(54)殺活害(73)契徹(79)	物、迄、月、没、曷、 末、黠、鎋、屑、薛
三 易	迹讁策解㉗	錫
四 卩	詰一⑭	質、術、櫛
五 昔	客釋⑮惡若⑳落石㊴客尺(69)	陌、麥、昔
六 屋	樸谷濁⑮足屬樸欲⑲辱谷谷足 朴欲㊲琭玉㊴谷辱足㊶足辱㊹ 欲足㊻欲朴(57)	屋、沃、燭、覺
七 匊	篤復⑯畜育熟覆(51)	
八 樂		藥［鐸］

二十葉	九合		緝、合、盍、葉帖、洽、狎、業、乏
廿一緝			

（其三）細繹江氏老子韻讀，其大異於姚文田者，在於以五千言用韻之文爲準，而發明通韻與合韻之説。如四十一章谷、辱、足、偷、渝、隅同屬侯部，姚文田分谷、辱、足一韻（六屋入聲），偷、渝、隅一韻（十三侯平聲），鄧廷楨同。江氏則破除此種入聲分配之謬，以谷、辱、足、偷、渝、隅爲一韻。此猶就同部者言之，若夫異部之通轉，則非妙於審音者不能。如六十七章勇、廣、長爲陽、東通韻，而姚文田、鄧廷楨則祇廣、長韻。二章事、教、辭、有、恃爲之、宵合韻，而姚文田、鄧廷楨則祇辭、有、恃韻。至如六十四章散、亂、末之祭、元通韻，三十五章味、見、既之脂、元合韻，則非妙達陰陽對轉之理者所敢言、所能言矣。考老子通韻合韻之例，江氏所發明者，以通韻言，如：

（一）之、幽通韻（九章、十六章、二十五章、五十二章、三十三章、五十章、五十九章）。

（二）幽、宵通韻（四十一章）。

（三）侯、魚通韻（二十六章、三十章、三十四章）。

（四）歌、支通韻（十章、二十八章）。

（五）脂、祭通韻（四十五章）。

（六）祭、元通韻（六十四章）。

（七）元、真通韻（三十章）。

（八）文、真通韻（一章、十五章、二十六章）。

（九）真、耕通韻（二十二章、三十二章）。

（十）陽、東通韻（十二章、十六章、二十二章、二十五章、二十六章、六十七章）。

以合韻言，如：

（一）之、宵合韻（二章）。

（二）幽、侯合韻（十七章）。

（三）脂、元合韻（三十五章）。

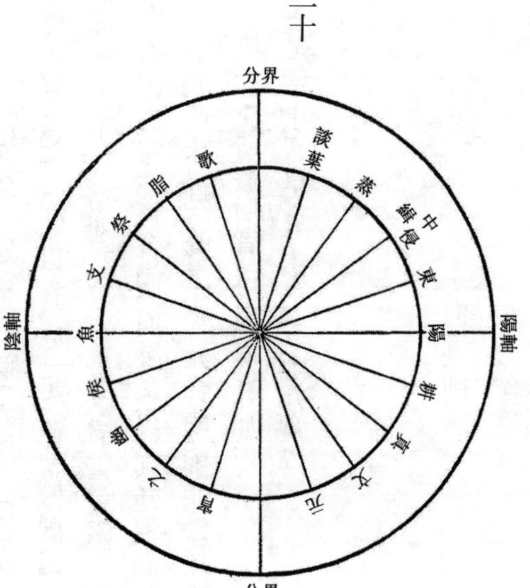

就中「之、幽通韻」「侯、魚通韻」「脂、祭通韻」「真、耕通韻」「文、真通韻」，皆爲同列相比之近旁通轉。惟「之、幽」「侯、魚」「脂、祭」爲陰聲與陰聲之近旁轉，「真、耕」「文、真」「陽、東」則爲陽聲與陽聲之近旁轉。又「之、宵合韻」「幽、侯合韻」爲陰聲與陰聲之近旁合。次之，「元、真通韻」「幽、宵通韻」爲次旁通轉，但「元、真」爲陽聲與陽聲之次旁轉，「幽、宵」爲陰聲與陰聲之次旁轉。「歌、支通韻」爲陰聲與陰聲之又次旁轉，惟「祭、元通韻」爲陰陽相對之次通轉，「脂、元合韻」爲陰陽相對之又次對合。試本孔廣森、章炳麟之説，爲列圖如上，以資説明。

〔其四〕老子五千言，其疾徐長短，用韻體製各殊：有通篇用韻者；有章首用韻，而中間或尾聲不拘者；有間句助語自爲唱歎，不在韻例者。此蓋哲學詩之體裁有所謂「自由押韻式」。就其用韻之格式言之，有與詩經絶同者，如二十八章：

知其雄，守其〔雌〕，爲天下〔谿〕；爲天下〔谿〕，常德不〔離〕，復歸於嬰〔兒〕（歌、支通韻）。

知其白，守其〔黑〕，爲天下〔式〕；爲天下〔式〕，常德不〔忒〕，復歸於無〔極〕（之部）。

知其榮，守其〔辱〕，爲天下〔谷〕；爲天下〔谷〕，常德乃〔足〕，復歸於〔樸〕（侯部）。

又如十章：

載營魄抱一，能无〔離〕？

專氣致柔，能嬰〔兒〕？

滌除玄覽，能无〔疵〕？

愛人治國，能无〔爲〕？

天門開闔，能爲〔雌〕？

明白四達，能无〔知〕（歌、支通韻）？

此一唱三嘆，以聲論聲，卽置之三百篇中，亦不知有何分别；然而終不同者，則三百篇皆吟咏性情之作，而此則以説理競長。所謂哲學詩之特點乃在内容，内容有異而形式隨之，此所以老子用韻體裁與詩有同有異，而與易則無不同也。老子韻例韻表，舊有作者，如劉師培之老子韻表，見丙午國粹學報，多妄説不可信。沅君之老子韻例初稿，見北京大學研究所國學門週刊，而語焉不詳。兹篇所列，都二十四則：

（一）一句一轉韻例

名與［身］孰［親］（真部）？身與［貨］孰［多］（歌部）？得與［亡］孰［病］（陽部）？是故甚［愛］必大［費］（脂部），多［藏］必厚［亡］（陽部）。知［足］不［辱］（侯部），知［止］不［殆］，可以長［久］（之部）。（四十四章）

我無［爲］而民自［化］（歌部），我好［静］而民自［正］（耕部），我無［事］而民自［富］（之部），我無［欲］而民自［樸］（侯部）。（五十七章）

（二）二句一轉韻例

不出［户］，知天［下］（魚部）；不窺［牖］，見天［道］（幽部）。（四十七章）

其政悶［悶］，其民醇［醇］（文部）；其政察［察］，其民缺［缺］（祭部）。（五十八章）

（三）三句一轉韻例

善建者不［拔］，善抱者不［脱］，子孫以祭祀不［輟］（祭部）。修之［身］，其德乃［真］（真部）；修之［家］，其德有［餘］（魚部）。（五十四章）

勇於敢則［殺］，勇於不敢則［活］，知此兩者或利或［害］（祭部）。天之所［惡］，孰知其［故］

（魚部）？（七十三章）

（四）四句一轉韻例

故有無相［生］，難易相［成］，長短相［形］，高下相［傾］（耕部），音聲相［和］，前後相［隨］（歌部）。（二章）

古之善爲士者不［武］，善戰者不［怒］，善勝敵者不［與］，善用人者爲［下］（魚部）。是謂不争之［德］，是以用人之［力］，是謂配天之［極］（之部）。（六十八章）

（五）五句以上一轉韻例

五色令人目［盲］，五音令人耳［聾］，五味令人口［爽］，馳騁田獵令人心發［狂］，難得之貨令人行［妨］（陽、東通韻）。是以聖人爲［腹］不爲［目］（幽部），故去［彼］取［此］（支部）。（十二章）

天下有［始］，以爲天下［母］。既知其［母］，又知其［子］；既知其［子］，復守其［母］，没身不［殆］（之部）。塞其兑，閉其［門］，終身不［勤］（陽部）；開其兑，濟其［事］，終身不［救］（之、幽通韻）。見小曰［明］，［守］柔曰［强］。用其［光］，復歸其［明］，無遺身［殃］，是謂襲［常］（陽部）。（五十二章）

（六）一章一韻例

持而盈［之］，不若其［以］。揣而鋭［之］，不可長［保］。金玉滿［室］，莫之能［守］。富貴而

[驕]，自遺其[咎]。功成、名遂、身退，天之[道]（之、幽通韻）。（九章）

治人、事天莫若[式]，夫唯[式]，是謂早[服]。早服謂之重積[德]，重積德，則無不[剋]，無不[剋]，則莫知其[極]。莫知其極，可以有[國]；有國之母，可以長[久]，是謂深根固蔕、長生久視之[道]（之、幽通韻）。（五十九章）

（七）一章數韻例

重爲輕[根]，靜爲躁[君]（文部）。是以君子終日[行]，不離輜[重]（陽、東通韻）。雖有榮[觀]，燕處超[然]（元部）。如何萬乘之[主]，以身輕天[下]（侯、魚通韻）？輕則失[根]，躁則失[君]（文部）。（二十六章）

大成若[缺]，其用不[弊]（祭部）；大盈若[沖]，其用不[窮]（中部）。大直若[屈]，大巧若[拙]，大辯若[訥]。躁勝寒，靜勝[熱]（脂、祭通韻），清[靜]以爲天下[正]（耕部）。（四十五章）

（八）二句間韻例

知人者智，自知者[明]。勝人者有力，自勝者[強]（陽部）。（三十三章）

天下之至柔，馳騁天下之至[堅]；出於無有，入於無[間]（元、真通韻）。（四十三章）

（九）奇句偶韻例

昔之得一者，天得一以[清]，地得一以[寧]，神得一以[靈]，谷得一以[盈]，萬物得一以

［生］，侯王得一以爲天下［正］（耕部）。（三十九章）

古用兵有言，吾不敢爲主而爲［客］，不敢進寸而退［尺］（魚部）。（六十九章）

（十）偶句奇韻例

企者不久，夸者不［行］，自見不［明］，自是不［彰］，自伐无［功］，自矜不［長］（陽、東通韻）。（二十四章）

道［生］之，德畜之，物［形］之，勢［成］之（耕部）。（五十一章）

（十一）兩韻互協例

師之所［處］，荆棘生［焉］。大軍之［後］（魚部），必有凶［年］（元部）。（三十章）

是謂行无［行］，攘无［臂］，執无［兵］（陽部），仍无［敵］（支部）。（六十九章）

（十二）兩韻句中互協例

孰能濁以［止］，静之徐［清］？孰能安以［久］（之部），動之徐［生］（耕部）？（十五章）

天無以［清］，將恐［裂］；地無以［寧］，將恐［發］；神無以［靈］，將恐［歇］；谷無以［盈］，將恐［竭］；万物無以［生］，將恐［滅］；侯王無以［貞］（耕部），而貴高將恐［蹷］（祭部）。（三十九章）

（十三）兩韻隔協例

曲則［全］，枉則［直］，窪則［盈］，弊則［新］（真、耕通韻），少則［得］，多則［惑］。是以聖人抱一爲天下［式］（之部）。（二十二章）

其安易［持］，其未兆易［謀］。其脆易［判］，其微易［散］。爲之於未［有］（之部），治之於未［乱］（元部）。（六十四章）

（十四）三韻互協例

塞其［兑］，閉其［門］，挫其［鋭］（祭部），解其［忿］，和其［光］，同其［塵］（文部），是謂玄［同］（陽、東通韻）。（五十六章）

（十五）四韻互協例

［儼］兮其若［客］，［涣］（元部）兮若冰之將［釋］（魚部）。［敦］兮其若［朴］，曠兮其若［谷］，［混］（諄部）兮其若［濁］（侯部）。（十五章）

（十六）句中韻例

希［言］自［然］（元部）。（二十三章）正［言］若［反］（元部）。（七十八章）

知［足］不［辱］，知［止］不［殆］，可以長［久］（之部）。（四十四章）

（十七）首尾韻例

「禍」兮福之所「倚」（歌部），「福」兮禍之所「伏」（之部）。（五十八章）

「信」言不美，美言不「信」（真部）。「善」者不辯，辯者不「善」（元部）。「知」者不博，博者不「知」（支部）。（八十一章）

（十八）句首韻例

「善」行無轍「迹」，「善」言無瑕「讁」，「善」數不用籌「策」，「善」閉無關鍵而不可「開」，「善」（元部）結無繩約而不可「解」（支部）。（二十七章）

「果」而勿「矜」，「果」而勿伐，「果」而勿驕，「果」而不得已，「果」（歌部）而勿「强」（陽、東通韻）。（三十章）

（十九）首尾上下皆韻例

「大」道「廢」，有仁「義」；「智」慧「出」（脂部），有大「僞」（歌部）。（十八章）

（二十）韻上韻例

多言「數」「窮」，不如「守」「中」（中部）。（五章）

爲者「敗」「之」，執者「失」「之」（之部）。（六十四章）

（二十一）雙聲爲韻例

[豫]（魚部）兮若冬涉[川]，[猶]（宵部）兮若畏四[隣]（文、真通韻）。（十五章）

合抱之[木]（侯部），生於毫[末]（祭部）。（六十四章）

（二十二）疊字韻例

道可[道]，非常[道]（幽部）；名可[名]，非常[名]（耕部）。（一章）

是以聖人不[病]，以其病[病]，是以不[病]（耕部）。（七十一章）

生之徒十有[三]，死之徒十有[三]，人之生，動之死地亦十有[三]（侵部）。（五十章）

（二十三）助字韻例

生之畜[之]，生而不[有]，爲而不[恃]，長而不[宰]（之部）。（十章）

將欲取天下而爲[之]，吾見其不得[已]。天下神[器]，不可[爲]也；爲者敗[之]，執者失[之]（之、支通韻）。（二十九章）

故從事而道者，道德[之]。同於德者，德德[之]；同於失者，道失[之]（之部）。（二十三章）

（二十四）助字不爲韻例

上士聞道，勤而[行]之。中士聞道，若存若[亡]（陽部）。（四十一章）

物或[惡]之，故有道者不[處]（魚部）。（二十四章）

由上所舉韻例，有前人所認爲無韻者，而實皆自然叶韻。如以疊字爲韻，老子之例甚多，而在詩、易中亦有旁證。詩如蒹葭各章從、從韻，葛覃一二章覃、覃韻，抑五章玷、玷韻，生民三章林、林韻，載芟今、今韻，褰裳一、二章狂、狂韻，何人斯五章行、行韻，巧言二章生、生韻，鴻雁三章、抑九章、桑柔下章皆人、人爲韻，緜七章門、門韻，蕩二以下各章以七「商」字爲韻，東山各章以四「山」字爲韻，雨無正五章、巧言五章、賓之初筵一章皆言、言爲韻，采薇四章、韓奕三章皆何、何爲韻，韓奕四章、抑十章之、之爲韻，出車五章、巷伯七章、南山有臺一、二、四、五章子、子爲韻。餘如來來、國國、鼠鼠、女女、弟弟、醉醉、悠悠、樂樂，疊字爲韻者，尚不勝數。又以易經爲例，頤象傳養、養韻，大壯象傳壯、壯韻，觀六三、九五、上九生、生、生韻，節初九、九二庭、庭韻，鼎六五、上九鉉、鉉韻，賁象傳文、文韻，蠱象辭，巽五九日、日韻，損象傳時、時韻，小過象辭事、事韻，屯六二字、字韻，豫六三、困上六悔、悔韻，蒙上九寇、寇韻，萃象傳聚、聚韻，旅六二、九二僕、僕韻，大有初九咎、咎韻。由此知五千言以道、道爲韻，名、名爲韻，以仁、仁爲韻，狗、狗爲韻者，又何足異？又以助字韻爲例，易革象傳之、志韻，鼎象傳之、尤韻。卽謂詩經不叶語助，實亦不然。抑十章、韓奕四章皆以二「之」字爲韻，載馳四章尤、思、之韻，小戎二章期、之韻，園有桃一、二章哉、其、之、之、思、哉、其、之、之、思韻。再以楚辭證之，離騷「心猶豫而狐疑，懷椒糈而要之」，「命靈氛爲余占之，孰信修而慕之」，天問之、謀、之韻，尤、之、期、之韻，九章惜誦之、尤、之韻，哀郢持、之韻，時、丘、之韻，思美人之、旹、期韻，惜往日之、疑、辭、之韻，九辯二「之」字、四「之」字韻。由此知五千言二「之」字韻（七十四章），三「之」字韻（二十三章、六十六章、八十章），四「之」字韻（十七章），五「之」字韻（四十九章），又何足異？惟老子爲哲學詩，其用韻較詩經爲自由，則誠有之，若謂其手筆差易，文不拘韻，則不但不達五千言鏗鏘之妙，且不足以語諸子之文矣。

一九五五年三月一日　朱謙之

後記

（一）本書在選本方面，以唐易州龍興觀道德經碑本爲主，次取敦煌寫本與遂州碑本參訂。石本於御注、廣明、景福以外，更參考樓正、邢玄、慶陽、磻溪、高翿、趙孟頫諸本。鈔本參考柰卷及室町時代鈔本。刻本王本除用明和宇惠本外，更參考道藏本、范應元引王本，與道藏宋張太守彙刻四家注本。河上本除用宋刊本外，更參考道藏李道純道德會元所用章句白本。又如傅、范古本，夏竦古文四聲韻所引古老子，及託名王羲之帖本等，均加以批判的選用。

（二）本書在校勘方面，以嚴可均鐵橋金石跋中老子唐本考異所校三百四十九條爲主，魏稼孫績語堂碑録，或正嚴誤，或補嚴闕，共四十三條，次之。餘如紀昀、畢沅、王昶、吴雲之校老子，乃至羅振玉之道德經考異，何士驥之古本道德經校刊，凡與碑本校勘工作有關者，無不盡力搜羅，務求去僞存真，使道德經文字得以接近於本來面目。

（三）本書在訓詁方面，所採舊注有王念孫、孫詒讓、俞樾、洪頤煊、劉師培、易順鼎、馬叙倫、陶鴻慶、奚侗、蔣錫昌、勞健、高亨、于省吾諸家；間亦採取日本大田晴軒、武内義雄之説。案語則隨文聲敍，或出己見，其中有特重聲訓之處，説本朱駿聲説文通訓定聲。

（四）本書在音韻方面，以江晉三老子韻讀爲主，偶有漏失，則以姚文田之古音諧、鄧廷楨之雙硯齋筆記、李賡芸之炳燭編補之。若劉師培之老子韻表，高本漢之老子韻考，及奚侗，陳柱之説老子古音，則多肊説，其合者取之，不合者棄之。

（五）本書特重楚方言與老子之關係。如四十五章「躁勝寒」，據詩汝墳釋文「楚人名火曰燥」。五十五章「終日號而不嗄」，據莊子庚桑楚篇司馬彪注「楚人謂嗁極無聲曰嗄」。七十章「披褐懷玉」，據淮南子齊俗訓注「楚人謂袍爲短褐大布」。此類之例，説詳各章，閲者察之。

（六）本書初稿成時，承楊樹達先生、任繼愈先生校正全書數次，梁啓雄、王維誠二先生亦校正其一部分，得益良多。本書卽根據諸先生提供之寶貴意見，經數次修改而成。其中如仍有誤謬之處，應由撰者自己負責。又以楊樹達先生貢獻最大，且爲其晚年最後之勞績，應以此書爲其紀念。

一九五七年三月　朱謙之

補遺

版本補遺

（一）道士索洞玄經寫本　敦煌殘卷，見伯希和目録二五八四號（神田喜一郎輯敦煌秘籍留真新編下册）。

（二）敦煌六朝寫本張道陵著老子想爾注殘卷（見一九五六年香港印本老子想爾注校牋圖一至圖廿六，存河上本第三章「不見可欲」句下至第三十七章。内容與遂州龍興碑本略同，如第三章「不敢不爲」，第七章二「尸」字，第十五章「涣若冰將汋」，第十六章二「生」字，第二十章「我魄未兆」，第二十四章「喘者不久」等，蓋同屬一版本系統者）。

書目補遺

（一）木村英一：老子之新研究（昭和三四年創文社版）。

補注

三章

使心不亂。

謙之案：據想爾注校箋：「淮南子道應訓、蜀志秦宓傳及易艮卦孔疏、晉書吴隱之傳、文選東京賦注所引此文，皆無『民』字，劉師培老子斠補謂唐初避諱删去，今此六朝寫本無『民』字，可證劉説之非。」

虚其心。

謙之案：老子想爾注本「虚」作「雭」。據注文「虚去心中凶惡，道來歸之」，知本文亦作「虚」，「雭」爲誤字。

七章

以其无私，故能成其私。

謙之案：老子想爾注本作「以其无尸，故能成其尸」，注：「不知長生之道，身皆尸行耳，非道所行，悉尸行也。道人所以得仙壽者，不行尸行，與俗別異，故能成其尸，令爲仙士也。」此爲神仙家言，可與後漢書方術傳相參證，非老子本文。

八章

夫唯。

謙之案：「夫唯」，發語詞也。第十五章、第二十二章、第五十九章、第七十章、第七十一章、第七十二章、第七十五章皆同，疑爲楚語口氣。

九章

持而盈之。

謙之案：管子白心篇：「持而滿之，乃其殆也。名滿於天下，不若其已也。」此持滿之戒與老子同。

十四章

在上不皦，在下不昧。

謙之案：「曒」，敦煌丙本作「皎」。「昧」，遂州本、敦煌出道士索洞玄經寫本及想爾注本均作「忽」。案「昧」音密，與「曒」爲韻，作「忽」則無韻。

二十章

唯之與阿。

謙之案：老子想爾注本「阿」作「何」。又據唐文播：巴黎所藏敦煌老子寫卷斠記，知伯希和目二三二九號古寫卷亦作「何」。「何」皆「阿」之誤。

若享太牢。

謙之案：「享」字，敦煌道士索洞玄經寫本及老子想爾注本均作「亨」，經典釋文亦作「亨」，「亨」字是故書。

乘乘無所歸。

謙之案：老子想爾注本作「魁无所歸」，「魁」字當爲遂州本「魁」之别構，蓋本「儡」字，音近而誤。

俗人昭昭。

謙之案：經典釋文：「昭，一本作照。」今敦煌道士索洞玄經寫本及老子想爾注本均作「照」。

二十一章

孔德之容。

謙之案：王弼注：「孔，空也。唯以空爲德，然後乃能動作從道。」又後漢書馮衍傳注：「孔之爲言空也。」此以形容大德，虛心無物，無所不包也。謙舊校以「盛德」解「孔德」，意有未盡，當以此爲正。

二十四章

企者不久，夸者不行。

謙之案：此二句敦煌道士索洞玄經寫本與老子想爾注本亦作「喘者不久，跨者不行」，與館本、遂州本同。又下文「自伐無功」作「自饒無功」，「餘食贅行」作「餘食餟行」，亦均與館本、遂州本同。

二十八章

爲天下蹊。

謙之案：老子想爾注本「蹊」作「奚」，與敦煌丁本同。

三十五章

安平太，樂與餌，過客止。

謙之案：老子想爾注本作「安平大樂，與珥過客止」，以「太」作「大」，以「樂」字斷句，注：「如此之治，甚大樂也。」蓋不知「安平太」爲並列語。

五十一章

德畜之。

謙之案：「畜之」即「蓄之」。説文：「畜，田畜也。」段玉裁曰：「田畜，謂力田之蓄積也。」畜之猶相積相壓之義。

一九六二年十二月　朱謙之